谨以此书恭贺

北京市第四中学建校 110 周年

"六位一体"
课程创新系列
从课程创新到
学校育人创新

人文基础 科技特色 多元发展

——北京市第四中学自主课程建设的创新探索

丛书主编：李 奕 杨德军

RENWEN JICHU KEJI TESE
DUOYUAN FAZHAN

BEIJINGSHI DISI ZHONGXUE
ZIZHU KECHENG JIANSHE DE
CHUANGXIN TANSUO

主编：刘长铭 谭小青

北京师范大学出版集团
BEIJING NORMAL UNIVERSITY PUBLISHING GROUP
北京师范大学出版社

图书在版编目(CIP)数据

人文基础　科技特色　多元发展：北京市第四中学自主课程建设的创新探索/刘长铭，谭小青主编. —北京：北京师范大学出版社，2016.12

("六位一体"课程创新系列)

ISBN 978-7-303-21338-2

Ⅰ.①人… Ⅱ.①刘… ②谭… Ⅲ.①课程建设－教学研究－高中 Ⅳ.①G632.3

中国版本图书馆 CIP 数据核字(2016)第 243868 号

营 销 中 心 电 话　010-58802181　58805532
北师大出版社高等教育分社网　http://gaojiao.bnup.com
电 子 信 箱　gaojiao@bnupg.com

出版发行：北京师范大学出版社　www.bnup.com
　　　　　北京市海淀区新街口外大街 19 号
　　　　　邮政编码：100875
印　　刷：大厂回族自治县正兴印务有限公司
经　　销：全国新华书店
开　　本：720 mm×980 mm　1/16
印　　张：20.5
字　　数：330 千字
版　　次：2016 年 12 月第 1 版
印　　次：2016 年 12 月第 1 次印刷
定　　价：42.00 元

策划编辑：路　娜　　　　责任编辑：齐　琳　王新焕
美术编辑：焦　丽　　　　装帧设计：焦　丽
责任校对：陈　民　　　　责任印制：陈　涛

自主·创新·活力·特色

——写在北京市普通高中自主课程创新实验六年之际

北京市在 20 世纪末已普及高中阶段教育，在 21 世纪如何寻求新的增长和突破，打破"应试"与"同质"两大顽疾？2007 年开始的高中课改，为我们提供了一个涉及课程体系、学校管理、考试、评价、升学制度、教师教学行为、学生学习行为等方方面面系统变革的载体。焕发学校办学活力，促进高中学校特色发展，实现高中教育战略转型，必须从"课程"这一学校教育的核心要素入手。我们抓住以学生发展为本的改革目标，突出学校以课程建设为核心内涵的特色发展，坚持结合实际，打破束缚，鼓励创造性地实施高中课程，重点推进具有前瞻性、引领性的创新项目，不断探索创新、彰显特色。自 2008 年上半年开始，我们陆续在解决新课程促进学校特色发展、信息化与教学方式变革、通用技术课程建设、完全自主安排新课程等方面启动重点项目。特别是结合国家级体制改革试验，开展了高中自主课程实验和高中特色建设试点项目，以促进高中学校的特色发展和多样发展。

高中自主课程实验，是依据教育发展基本规律、高中阶段教育性质和功能、高中课程的基本特点，在相应政策保障前提下开展的促进学生、教师和学校发展的，以课程建设为核心的以校为本的综合性实验。该实验是在全市平稳推进高中新课程实验过程中，根据北京市高中学校实际，力图探索高中课程创新、增强北京市高中教育活力、形成北京市基础教育课程改革特色的系统设计。在工作方面，力图通过学校自主申报和教委批准一定数量的学校在高中课程改革的背景下进行适当"赋权"的自主创新实验，探索高中新课程改革实施的多种途径和可能实现的突破，促进实验学校学生全面而有个性的发展、教师的专业发展和学校的特色发展，丰富北京市高中阶段优质教育资源供给，把握教育需求与资源供给矛盾解决的有效方式，探索高中教育新的增长点和发展方式，发挥在整体实验中的示范、带动和引领作用。在研究方面，力图揭示学校课程结构、课程体系构建和运行的基本规律，课程丰富性、选择性与多样人才培养、人才培养模式变革的内在机制，学校课程整体建设与学校特色发展的基本关系，高中阶段教育价值与独特定位和学生发展的突出特征，为新时期高中阶段教育重点和难点问题的突破奠定基础。

　　实验推进以"研究引领、行政推动、学校自主、区域共享"为基本思路，在学校层面主要采取以校为本的行动研究法，同时辅之以经验总结法、个案研究法、调查研究法等方法协同推进。实验以项目管理的方式委托北京教育科学研究院基础教育课程教材发展研究中心进行整体的规划、研究、实施、跟踪、监控和提供相关业务支持，并建立了较为规范的常规管理制度、联系人制度以及校际交流、年度总结、调研反馈、资源共享等保障机制。实验的主要过程包括：（1）筹备阶段：进行理论研究和实验设计，系统梳理高中新课程基本理念、主要内容、推进思路、世界经验等，研究高中课程的"自主创新"与"实现路径"，初步形成"六位一体"整体性课程创新实验框架。（2）首轮实验：指导10所学校围绕"六位一体"设计、论证和开展实验，厘清学校育人目标、办学理念、发展定位，分析学校课程需求、课程基础、课程资源，课程创新政策、制度空间和基本条件等，重在课程结构设计、适宜性调整和创新实施。（3）二轮实验：强化实验顶层设计，进一步清晰行动路径，新增13所学校开展实验，指导学校在课程结构、内容整合、课程实施等方面加大探索力度，设立专项并建立机制，规范过程管理，加强课程资源和成果总结。（4）三轮实验：对首批实验学校进行周期复审，追踪第二批学校实验，梳理周期成果并推广，尝试在更大范围开展实验，直接促成义务教育阶段课程创新实验——"遨游计划"的开展，进一步开展实验的纵深研究。

六年的实验极大地增强了实验学校的办学活力，形成了首都高中"六位一体"课程创新模式，即基于课程方案和课程标准的"课程目标自主、课程排课自主、课程内容自主、课程实施自主、课程评价自主、课程主体(选择)自主'的'六位自主'和以三级课程整体建设为核心"的整体性学校课程创新(一体)。建构了针对学校课程体系的基本分析框架，探索了课程创新与学校特色发展的动态互促机制，指导实验学校形成了促进学生全面而有个性发展的课程体系，围绕课程创新实验开展了高中阶段教育价值和基本定位、多样化人才分类培养、学校整体课程结构科学性与合理性、整体课程框架下的教与学模式变革等系列专题研究，形成了具有北京特色的高中阶段课程创新实体，积累了一批高质量的辐射全市的课程资源，拓展了以课程建设为核心的新的研究问题和实践领域。实验在高中学校、区县及市内外发挥了积极的示范和引领作用，受到教育部、兄弟省市区和北京市区县的广泛关注和一致肯定。

课程实验是一种有目的、有计划、有步骤的研究活动，又是一种现实的学校教育教学实践。六年两轮实验，我们突出在研究的基础上推进学校以课程创新为核心的系统变革，强调实验研究的规范性和专业力量的支持，并组织专家组对实验进行现场的周期复审，全面梳理学校的实践探索和创新经验，形成这套周期研究成果的报告丛书。丛书展现了实验学校六年的研究历程、学校关于实验价值和课程建设的思索、实验取得的实际成效、存在的不足和以后的发展方向，既体现学校鲜明的个性和特点，又蕴含北京市高中课改的价值取向和基本思考。更为重要的是，通过实验的先期摸索，为我们对高中课改重点和难点问题的突破提供了方向和思路上的启示，同时拓展了课改深入发展中的新问题和实践领域。随着实验的深入推进，我们在研究视角、研究内容、研究方式和研究成果等方面都有不同程度的突破和创新，努力使实验推进有思想、有智慧、有实践、有创新、有远见、有魄力。

在深入推进教育综合改革的新阶段，自主课程实验担负着更为重要的历史使命。我们需要从课程这一学校育人的核心载体出发，努力践行立德树人，加强社会主义核心价值体系教育；需要在创新人才培养、育人模式变革、满足学生个性化教育需求方面进行更深入的探索；需要在学业水平考试和综合素质评价、学科考试、文理融通、外语等科目社会化考试等方面理出新的思路；需要在进一步增强学生的社会责任感、创新精神和实践能力，促进学生的身心健康、体魄强健，提高学生的审美和人文素养方面有更强针对性的措施。站在阶段节点上审视过去、展望未来，自主课程实验对于教育发展将被赋予更多的改革意义和期待。此套丛书的出版，意味着在新时期我们的高中学校应以一种主体的姿态进行自我发展的突破和超越，走以课程创新为核心的可持续发展之路，并在改革中体现应有的责任与担当。期待在教育领域全面深化改革的新形势下，更多的高中学校能自信地开展持续深入的以校为本的课程改革实践，遵循教育发展的基本规律，注重改革的系统性、整体性、协同性，努力构建既具有首都特色、充满活力，又有利于学生全面而有个性发展的课程体系，促进学生和教师共同成长，促进高中教育教学质量的不断提高和学校办学特色的形成，全面推进素质教育的实施。

李　奕

2014 年 11 月 3 日

教育的终极价值是关注人的生活①

我们今天探索的课题是"价值引领下的高效课堂"。这里涉及两个重要概念，一是教育的价值，二是高效的课堂。我想就这两个问题谈一谈自己浅陋的看法。

什么是教育价值问题？所谓教育价值问题就是这样几个简单问句：什么是好学校？什么是好老师？什么是好学生？什么是好课堂？归根到底就是：什么是好的教育？

教育的价值观念决定了教师的教育行为。教师行为模式的转变是一项长期任务。只有教师的行为模式发生转变，教育改革才能真正取得实效。北京四中的教育不仅要关注学生的近期发展，还要关注学生的终身发展；不仅要使学生在学科知识与能力上达到优秀标准，还应当体现对学生的终生关怀。引导学生学会做人，归根结底是让学生学会正确对待生活、正确对待职业、正确对待社会、正确对待人生。因此，北京四中（即北京市第四中学）构建了以生活教育、职业教育、公民教育和生命教

---

① 【编者注】：本文是刘长铭校长为2016年3月24日中国教育学会高中教育专业委员会举办的"'走进名校 聚焦课堂'系列活动——北京四中全国教学开放日活动"开幕式上的发言稿（原文有删节），且作为本书的序言。

育为基本内容的教育价值体系，通过贯彻这一体系来实现全面育人。正是对人的教育的深入而全面的思考，促使我们去构建北京四中教育价值体系。这个体系分为四个领域，即生命教育、生活教育、职业教育和公民教育。这四个领域相互交织，紧密相连，不可分割。每个领域又分为四个层面，即技能认知、情感态度、精神信仰和终极价值。这个价值体系是粗略的，是不完整的，是不全面的，但其中的每一个元素都是一个重大的生活命题或教育问题。例如，正确理解亲情、友情、爱情、婚姻、家庭等，正确理解成功、幸福、伦理、羞耻以及不幸、苦难、挫折、死亡等，要使学生形成积极、乐观、热情、豁达的生活观和事业观，形成淡定、坦荡、崇高的心灵。我们努力将这些教育价值和内容渗透到学科课程之中，尤其要结合人文课程，启发学生深入思考，并组织相关的实践活动，使学生获得真实的情感体验，使学生逐步形成人性、理性、崇高、自觉、使命等精神境界与追求，理解生活的意义与生命的价值。

我们之所以构建教育价值体系，而不是构建课程编写教材，缘于我们对教育规律和人的发展规律的认识和理解。以往我们固有的思维习惯是学科分类模式。我们常认为，要进行什么教育，就要有什么样的课程和教材与之对应，就要安排出专用的时间。例如，我们习惯上认为，德育要有德育的课程和教材，需要安排德育的专用时间；美育要有美育的课程和教材，需要安排美育的专用时间，等等。多年的教育实践使我们认识到，这种学科分立的教育方式是低效的，往往不能使我们收到预期的教育效果。实际上，学校生活中处处有德育，处处有美育。德育和美育的元素本身就存在于一切学科教学和学校活动之中。生活教育、生命教育、职业教育、公民教育也是如此。从来就没有脱离教育的纯粹的知识教学和活动，也从来没有不依赖于知识与能力的教学活动的教育。我们构建价值体系的目的是提倡融通式的教育，也就是要将教育的元素作为一种价值体现于和渗透到教师的教学和学校的活动当中。这样的教学才是一种润物无声的教育。

多年来，北京四中教师在这方面的精彩案例不胜枚举。例如，科学教育当中能否渗透人文教育？教师能否引导学生从科学规律中感悟人生哲理？这里我仅举一例。

一位学生在教师的引导下，通过学习化学反应得到了这样的感悟：

得到电子化合价降低，失去电子化合价升高——很多成功的人，在生活中都恪守着一个原则：做人要低调。人获得的越多，资本越大，就越需要用谦卑来赢得他人的尊重。而那些天天趾高气扬的人，只因为自己的一点长处就洋洋自得，是无法再获得成功的。得的多就把姿态放低，才有可能得的更多；失去了就把姿态调高，才有利于恢复正常的心态，弥补所失去的东西。

原子要达到稳定，远不止得电子一条途径，还有失去电子的，有共用电子对的，还有孤零零一个的，像稀有气体原子——人要达到理想状态，也不一定要拼命想办法朝这个世界索取这样那样，可以选择施予，可以选择分享，也可以关起门来，静静地构筑和享受属于自己的那个独一无二的精神世界。成功并不是只能选择单打独斗，也并不是必须要合作。成功的路上没有唯一的方法，也没有绝对的对错。

外界条件对化学反应的影响——外界条件的变化固然能够引起化学反应速率的变化，甚至进而引起平衡移动，然而真正决定这一切的还是物质的性质本身。当一个人不断抱怨环境给了自己多少压力和不幸的时候，不妨先想想，是不是自己的问题造成了这一切。而比化学物质更幸运的是，我们还可以选择不断完善自己。

守恒之美——质量守恒、能量守恒、电荷守恒……暗示着自然界中的大美与真谛。生命的一个日出必定呼应着一个暮色，生命的一个浪起追逐的是一个浪落，付出与收获、天灾与天佑往往是守恒的……中国古老哲学中的"和"，便是守恒的高级境界。

各位同行！当我们真正认真思考教育的价值以后，当我们真正自觉地将这些价值元素渗透到我们的教学当中的时候，我们就会得到不一样的课堂，得到不一样的教育，得到不一样的效果。这里，我们可以回答一个大家都关心的问题，这样的教学并没有增加时间成本，也不会影响考试成绩。在我看来，这就是有效的教育和教学。

对教育价值的关注，使我们对课堂的教学效率产生新的认识和理解。近年来，新的教学方法层出不穷，新的课堂教学评价标准也五花八门。我时常想，我们今天所做的各种实践和探索，总结出的各种经验、理论、理念、思想、原则、观念等，有多少能经得起时间与历史的检验和考验呢？三十年后，五十年后，一百年后，我们的后辈教育者会怎样评价我们今天所做的事情？他们认为我们今天提出的各种经验、理论、理念、思想、原则、观念有价值吗？二十世纪五十年代，北京四中教师刘景昆、张子锷倡导的启发式教学曾推广全国。今天，这两位老师的塑像还矗立在北京四中的校园当中，我们仍认为启发式是最重要的教学原则。二十世纪五六十年代，北京四中提出了"课堂教学基本原则"，我们称为"北京四中十大教学原则"，即"循序渐进、举一反三、深入浅出、直观形象、文以载道、温故知新、循循善诱、有的放矢、因材施教、教学相长"。我们将这些教学原则镌刻在教学楼入口处的墙壁上。我们认为这些原则经过了几十年的检验，对今天的教学仍具有指导意义。

对学校来讲，教师是最重要的因素。对教师来讲，教育观念指导下的教学行为、教学方法或教学过程最为重要。我常以为，教什么、学什么不是最重要的。在今天的技术环境下，知识的获得完全可以不依赖于学校和教师。而教师怎样教、学生怎样学才是最重要的。学习同样的知识，不同的教师采用不同的方法，培养出的学生特点会完全不同。今天，脑神经科学研究告诉我们，伴随着学习行为的发生，人的脑神经结构会发生剧烈变化，或者说，学习的过程就是构建脑神经结构的过程。学习方式和过程决定了一个人具有什么样的脑神经结构，而脑神经结构是产生思维方法的物质基础，简单来说就是，神经结构决定思维方式。各位同行！如果我们接受了这样的理论，我们就必须承认这样的推论——并不是所有的教学都能使学生变得聪明，学生很有可能被我们越教越笨。所谓的聪明或者愚笨，是指人的思维方法能否适应未来工作与生活的需要。

那么，究竟什么是高效的课堂和有效的教学？高效的课堂就是好的课堂，有效的课就是好课，好课就是使学生变得聪明的课……如此推想，就产生了一个价值判断的问题。多年来，我们总是被教学的表面形式困扰："满堂灌"的课不是好课，那么，"满堂问"的课是不是好课，"满堂练"的课是不是好课，"满堂动"（学生活动）的课是不是好课，"满堂学生讨论"的课是不是好课？运用信息技术手段的课是好课，一根粉笔上下来的课是不是好课？学生热热闹闹的课是不是充满了启发？教师娓娓道来的"一言堂"是不是就没有启发？……其实，教无定法。多年来，用教学的形式和方法来评判课堂教学，人们从来就没有达成过统一的认识。如果我们抛开课堂教学的表面形式，从对教育价值元素的考量上来评判课堂教学，也许更容易得出评价的标准，形成统一的认识。既然教育价值最终是指向生活，那么我们可以说，对人未来生活有意义的教学就是好的教学，这样的课堂就是好的课堂。所以，高效课堂不是指单位时间完成了多少学习任务，而是要看教师的教学在多大程度上关注了学生的生活，要看教师今天的教学对学生的未来发展在多长的时间内具有意义。

高效的课堂一定是学生喜欢的课堂。这样的课堂不仅要教知识，教方法；还要关注生活，提升人的精神境界。教知识，教方法，只是对课堂教学的最低要求。教学还要关注人的生活。只有联系生活的教学才能培养学生对知识的亲切感。学生对知识的亲切感是学习兴趣和动力的重要源泉。学生感兴趣的知识，一定是他或她认为有用的知识。这里所谓的有用绝不仅仅是迎合考试的要求，而是学生认为这些知识与他或她的生活密切相关。人类创造知识的最终目的是改善生活，使生活更加美好和更有意义，而不是应付考试。仅仅把学知识与考试挂钩是一种价值迷失，这样的教学很快就会让学生产生厌烦。我们曾做过调查，结果表明，提高分数不是学生产生幸福感的主要原因。所以，我们提倡教学不仅关注考试，还要广泛联系与知识有关的生活现象和人类职业活动，要让学生掌握知识的同时，理解知识的意义与价值。价值引领而非考试导向的教学，会使学生获得主动发展的不竭动力和热情。我们要培养学生的社会责任感，一条重要的途径就是引导学生关注知识在生活中的用途，了解知识在改变人类生活中的作用，激发学生运用知识创造和改变世界的欲望和冲动，以此唤醒学生的社会责任意识。这样产生的社会责任意识具有坚实的基础，而不仅仅是口号。价值引导的教学是潜移默化润物无声的教育，胜过空洞的说教。

教学要提升人的境界。北京四中的教育理念是"以人育人，共同发展"，其中提倡，以境界提升境界。有境界的教师不会就事论事，不会就知识讲知识，不会仅仅关注学生的学习成绩。有境界的课堂教学会使学生感到教师超凡脱俗，因而在情感上对教师产生一个从依赖到依恋再到崇拜的过程。这就是"亲其师"的过程，这样的教师在学生眼中是神圣的，是富有魅力的。这样的教师的课堂会更加有效和高效。做一名让学生崇拜的老师，这曾是我们提出的一句口号，是为教师发展树立的一个目标。四中提出做"幸福的四中人"，而幸福的内涵我们认为是"享受工作、取得成功、赢得尊敬、获得发展、家庭和睦、精神丰满、衣食无忧"。教师职业成功与幸福的主要标志就是得到学生的爱戴与崇拜。学生对教师的认识和理解始于教师的教法和教态。随着时间的推移，学生认识和了解教师也有一个由浅入深、由表及里、由教师仪表仪态到教师内心世界的过程。一节好课，展现的不仅是教师的口才和处理教材的技巧，还有教师的思想、情感、精神追求和人格魅力。我们认为后者更为重要。教师的精神境界反映了教师对待生活、社会和世界的态度，反映了教师的职业操守与职业精神，体现了教师对理想与崇高的追求。一个好的课堂，应当是充满正能量的课堂，是赋予了教师的态度、精神、生命与价值观的课堂，是充满了热情、激动、憧憬、情感激荡和心灵互动的课堂，是将精神和人格引向高尚的课堂。这样的课堂教学没有特定的模式。

打造高效课堂关键在于教师的教育理念，取决于教师怎样理解教育规律和教育价值。为了创设高效课堂，我们曾提出教师在备课时应当思考的几个问题：(1)备课时您想到学校的培养目标或学生的发展目标了吗？(2)怎样使学生快速高效地掌握知识或怎样激发学生主动学习和进取？您有何经验可与我们分享？(3)"以人文教育为基础，以科技教育为特色"，"培养学生善良的人性和科学的理性"，您在课堂上怎样体现人文教育和科学思想教育？（4）引导学生学会做人，归根结底是使学生学会正确对待生活、正确对待职业、正确对待社会、正确对待人生，因此教师在课堂教学中应当体现生活教育、职业教育、社会教育（公民教育）和生命教育，这才是全面育人。对此，您是怎样理解并实践的？我们曾在一段时间内就这四个问题和教师们进行过广泛的交流。实事求是地说，教师不会在每一节课上都能全面体现价值体系中的所有元素，我们也坚决反对贴标签式的生硬虚假的课堂说教。我们提倡教师要根据教学内容，联系和体现价值体系中的某些元素。这就如同烹饪美食，我们不可能将全国各地风味美食的味道都融于一道菜肴当中。教师在一节课上体现什么教育价值元素，取决于教师对教学内容的准确理解，取决于教师对价值体系内容的把握，取决于教师的生活经验、人生感悟、文化修养和精神境界。归根到底，取决于教师对教育规律和人的发展规律的深刻理解，取决于教师对人的生活尤其是精神生活的关注。如此一来，教育才是润物无声、不留痕迹的教育。

刘长铭于北京四中

2016 年 3 月 24 日

目 录

CONTENTS

参考文献

第一章

学校课程改革的历史回眸

一、提倡教学民主，追求"完全人格教育"
——新中国成立前的北京四中

北京四中创建于 1907 年(清光绪三十三年)，当时正处于我国封建社会末期，我国刚开始系统学习西方的现代教育，学校办学没有现成经验和模式可借鉴，只有在实践中不断摸索。总结新中国成立前北京四中的教学，有如下两个方面的特点。

(一)有明确的培养目标

一是提倡学生全面发展。从办学伊始就提出，这所学校的学生要学科学、学世界、学做人，高度重视对学生进行科学教育。为了使学生能够接受良好的科学教育，学校建造了理化实验室，这使得北京四中成为当时北京教学设备最先进的学校之一。当时北京四中的学制为四年，开设的课程种类是比较多样的，有国文、社会学、算术、历史、英语、美术、国画、手工等。这说明当时北京四中是比较注重学生的均衡发展的。

二是在办学思想中体现"完全人格教育"。提倡学生自强、自立、报效国家、终生学习，特别是学习如何做人。教导学生要"以自食其力为本根"，不可"借势倚权"，告诫学生"求其可恃莫如学""学不得而闷也"。还教育学生要注重终生学习，指出"学无止境，致用亦无止境，有生之年，皆学之日"。在 1919 年就提出终生学习的思想是非常了不起的。同时还勉励和号召学生要"厚其积储以大效于世"，服务社会，报效国家。

(二)提倡教学民主，营造良好的学术氛围

北京四中建校伊始，就遵循蔡元培先生的倡导，崇尚科学，施行民主。教师能"循思想自由的原则"，在课堂上就教学内容各抒己见。1920届校友著名诗人、文学家冯至先生回忆在北京四中上学时教他国文的潘文超先生时写道，"潘先生评文论事有独到见解，他有中国正统思想以外的一种反正统精神，……为我在'五四'后接受新文化铺设了一条渠道"。二十世纪二三十年代，杜威的实用主义教育思想开始在中国传播。

杜威的"教育即生活，生活即发展"的思想，在北京四中的办学实践中得到了较为充分的体现。正是在这样的办学思想指导下，北京四中进行了一系列的教学改革，课程分为必修课、选修课，实行学分制管理，学生经常到校外参与各种实践活动，如参观厂矿、农村、各种博物馆等，这在当时其他学校是不多见的。这一时期，北京四中在教学上有以下特点。

1. 倡导德、智、体全面发展

制定了《北京市市立第四中学暂行课程标准》。在课程标准中，对各个学科的教学提出了明确的内容目标要求。在这期间，北京四中在教学规范化和课程标准化方面取得了重要发展。

当时北京四中制定的课程目标包含了知识、能力、兴趣、情感、思想等多个方面，这在现在看来也是相当先进的。例如，在初中国语暂行课程标准的目标中，包括"养成用国语自由发表思想的能力，养成看普通古书和使用普通古书的能力，养成阅读书报的习惯和欣赏文艺的兴趣"。在精读的标准中规定，要"切合现实生活，含有改进社会现状的旨趣，切合学生身心发育的程序"等。在初中英语暂行课程标准中所规定的目标之一是"使学生从英语方面增加研究外国事务的兴趣"。在初中算术暂行课程标准中规定的目标之一是"引起学生研究自然环境中关系数量问题的兴趣"。在高中的算术目标中规定，"切实灌输说理的方式，增进推证的能力，养成准确的思想和严密的习惯，完成人生普通教育。引起学生对于自然界及社会现象都有数量的认识和考究，并能依据数理关系，推求事物当然的结果"。在体育实施方案的目标中规定，"以发展学生的身心、养成健全的人格为本旨""务使全体学生同流共进，跻于雄健之域"，规定"每日有课外运动2小时，系强迫性质，全体学生皆须参加"，并明确规定了体育在"属于身体者""属于精神者""属于学术者"等多方面的目标和教学要求。

2. 倡导学生主动发展

北京四中提倡学生自主教育，在实践中学习，增长知识和才干。这种教育理念带有典型的杜威实用主义教育思想的特征。与封建传统的教育理念相比，这种教育理念带有明显的西方教育思想的色彩。当时北京四中学生自动组织的社团有学生自治会、科学研究会、文学研究会、体育部、音乐会、国乐团、读书协作社、膳团等，均由学生个人就其兴趣所在随意参加，以发展其特殊天才及做事能力。

3. 对教学实行严格科学的管理

民国时期，"学校初建，办事没有先例，全凭个人玄想"。为使学校的发展步入正轨，制定了《北京市市立第四中学校章程及规约》。这些章程和规约包括：操行成绩考查规则、学业成绩考查规则、试验规则、请假规则、普通教室规则、理化实验室规则、手工教室规则、音乐教室规则、操场规则、图书馆规则、阅览室规则、宿舍规则、招生与学籍管理规则、教务处办事细则等。

严格科学的管理为形成良好的学风和校风提供了保障。有校友回忆说，那时的校园里"每天清晨是一片读书声"，情景至今难忘。

4. 注重教师队伍建设

据校史资料记载，当时全校有教师 44 人，其中北京大学毕业的有 16 人，北京师范大学毕业的有 9 人，留学美、英、法、日的有 10 人，艺术体育及其他院校毕业的有 9 人。当时的数学教师马文元、物理教师李直均和张子锷、化学教师刘景昆等，都是北京市有名的教师。有校友回忆写道："我在四中读高中时的十几位任教老师，大部分毕业于北京大学和北京师范大学，有的是从国外留学归来。这样高水平的教师队伍，不仅知识丰富，而且教学有方，形成的严谨学风代代相传，延续至今，这正是四中最宝贵的光荣传统。"

北京四中教师队伍的高水平不仅体现在学历层次和业务能力上，还体现在普遍具备的高尚师德上。"教职员工一方为国家负责，一方为师生友情负责，绝少请假缺课情事。其最令人钦佩者，在光风霁月的时候，偶尔因故缺席者，尚非绝无；独与霆雨尘霾，风雪凛冽的时候，绝无迟到旷课者。"

北京四中在二十世纪二三十年代得到了很大发展，取得了举世瞩目的成绩，是北京四中发展历史上的一个高潮。在这期间，北京四中完成了一系列的改革，恢复招收英文班，实行文理分科；实行了必修课、选修课制度，实行学分制，初步形成了民主、自治、勤奋、刻苦、严谨、朴实的北京四中精神。

下面以 1931 年学制与课程设置为例，说明北京四中在二十世纪二三十年代进行的一系列改革。在学制上，学校采用三三制。初级部每年级 2 班，共 6 班。高级部普通科，为谋学生升学之便利，每年级分甲、乙两组。甲组习文艺科目，乙组习数理科目，共 6 班。（见表 1-1 至表 1-3）

表 1-1　初级部课程学分时数表

学科	第一学年 第一学期 学分	每周时数	第二学期 学分	每周时数	第二学年 第一学期 学分	每周时数	第二学期 学分	每周时数	第三学年 第一学期 学分	每周时数	第二学期 学分	每周时数	学分总计
党义	2	2	2	2	2	2	2	2	2	2	2	2	12
国文	$5\frac{1}{2}$	6	$5\frac{1}{2}$	6	5	5	5	5	5	5	5	5	31
算学	5	5	5	5	5	5	5	5	5	5	5	5	30
外国语	7	7	7	7	7	7	7	7	7	7	7	7	42
历史	2	2	2	2	2	2	2	2	2	2	2	2	12
地理	2	2	2	2	2	2	2	2	2	2	2	2	12
生理卫生			3	3	2	2							5
理化					2	2	2	2	3	3	3	3	10
博物	3	3					2	2	2	2	2	2	9
手工	$\frac{1}{2}$	1	$\frac{1}{2}$	1	$\frac{1}{2}$	1	$\frac{1}{2}$	1	$\frac{1}{2}$	1	$\frac{1}{2}$	1	3
国画	$\frac{1}{2}$	1	$\frac{1}{2}$	1	$\frac{1}{2}$	1	$\frac{1}{2}$	1	$\frac{1}{2}$	1	$\frac{1}{2}$	1	3
体育	$1\frac{1}{2}$	1	$1\frac{1}{2}$	1	$1\frac{1}{2}$	1	$1\frac{1}{2}$	1	$1\frac{1}{2}$	1	$1\frac{1}{2}$	1	9
音乐	$\frac{1}{2}$	1	$\frac{1}{2}$	1	$\frac{1}{2}$	1	$\frac{1}{2}$	1	$\frac{1}{2}$	1	$\frac{1}{2}$	1	3
商业常识					1	1	1	1					2
学分总计	$29\frac{1}{2}$	31	$29\frac{1}{2}$	31	31	32	31	32	31	32	31	32	183
备考	体育每日课外运动及课间操的成绩每学期按 1 学分计算												

表 1-2 高级部普通科甲组课程学分及每周时数表

	学科	第一学年 第一学期 学分	第一学年 第一学期 每周时数	第一学年 第二学期 学分	第一学年 第二学期 每周时数	第二学年 第一学期 学分	第二学年 第一学期 每周时数	第二学年 第二学期 学分	第二学年 第二学期 每周时数	第三学年 第一学期 学分	第三学年 第一学期 每周时数	第三学年 第二学期 学分	第三学年 第二学期 每周时数	学分总计
必修课	党义	1	1	1	1	1	1	1	1	1	1	1	1	6
	国文	4	4	4	4	3	3	3	3	3	3	3	3	20
	外国文	7	7	7	7	7	7	7	7	7	7	7	7	42
	数学 高等几何	2	2	2	2	2	2	2	2					8
	数学 高等代数					2	2	2	2	2	2	2	2	8
	数学 三角	3	3	3	3									6
	文化史	2	2	2	2									4
	文学源流	2	2	2	2	2	2	2	2					8
	中文法	1	1	1	1									2
	近代史	2	2	2	2									4
	地理通论	2	2	2	2									4
	生物学	1	1	1	1									2
	伦理学	2	2	2	2									4
	心理学					3	3	3	3					6
	修辞学					2	2	2	2					4
	文学概论					2	2	2	2					4
	文字学									2	2	2	2	4
	学术文									2	2	2	2	4
	科学概论									1	1	1	1	2
	人生哲理									3	3	3	3	6
	社会学									3	3	3	3	6
	军事训练	$1\frac{1}{2}$	2	$1\frac{1}{2}$	2	$1\frac{1}{2}$	2	$1\frac{1}{2}$	2	$1\frac{1}{2}$	2	$1\frac{1}{2}$	2	9
	学分总计	$30\frac{1}{2}$		$30\frac{1}{2}$		$25\frac{1}{2}$		$25\frac{1}{2}$		$25\frac{1}{2}$		$25\frac{1}{2}$		163
选修课	第二外国语	德文、法文或日文				2	2	2	2	2	2	2	2	8
	法学通论					2	2	2	2					4
	经济学大意					2	2	2	2					4
	新闻学									2	2	2	2	4
	哲学概论					2	2	2	2					4
	教育学									2	2	2	2	4

注：必修课及选修课总计满180学分者始准毕业。

表1-3　高级部普通科乙组课程学分及每周时数表

学科	第一学年 第一学期 学分	每周时数	第一学年 第二学期 学分	每周时数	第二学年 第一学期 学分	每周时数	第二学年 第二学期 学分	每周时数	第三学年 第一学期 学分	每周时数	第三学年 第二学期 学分	每周时数	学分总计
党义	1	1	1	1	1	1	1	1	1	1	1		6
国文	4	4	4	4	3	3	3	3	3	3	3	3	20
外国文	7	7	7	7	5	5	5	5	5	5	5	5	34
数学 高等几何	2	2	2	2	2	2	2	2					8
数学 三角	3	3	3	3									6
数学 解析几何					3	3	3	3					6
数学 高等代数					2	2	2	2	2	2	2	2	8
理化 物理	4	4	4	4	2	2	2	2					12
理化 力学					2	2	2	2					4
理化 化学					3	4	3	4	3	4	3	4	12
理化 磁电学									2	2	2	2	4
物理试验					1	2	1	2					2
化学试验									1	2	1	2	2
文化史	2	2	2	2									4
近代史	2	2	2	2									4
地理通论	2	2	2	2									4
社会学	3	3	3	3									6
科学概论									1	1	1	1	2
生物学	1	1	1	1									2
用器画	$\frac{1}{2}$	1	$\frac{1}{2}$	1									1
军事训练	$\frac{1}{2}$	2	$1\frac{1}{2}$	2	$1\frac{1}{2}$	2	$1\frac{1}{2}$	2	$\frac{1}{2}$	2	$1\frac{1}{2}$	1	7
学分总计	32		33		$25\frac{1}{2}$		$25\frac{1}{2}$		$18\frac{1}{2}$		$19\frac{1}{2}$		154
选修课 第二外国语	德文、法文或日文				2	2	2	2	2	2	2	2	8
选修课 经济学大意					2	2	2	2					4
选修课 近世几何									2	2	2	2	4
选修课 微积分									3	3	3	3	6
选修课 热学									2	2	2	2	4
选修课 地质学	2	2	2	2									4

注：必修课及选修课总计满180学分者始准毕业。

二、贯彻课堂教学的基本要求

——二十世纪五六十年代的北京四中

1962年8月，北京四中总结出了课堂教学的基本要求，即"北京四中十大教学原则"，简述如下。

第一，循序渐进。教必须循序，教学须由简到繁、由易到难、由部分到整体、由片断到系统。教师讲授知识，必须符合学生的认识过程，从感性到理性。

第二，举一反三。教师对本学科的主要知识要讲解精透，善于启发，使学生达到深刻理解、牢固掌握、举一反三、熟练应用，并使学生学会独立思考。

第三，深入浅出。教师在透彻理解所讲问题的本质的基础上，善于运用学生知识领域中已有的或生活中较为熟悉的一些事例，来恰当比喻学生目前尚属不可捉摸、难于理解的理论或问题，把抽象的教材讲得具体化。

第四，直观形象。语言的直观：课堂语言必须清楚、简练、形象、生动。实物的直观：教具的使用要讲求实效，实验要尊重科学、尊重实际。

第五，文以载道。文史各科应注意利用教材所具有的思想性去感染学生。讲好知识是做好思想教育的先决条件。

第六，温故知新。任何新知识都是在熟练掌握旧知识的基础上提出的，讲新知识要联系有关的旧知识，从旧知识自然地引入新知识。

第七，循循善诱。教师要启发学生学习的自觉性，培养学生良好的学习方法和习惯。培养学生学习的兴趣，主要靠教师把课讲好，教师在教学中要启发学生积极思维，培养学生的思考能力。

第八，有的放矢。教师对教材难易和学生程度要心中有数。

第九，因材施教。由于客观条件、主观努力不同，学生学习成绩必然有差别，不可能也不应该一律拉平。有若干差距是正常现象，应该承认这种差距，并根据实际情况认真进行教学工作。

第十，教学相长。教师应该热爱学生、热爱科学知识、热爱教学工作。把功课特别优异的学生看作迫使自己提高业务的老师，把功课差的学生看作迫使自己改进教学方法的老师。只有虚怀若谷、刻苦努力的教师，才会不断提高教学质量，才会受到学生的欢迎，才会感到教学的乐趣。

在这一时期，教师们认真贯彻"北京四中十大教学原则"，坚持高质量的集体备课，通过课堂教学把基础知识讲得明白、透彻、深刻、生动，并进行一些基本技能和学习方法的培养训练，真正为学生深入学习打好坚实的基础。到今天，"北京四中十大教学原则"仍有现实意义。

三、开展教学改革和课程实践
——1986 年以来的北京四中

本着使学生打好基础、培养能力、发展智力及个性特长的指导思想，1986 年北京四中开始进行以改革课程设置和教学内容为核心的教学改革。

这项改革的出发点有两个：一是着眼于学生的"一辈子"，着眼于学生的发展，真正全面提高学生的素质。二是承认学生间存在的差异，教学要求分层次，贯彻因材施教的原则，改变"一刀切"的状况。

在改革开始阶段，主要以改革课程设置为主，提出：学校要建立多层次教学体系。在学校的教学体系中，主要分为必修课、校本选修课、活动课 3 个不同的层次，它们有着各自不同的教学目标。必修课的主要任务是帮助学生打好基础，无论是在知识方面还是能力方面都要打好基础。校本选修课的主要任务是帮助学生开阔视野、培养兴趣，提高学生的科学素养和文化素养。活动课除去班团活动、社会实践等外，主要分为学科类、艺术类、体育类 3 种，其主要目的是发展学生的爱好及特长。

在之后的十几年里，北京四中不断深化教学改革，严格控制课程总量，减少必修课课时，增设校本选修课和活动课。教师在教学中注意培养学生能力，指导学习方法，使学生全面、主动、健康、和谐地发展。

必修课施行分层次教学，是学校教学改革的重要内容，是提高课堂教学质量和效果的重要举措。北京四中曾在数学、英语、物理、化学、历史等学科施行分层次教学。施行分层次教学的目的，是充分尊重学生发展的个体差异，使不同层次、不同类别的学生都能得到最佳发展。施行分层次教学，有利于教师因材施教，准确把握同一层次学生的认知规律，有针对性地实施教学策略，同时有利于加强学生之间的交流。分层次教学使北京四中学生自主发展，并根据自身发展的需求来构建合理的知识与能力结构。

丰富多彩的校本选修课和活动课拓宽了学生自主发展的空间。学校每学期为每个年级的学生开设 30 门左右的校本选修课，内容涉及科学、技术、社会、人文、艺术等各个领域，最大限度地满足学生发展个性特长的需要。学科小组除了培养和发展学生的兴趣特长外，还担负着培养各学科奥林匹克竞赛选手的任务。文体活动课的开设，旨在陶冶学生的情操，提高学生的生活品位。在校本选修课和活动课上，北京四中的教师更加注重突出学生的主体地位，教法更加灵活和开放，引导学生主动学习，指导学生开展研究性学习，使学生得到全面的锻炼和提高。

二十世纪八九十年代，北京四中对本校教学逐步实现了全面的科学管理，主要体现在以下 3 个方面：有明确的目标，有清晰的指挥系统和岗位责任，有必要的总结、检查、评价制度。其中，每年一度的学生评教和高考质量分析，代表了 20 世纪 90 年代北京四中教学评价和总结的水平。

第一，学生评教。每年 5 月份，都要让全校学生参与评价教师教学工作的评教活动。学生从以下 15 个方面对任课教师进行定量评教：对教学工作严谨认真，责任心强。主动关心学生全面发展，指导学生身心健康成长。尊重学生，能严格、合理地要求学生。能结合教学内容渗透思想教育。言谈举止为人师表。善于组织教学，注重师生交流，课堂气氛好。教学内容丰富，安排得当。善于培养能力，指导方法。教学方法好，能调动学生积极参与。语言清楚、准确、简练、有吸引力。教学示范作用好(如板书、英语语音语调、实验操作、体育示范动作等)。课后能热情、耐心地帮助学生学习、训练或解答疑难。平易近人，师生关系和谐。对作业、试卷(包括平时测验)能及时批改、认真讲评。总体评价。

同时，每个学生还要写一篇作文，题目是"我心中的好老师"。这种定量和定性相结合的评教方式能够比较科学地对教师做出评价。

学生参与此项活动的态度是严肃认真的，从评价的结果来看，学生们还是非常客观、公正的。评价的结果不公开，仅供校领导分析情况、研究工作使用。对教师采取相对评价的办法，每位教师可以收到对自己教学评价的各项数据以及总评价的分数，还可以看到自己所处级别（高级、一级、二级）的教师教学评价数据的平均值，以及自己所在教研组各位教师教学评价数据的平均值。由此，每位教师可以了解到自己教学上的长处和短处，自己在所处级别的教师中的相对位置，自己在教研组教师中的相对位置。教师们对这项评价工作都十分重视，因为这有利于教师了解自己的长处和不足，便于改进工作。校领导在分析、研究评价结果后，要向全体教师汇报，谈谈自己的想法。

第二，高考分析。北京四中每学年的第一学期都要向全体教师做高考质量分析的报告。这项工作的主要目的是：通过高考质量分析，一方面，促使全体教师进一步学习研究教学大纲和考试说明，明确教学改革和高考的方向；另一方面，经过高考后的反思，各学科积极总结符合北京四中学生特点的教育教学策略和方法，进而反馈于教育教学过程，不断改进学校的教育教学工作。

进行高考质量分析的程序是这样的：首先由各学科的高三备课组根据高考试题及学生的高考成绩，从试题入手对北京四中的教学思想、教学方法、具体举措和相应效果，以及学生的难度区分度、存在的问题和对策等进行多维度分析，总结高三一学年的教学工作。然后，教研组长组织本学科全体教师，联系对学生高中三年的教学情况，充分研讨，写出本学科本年度的高考质量分析报告。同时，年级组也要对三年的学生工作情况进行总结。在此基础上，教学处全面总结，经校长办公会研究确定后，向全体教师做年度高考质量分析报告。

高考成绩是衡量一所学校教学管理、教育教学质量与水平的重要尺度。对北京四中这样一所名校而言，高质量、高水平的高考教育是学校素质教育的重要组成部分。认为谈分数、谈高考就是搞应试教育，甚至把高中三年分成高一高二搞素质、高三搞应试的观点，是对教育规律的错误认识。高三复习的指导思想、备考过程中的一系列工作以及最后的高考成绩，能够反映出一所学校的办学指导思想，也是对一所学校的教育观、质量观、学生观、教师的业务水平和敬业精神等最直接并具有一定说服力的检验。因此，高考分析不仅仅是高三教师的事，全体教师都要高度重视。因为高考的最后结果跟高中三年的教育教学是密不可分的，高考成绩是三年中所有教职工辛勤劳动的结晶。

进入21世纪，北京四中形成了面向未来的办学指导思想：立足于当前北京四中的实际，把握好教育改革的方向，着眼于我国科技进步和社会发展对人的要求，根据以育人为中心各方面工作整体优化的原则，继续坚持"四个结合"的办学指导思想，即坚持继承和发扬北京四中的优良传统与改革创新相结合；坚持使学生德、智、体、美诸方面全面发展与发展个性特长相结合；坚持抓好常规工作与教育教学科研工作相结合；坚持严格规范的管理与营造宽松和谐的人文环境相结合。准确把握方向，深化教育改革，不断提高办学水平和办学效益，促进学生和全体教职员工的全面发展。

北京四中确立了培养目标：将学生培养成为杰出的中国人，为他们成为"数以千万计的专门人才"和"拔尖创新人才"、为他们未来事业的成功以及生活的幸福打下坚实的基础。学生应当具有：崇高的品德和强烈的社会责任感；热爱祖国，具有民族精神，具有一定的中华民族传统文化底蕴；具有不断学习、进取、开拓、创新的精神和应对变化、完善自我、不断发展的能力；具有现代公民的社会意识（尊重、交往、合作、选择、融合、民主、守纪、诚信、自尊以及自信等）和文明习惯；具有较为坚实的学科基础知识、解决实际问题的意识和能力；具有丰富的个性、健康的身心和积极乐观的人生态度。

北京四中确立了教育理念：以人育人、共同发展。教师的人格是最大的教育力量，也是教师教育水平的体现。高水平的教职工群体是构成良好"教育生态环境"的最重要的因素。因此，北京四中的全体教职员工必须注重自身修养，树立"以人育人、共同发展"的教育理念，在师生互动的教育过程中实现共同提高。"以人育人、共同发展"的理念具体可以概括或表现为：以（教师的）行为影响（学生的）行为；以（教师的）品德培养（学生的）品德；以（教师的）能力培养（学生的）能力；以（教师的）理想培养（学生的）理想；以（教师的）情操陶冶（学生的）情操；以（教师的）境界提升(学生的)境界;以(教师的)人格塑造(学生的)人格。

"以人育人、共同发展",不仅是一个理念,也是教育工作的客观规律和教师工作的职业特征。因此,北京四中大力倡导以"爱岗、敬业、爱生"为核心的"北京四中教师职业精神",以教师的行为、品德、能力、理想、情操、境界、人格去影响、感化、培养和教育学生,促进学生"自主发展"与"和谐发展"。

为了促进学生实现"两个发展",北京四中全体教职员工要树立"全员育人、全方位育人"和"以人为本,为发展而教"的思想,并在实际工作中努力贯彻。"全员育人、全方位育人",应体现为学校的一切工作都要以育人为核心,不断完善学校内部管理制度,进一步深化以课程设置和教学内容为核心的教育教学改革,为学生的自主发展与和谐发展创造良好的外部环境。"以人为本,为发展而教",应体现为在教育教学活动中,教师要不断增强育人意识,关注学生的全面成长和潜能开发,通过知识传授、思想沟通、心灵碰撞对学生产生更深层次的影响,努力实现学校的培养目标。

在新的办学思想和教育理念的指导下,北京四中的教学工作坚持继承和发扬优秀教学传统,加强教师队伍建设,统一教师教学理念,加强教学管理,以人为本,从严务实,提高教学质量,深化教学改革,全面实施素质教育。具体的措施如下。

其一,加强教师队伍建设。认真学习、贯彻《中小学教师职业道德规范》和《北京四中教职工规范要求》,在继承北京四中优良传统的基础上,大力弘扬四中教师"爱岗、敬业、爱生"的精神,倡导全体教师成为德艺双馨的优秀教师。

做好教师的培养与提高的工作。坚持并完善青年教师拜师制度。选聘优秀教师作为青年教师的指导老师,在教学上全方位指导青年教师,通过3~5年的传、帮、带,使青年教师尽快适应北京四中的教学,成为既能胜任必修课、又能胜任校本选修课和班主任工作的合格的北京四中教师;坚持并完善每年一次的青年教师教育教学汇报会;不定期地举办青年教师沙龙。鼓励和支持中年教师继续学习和从事教育科研工作,为中年教师进修、考察学习和从事教育科研积极创造条件。鼓励和支持老教师著书立说,总结教学思想、经验和成果。

倡导全体教师树立终身学习的思想，鼓励自我超越，与学生、学校共同发展。成立学校师资培训领导小组，建立学校师资培训信息库，制订并实施校本培训计划，有计划地组织、安排教师进一步深造和参加学校、区、市三级继续教育的培训，督促全体教师按期完成继续教育工作，增强继续教育的实效性。促进全体教师的和谐发展。积极组织教师参加各种文体活动。每学年举办旨在提高教师科学、人文、艺术素养和促进教师身心健康的专题讲座。

其二，加强教学管理。加强教学常规管理，落实"四级负责制"：任课教师对所教班级本学科教学质量负责；备课组长对所在年级本学科教学质量负责；教研组长对全校本学科教学质量负责；教学处对全校的教学质量负责。坚持教研组长例会制度，加强教研组建设，统一教学思想；坚持备课组长例会制度，提高集体备课的质量，增进年级教学的统一性及协调性。

坚持节假日不集体补课，倡导全体教师提高课堂教学效率，并有意识、有步骤地培养学生的自主学习能力。

做好学生学习情况调查工作，深入了解教学情况。坚持全面、客观、公正、科学地评价教师工作：认真做好学生评教及其反馈工作；坚持教师自评和互评制度；完善教研组和教研组长、备课组和备课组长的考核、评价和奖励制度。研究制定必修课、校本选修课、活动课教学评价指标以及教科研水平评价指标等，使教学评价从经验化走向科学化。加强对各学科命题工作的管理。

组织各学科编写适合北京四中学生特点的同步学习指导和同步阅读材料。不断探索，及时总结，办好"北京四中学生科学院""北京四中学生社科院"，促进学生"自主发展、和谐发展"。继续编纂《北京四中学生研究论文集》。加强研究性学习课、学科竞赛小组的组织与管理。要求有竞赛项目的学科每学期开学初制订培训计划，期末认真总结；组织研究性学习课的指导教师编著校本课程教材或案例。

加强教务管理工作。建设一支热心、优质、高效的教务职工队伍，逐步实现教务管理工作的现代化。

其三，深化教学改革。在已经取得的教改成果基础上，根据新的教改形势要求，继续巩固和完善"三个体系"：必修课的课程体系、校本选修课的课程体系和活动课的课程体系。不断总结三种课程的特色，形成三种课程的教学观。

形成分层次教学的目标体系。积极探索实施新课标的方案，增加学生学习的可选择性，实现学生的自主发展与和谐发展。

形成学生质量全面评价体系。实施"北京四中学生质量全面评价方案"。在实施过程中，着重研究如何实现评价的激励、导向与自我教育功能。

探索现代化教育技术与课程的整合。倡导教师科学地运用多种现代化教学手段辅助教学，鼓励和支持教师创建个人网页，鼓励师生充分利用校园网进行学习交流。探索有效开展艺术教育和技术教育的措施，促进学生潜能的开发，关注学生人格的健全发展，注重学生综合艺术能力和审美水平的整体提高，着力发展学生以信息的交流与处理、技术的设计与应用为基础的技术实践能力，努力培养学生的创新精神、创业意识和一定的人生规划能力，为学生终身有激情、有创意地投入学习、实现终身发展奠定基础。

北京四中是一所有着悠久历史的著名学校。在百余年的发展历程中，逐渐形成了很多优秀的教学传统。只有继承和发扬这些优秀的教学传统，并不断改革创新，北京四中的教学工作才能始终保持高质量、高水平。因此，近年来，北京四中的各个学科教研组在积极学习教育新理念、进行学科教学改革的同时，全面总结了本学科的优秀教学传统，形成了北京四中语文、数学、英语、物理、化学、生物、政治、历史、地理、体育、艺术、信息技术的现代教学观。学科教学观的形成，一方面使北京四中能够更好地继承和发扬自身优秀的教学传统，另一方面也为更多学校的发展提供了借鉴和参考。

四、北京四中课程历史发展的启示

(一)成功经验反思

一百余年来，北京四中准确把握教学改革方向，推进以课程设置和教学内容为核心的教学改革。从 20 世纪 80 年代中期开始，北京四中就坚持继承和发扬优良传统与改革创新相结合，在全国率先着手进行以课程设置和教学内容为核心的教学改革，成为全国五所课程改革实验校之一。课程改革是一项系统工程，可以概括为以下五个方面。

1. 建立多层次的目标体系

北京四中的培养目标是将学生培养成为杰出的中国人，为他们成为"数以千万计的专门人才"和"拔尖创新人才"、为他们未来事业的成功以及生活的幸福打下坚实的基础。具体学科课程目标改革的一项重要举措，就是对必修课施行分层次教学。20多年来，北京四中曾对数学、英语、物理、化学、历史、计算机等学科施行分层次教学。施行分层次教学，有利于教师准确把握同一层面学生的认知规律和特点，有的放矢地运用有效的教学策略，提高课堂教学效率，同时也为学生实现自主设计、自主发展提供了可能。

2. 建立多样化的学科体系

分层次教学提高了课堂教学效率，这就有可能压缩必修课的教学时间。在知识与信息时代，学生获取知识的方式和渠道呈现出日益多样化的趋势，学生发展的兴趣也越来越丰富和多样，国家规定的课程已经不可能满足所有学生的兴趣。因此，学校必须为学生开设丰富的选修课程，以满足学生发展的需要。

3. 建立多元化的学生质量评价体系

倡导学生自主发展、和谐发展，形成健康的个性特长，但是如果仅用考试分数作为唯一的指标去评价学生，那么我们对学生的倡导就是一句空话。北京四中经过多年的探索，建立了一套能够体现学生知识与能力结构的、较为全面的学生质量评价体系，力图通过评价展现学生丰富的个性，对学生的发展形成导向，实现学生的自我认知、自我教育，体现我们所倡导的使学生自主发展、和谐发展的教育理念。

4. 建立科学的学生管理体系

倡导学生自主发展与和谐发展，就要为学生自主发展提供足够的时间和空间。这就需要我们对学生实施科学的管理。科学的管理主要体现为有序和宽松。北京四中有近200条校规，对学生实施严格的管理，确保了学校活动的有序，同时北京四中不断减少课时，把时间尽可能多地还给学生，为学生创造宽松的发展环境。

5. 建立有效的学生工作体系

富有实效的学生工作是学校向现代化推进的关键和基础，是学校教学工作的重要保障。北京四中从三个方面提高学生工作的实效性。一是加强学校德育文化建设；二是建立符合学生群体特征的学生工作目标体系；三是建立有效的工作渠道，特别是倡导全员育人的教育理念。

从课程教授双方的角度来看，北京四中的课程实施理念是：以人育人、共同发展。以教师的行为、品德、能力、理想、情操、境界、人格去影响、感化、培养和教育学生，促进学生自主发展与和谐发展。自主发展：通过有效的教育教学活动，不断激发学生的潜能和内驱力，使学生树立理想和目标，产生自我认知、自我教育和自我设计的主观要求，形成主动学习和终生学习的意识和热情，并获得必要的知识与能力。和谐发展：在全面发展的基础上形成健康的个性特长，使学生根据自身的特点来构建最适合自身的知识与能力结构。

十几年来，北京四中不断深化课程改革，严格控制课程总量，减少必修课课时，增设选修课和活动课。教师在教学中注重培养学生能力，指导学生学习方法，使学生全面、主动、健康、和谐地发展。北京四中成为全市授课时数最少、作业量最少、节假日从不集体补课且教学质量始终保持较高水平的学校之一。宽、厚、全、实的基础，不仅使四中学生全面创优，高考夺标，而且继续学习的能力和创新能力也有了显著提高。在近年来考入清华大学、北京大学的四中学生中，有 40% 以上获得各种奖励，大大高于两所高校在校生获奖的平均水平。

这使得北京四中的教学改革实践成果和经验更具有示范和推广的价值。四中每年要接待数千名中外来访者，四中的教育理念也为越来越多的人所了解，四中的教改经验也不断在全国得到推广，从而发挥了四中的示范和辐射作用。

(二)课程文化传统与课程观提炼

21 世纪初期，在北京市连续两批示范高中评估工作结束后，各示范高中都面临着一个如何突破"高原现象"，使学校进一步发展，在原有的基础上不断创新的问题。推进特色校本课程体系建设，是许多学校选择的创新切入点。

1. 有关课程概念的界定

我们认为，"校本课程"包含两层含义：一是使国家课程和地方课程校本化、个性化，即学校和教师通过选择、改编、整合、补充、拓展等方式，对国家课程和地方课程进行再加工、再创造，使之更符合学生、学校的特点和需要；二是学校设计开发新的课程，即学校在对本校学生的需求进行科学的评估并充分考虑当地社区和学校课程资源的基础上，以学校和教师为主体，开发旨在发展学生个性特长的、多样的、可供学生选择的课程。因此，北京四中近年来一直从这两方面对构建有自身特色的校本课程体系进行初步的研究和探索。

2. 本问题相关研究概况

（1）国内总体研究概况。

在国家课程的原则指导下的校本课程，因地制宜和因校制宜的选择和探索是最为关键的。从 20 世纪 90 年代开始，所谓的校本课程和校本教材主要是重点学校的主课教材或讲义，其主要特色是为了有效地应对考试；进入 21 世纪，其内容、形式和特色等都有了极大的拓展，涉及其他正规课、课外活动和专题讲座，以及业余自主学习等，也涉及环境设计和隐性课程等，适应了拓展知识能力、促进个性化发展、拾遗补缺、由近及远、便于感受、推进研究性学习、充分利用与整合本地本校资源等多元目标，发展势头是积极的和喜人的。

特别是在互联网时代，校本课程和教材建设能够获得新技术的大力支持，可以使有限的正规教材和无限的学习资源充分地配合与对接，极大地开阔和丰富教学双方的资源和思路，激发他们前所未有的教与学的热情和智慧，通过多方参与和学校"共同体"的形成，促进国家课程改革理念在具体学校得到最大程度的实施。事实证明，有效地开发和使用校本课程和教材，是国家课程目标得以实现和规定教材教学效果得以提高的重要保证。

（2）北京四中具体研究概况。

各个学校的校本课程实践很多，但从本校历史研究出发，从实践到理论高度的提升研究很少。北京四中刘长铭校长在北京市教育工委、北京教育学院共同组织的"北京市校长创新与实践高研班"上对这一问题进行了思考并与校长高研班（校长均来自各个区县的示范高中学校）同学广泛讨论，编写了调查问卷，进行了较为广泛的调查研究，采访了教育部、市教委有关领导（参与制定评估标准、起草有关文件的领导和工作人员），查阅了教育部和北京市有关文件。我们认真研究了一些学校的发展历史以及办学特色，特别认真研究了北京四中发展的历史和现实。

3. 继承传统并不断创新的课程文化基础

北京四中从建校伊始就关注全面的人的发展。我们的课程观始终是包含了教育目标、教育内容、教材、教学活动及评价方式等的广义的课程观念，把"课程"界定为涵括了显性课程与隐性课程的赋予学习者的"学习经验的总体"。要将学校教育中有计划、有组织实施的显性课程与学生在学习环境中学习体验到的隐性课程并重，以更全面更开放的观念设置和对待课程。

从课程教授双方的角度来看，北京四中的课程实施理念是：以人育人、共同发展。从20世纪80年代以来，四中不断深化课程改革，使四中学生不仅全面创优、高考夺标，而且继续学习能力和创新能力也有了显著提高。

在新时期，我们认为，特色课程建设是学校特色建设的根本，我们确定的"以人文教育为基础，以科技教育为特色，促进学生多元发展"的课程发展思路，是符合学校发展历史和现实需要的，是有充分根据的。经过几年的努力，我们已经取得了初步的成绩，但这仅仅是起步，还需要做更深入的研究和探索，需要做更多扎实的工作。

4. 关注多元发展，提升生命质量

进入21世纪，人类社会面临的问题和挑战更加突出，世界主要国家普遍把教育改革作为应对变化的主要措施。高中课程改革的步伐不断加快，趋势也更加清晰，其中一个重要的特征是增强选择性，满足学生个性化、多元化发展的需要。近年来，我国高中新课程改革取得了重要进展，但如何满足学生个性化、多元化发展需要仍然是我国高中课程存在的最为突出的问题之一。

《国家中长期教育改革和发展规划纲要（2010—2020年）》（以下简称《纲要》）提出："关心每个学生，促进每个学生主动地、生动活泼地发展，尊重教育规律和学生身心发展规律，为每个学生提供适合的教育。""推进培养模式多样化，满足不同潜质学生的发展需要。""开展高中办学模式多样化试验，开发特色课程。"同时，《纲要》还多处提到要因材施教，把全面发展与个性发展统一起来。这既对当今教育提出了新的要求，又为个性化、多元化教育提供了政策依据。

美国哈佛大学教育研究生院教授霍华德·加德纳于 20 世纪 80 年代提出了多元智能理论。这一理论向评估学生智力的传统观念提出了挑战，对西方国家当前的教育改革特别是中小学课程改革产生了极为重要的影响，也引起了我国教育界的极大重视。近年来，北京四中以多元智能理论与脑科学研究等为指导，初步探讨了实验班建设的指导思想、基本原则、建设方案等，在实践中取得了较好的效果。

多元智能理论的内涵

加德纳的多元智能理论是针对传统智能一元化理论提出的。他认为，智力是在某种社会和文化环境的价值标准下，个体以解决自己遇到的真正难题或生产及创造有效产品所需要的能力。判断一个人的智力，要看这个人解决问题的能力以及自然合理环境下的创造力。他还强调，智力并非像我们以往认为的那样是以语言能力和数学逻辑能力为核心、以整合方式存在的一种智力，而是彼此相互独立、以多元方式存在的一组智力。

一、多元智能理论的基本要素

加德纳在大量科学研究的基础上指出，人的智能结构由八种智能要素组成。这八种要素是：

1. 言语——语言智能。

这种智能主要指听、说、读、写的能力，表现为个人能够顺利而高效地利用语言描述事件、表达思想并与人交流的能力。这种智能在记者、作家、演讲家和政治领导等身上有比较突出的表现，如由记者转变为演说家、作家和政治领导的丘吉尔。

2. 逻辑——数理智能。

这种智能主要指运算和推理的能力，表现为对事物间各种关系如类比、对比、因果和逻辑等关系的敏感以及通过数理运算和逻辑推理等进行思维的能力。这种智力在侦探、律师、工程师、科学家和数学家身上有比较突出的表现，如相对论的提出者爱因斯坦。

3. 视觉——空间智能。

这种智力主要指感受、辨别、记忆、改变物体的空间关系并借此表达思想和情感的能力，表现为对线条、形状、结构、色彩和空间关系的敏感以及通过平面图形和立体造型将它们表现出来的能力。这种智力在画家、雕刻家、建筑师、博物学家和军事战略家的身上有比较突出的表现，如画家毕加索。

4. 肢体——运觉智能。

这种智力主要指运用四肢和躯干的能力，表现为能够较好地控制自己的身体、能够对事件做出恰当的身体反应以及善于利用身体语言来表达自己的思想和情感的能力。这种智力在运动员、舞蹈家、外科医生、赛车手和发明家身上有比较突出的表现，如美国篮球运动员迈克尔·乔丹。

5. 音乐——节奏智能。

这种智能主要指感受、辨别、记忆、改变和表达音乐的能力，表现为个人对音乐包括节奏、音调、音色和旋律的敏感以及通过作曲、演奏和歌唱等表达音乐的能力。这种智力在作曲家、指挥家、歌唱家、演奏家、乐器制造者和乐器调音师身上有比较突出的表现，如音乐天才莫扎特。

6. 交流——交际智能。

这种智力主要指与人相处和交往的能力，表现为觉察、体验他人情绪、情感和意图并据此做出适宜反应的能力。这种智力在教师、律师、推销员、公关人员、谈话节目主持人、管理者和政治家等身上有比较突出的表现，如美国黑人领袖、社会活动家马丁·路德·金。

7. 自知——自省智能。

这种智力主要指认识、洞察和反省自身的能力，表现为能够正确地意识和评价自身的情绪、动机、欲望、个性、意志，并在正确的自我意识和自我评价的基础上形成自尊、自律和自制的能力。这种智力在哲学家、小说家、律师等人身上有比较突出的表现，如哲学家柏拉图。

8. 自然观察者智力。

这种智力主要指观察自然界中事物的各种形态，对事物进行辨认和分类，能够洞察自然或人造系统的能力，表现为能够辨识植物，对自然万物分门别类，并能运用这些能力从事生产的能力。这种智力在生物学家、生态学家、化学家、植物学家等人身上有比较突出的表现，如生物学家达尔文。

二、多元智能理论的特征

1. 注重整体性。

加德纳认为，这八种智能因素同等重要，因而他呼吁对这八种智能给予同等注重力。

2. 强调差异性。

尽管每个人都同时拥有相对独立的八种智能，但由于受不同环境和教育的影响与制约，它们在每个人身上以不同方式、不同程度的组合使每个人的智能各具特点，这就是智能的差异性。

3. 突出实践性。

智力是个体解决实际问题的能力，是生产及创造出社会需要的有效产品的能力，是每个人在不同方面、不同程度拥有的一系列解决现实生活中实际问题特别是难题的能力，是发现新知识的能力。加德纳把智力作为解决实践中问题的能力。

4. 重视开发性。

人的多元智能发展水平的高低关键在于开发程度。而帮助每个人彻底地开发其潜在能力，需要建立一种教育体系，能够以精确的方法来描述每个人智能的演变。学校教育应是开发智能的教育，宗旨是开发学生的多种智能，帮助学生发现其智能特点和业余爱好，促进其发展。

三、多元智能理论引发的教育思考

基于前述，我们认为多元智能理论至少在以下几个方面对我国的教育改革具有重要的指导意义，值得我们结合基础教育改革和北京四中实验班建设的现状，深入思考和研究。

1. 积极乐观的学生观。

学校里不存在"差生"，全体学生都是各有智力特点、学习类型和发展方向的可造就人才。学生的问题不再是一个他们有多聪明的问题，而是他们在哪些方面聪明和怎样聪明的问题。

2. 灵活多样的教育观。

其一，针对不同智力特点的"对症下药"，即根据不同的教学内容采用不同的教学方法。其二，针对不同学生的"对症下药"，即根据不同的教育对象创设多种适宜的、能够促进每个学生全面充分发展的教育方法。

　　3. 对症下药的评价。

　　其一，通过多种渠道、多种形式，在多种不同的实际生活和学习情境下进行评价。其二，多方面观察、分析学生的优点和弱点，并把通过这种方式得来的资料作为服务学生的出发点。

　　加德纳不仅提出了多元智能理论，而且在美国组织了在多元智能理论指导下的教育教学改革实验。他主张，学校应与学生、家长、教师、评估专家一起参与智能的开发。他的多元智能理论为我国当前新课程改革提供了一个全新的视角，为我们北京四中实验班的建设提供了可靠的理论依据。

第二章

学校的价值追求和发展定位

一、学校自主课程实验的背景分析

2007 年，北京市普通高中进入课程改革试验，北京四中成为高中新课程自主排课实验学校。应该说，自主排课、自主会考对于四中来说并不陌生，在新课程实施以前我们已经积累了十多年的自主会考经验，而近年来我们又充分认识到了新课程的实施给四中带来的机会与挑战。从 2007 年到 2009 年是我们的初步探索阶段，北京四中立足学校实际，发挥历史名校的优势，以教育科研为先导，以制度创新为手段，以信息技术为保障，通过构建特色鲜明、充满活力的学校课程体系和管理体系，营造和谐的校园文化氛围，促进学生全面而有个性的发展，提高教师的专业化发展水平，从而全面提升北京四中的办学质量。一路走来，有很多值得总结的经验和思考的问题。

一项制度的出台必然有利有弊，关键在于我们如何去执行和监管。我们认为，自主排课、自主会考制度是有利于四中这一类学校办出特色、不断发展的，它将给学校带来更大的活力。我们也将充分利用手中的自主权，同时严格按照各项规章制度来执行，保证新课程的顺利推进，加快四中前进的步伐。

二、学校办学的价值追求

新的时期，我们认识到必须转变教育行为，实现全面育人。教育的价值观念决定教师的教育行为。教师行为模式的转变是一项长期任务。只有先从学校文化建设入手，从文化的核心——价值观——入手，才能促进教师的行为模式发生转变，才能促使教育改革取得实效。

学校经过长期酝酿讨论，由刘长铭校长总结凝练，于 2009 年 3 月提出了北京四中教育价值观念体系，指出四中的教育应当渗透生活教育、职业教育、社会教育(公民教育)和生命教育，并在课题组内和广大教师范围内进行讨论和落实。

与原来的体系(养成、情感、人生观价值观、理想政治方向)相比，该体系有利于将德育与教学更好地融为一体，使教学的目标价值有更明确的指向，使德育更好地渗透于教学以及各项活动之中。

这一体系内容涵盖更加全面和广泛，更好地体现层次性（但内容需要进一步研讨），更易于在教学中体现和渗透，更鲜明地体现以人为本、促进人全面发展的价值指向，更加符合世界教育发展的主流价值取向。

北京四中提倡的教育价值观念体系

北京四中的教育不仅要关注学生的近期发展，还要关注学生的终身发展；不仅要使学生在学科知识与能力上达到优秀标准，还应当体现对学生的终生关怀。引导学生学会做人，归根结底是让学生学会正确对待生活、正确对待职业、正确对待社会、正确对待人生。因此，四中的教育应当渗透生活教育、职业教育、社会教育（公民教育）和生命教育，实现全面育人。

一、生活教育

技能认知层面：家政技能、文化修养、价值判断、审美、亲情、友情、爱情、婚姻、家庭、事业、羞耻……

情感态度层面：乐观、豁达、积极、尊重、热情、羞耻……（生活态度）

精神信仰层面：苦难、挫折、死亡、成功、幸福……（信仰）

终极价值层面：人性、自觉、信仰、崇高、使命……

二、职业教育

技能认知层面：学科知识（与人类职业活动的关系）、职业技能、实践能力、创新意识、创业技能、职业规划定向……

情感态度层面：敬业、忠诚、服务、合作、服从……

精神信仰层面：职业精神、职业行为规范、职业操守……

终极价值层面：人性、理性、道德、责任、博爱……

三、社会教育（公民教育）

技能认知层面：公民常识（社会、法律、责任、义务、文明礼仪）、文化归属感与国际理解……

情感态度层面：公平、正义、同情、怜悯、关爱、诚实……

精神信仰层面：国民意识、国民精神、社会良知……

终极价值层面：人性、理性、道德、责任、博爱……

四、生命教育

技能认知层面：生理与心理、健康、性别、贞操、避害、保护……

情感态度层面：珍惜、敬畏、尊严、纯洁、羞耻……

精神信仰层面：存在的意义、内心世界……

终极价值层面：人性、自觉、信仰、崇高、使命……

生活教育和生命教育与个体存在相关；而职业教育和公民教育与社会存在相关。

实施途径有以下几种。

传授：形成目标体系，丰富教育功能，体现国家课程标准与学校培养目标（见表2-1）。

示范：使教师的行为成为教育学生的典范。

互动：师生在交往中共同感悟，共同成长。

实践：教育教学活动体现学校的培养目标。

熏陶：学校文化浸染，构建师生发展的文化生态环境。

表 2-1 教育内容与目标体系

板块 / 层次	前提与归宿		社会关系属性	
	生命教育	生活教育	职业教育	公民教育
认知（认知层面）	健康、保健、心理、两性、健体、避害、纯洁、贞操、保护……	家政技能、文化修养、婚姻、家庭、亲情、友情、爱情、事业、伦理、廉耻……	学科双基、职业技能、实践能力、创新意识、创业技能、规划定向	国家与民族、文化归属感、公民常识、社会、法律、责任、义务……
情感（感性层面）	生命的意义、本体和客体……	乐观、豁达、积极、热情……	敬业、忠诚、合作、服从	同情、怜悯、关爱、正义、诚实……
精神（理性层面）	存在的意义、死亡的意义……	不幸、苦难、挫折、成功、幸福……	职业操守、职业精神……	国民意识与精神、良知
终极目标指向	信仰、崇高、人性、尊严、使命……		人性、理性、道德、责任、博爱……	

转变教师的行为模式，也就是转变教师看待、对待学生的方式，这个层面是比较难的，需要学术领导。教育价值观念体系提出后，学校组织大量讨论，通过交流让教师理解、认同。确定了价值观念体系，还要结合学科添加具体内容，并通过每一节课去体现，而不是采取在课堂外设专题课、贴标签的形式。所以，这项研究才刚刚开始。

三、学校育人目标和发展定位

北京四中在宣传新课程教育教学理念的过程中并不是简单地要求教师们接受，而是强调如何与四中传统和教师个人情况相结合，形成符合四中实际的教学观。2007—2008 学年、2008—2009 学年连续进行了全校范围的"我的教育教学观"征文活动，教师们在学习新课程理念、总结四中优良教育教学传统的基础上，提出指导自己教育教学活动的基本观念，将一些不自觉的教育行为上升到理论高度，形成自己的教育教学风格。结合此项活动，我们同时开展了对四中未来发展、办学目标、办学特色的讨论和深思。

(一)总体目标

学校领导在广泛征求意见的基础上，在北京四中"新三年发展规划"中提出，学校总体发展目标是："努力把北京四中办成世界一流学校，即把北京四中办成在全国具有示范作用、在世界享有良好声誉的高质量、有特色、第一流的完全中学。要使北京四中成为师生精神生活的家园和丰富人生的起点，让师生获得发展的机会、享受成长的愉悦，懂得责任与良知，持之以恒地发掘潜能，积极乐观地面对未来。"

在此基础上，我们确立了学生培养目标，概括为培养杰出的中国人，即培养学生的忠诚(国家、团队)和服务(社会、他人)精神，以及追求卓越的职业与生活态度，使学生在未来优雅地生活和工作，成为职业领域与个人生活的成功者，成为有益于社会的公民。四中培养的学生应当具有：崇高的品德和强烈的社会责任感；热爱祖国，具有中华民族传统文化底蕴和民族精神；应对变化，完善自我，以及不断学习、进取、开拓、创新的精神；现代公民意识(学会尊重、交往、合作、选择、融合、民主、守纪、诚信、自尊和自信等)和文明习惯;较为坚实的学科基础知识,解决实际问题的意识和能力;丰富的个性、健康的身心和积极乐观的人生态度。

四中学生应当有如下表现:富有同情心、热心公益、乐于助人并付诸实际行动;自觉遵守法律法规;能够清晰表达思想,在语言和行为上具有良好的沟通合作能力以及组织管理能力;具有个人兴趣领域;具有优异的学业成绩并因此升入理想的大学;能够实现自我管理与生活规划,具有职业选择能力和必要的生活技能;具有批判性思维能力和不断自我完善的能力;具有国际交流与文化融通能力;能够自觉强健身体、调控心态,具有宽厚、坦荡、豁达的性情,等等。

同时,通过师生共同发展,建设学校成为具有创新意义的学习型组织,建设一支高素质、创新型教育人才队伍,造就一批教育家、学科教学名师。

在上述人才培养目标的基础上,我们继承四中优秀教育传统,努力形成新时期的具有北京四中特色的学校课程文化。

(二)具体目标

北京四中课程特色定位于,探索创造型优秀人才成长基础的校本课程实践。

我们经过认真研究,认为创造型优秀人才除应符合国家教育目标之外,还应具有以下特征:具有明确的(主要)兴趣领域及坚定的专业志向;在个人兴趣领域中具有深入而坚实的基础,并具有强烈的学习与探究思考的热情;具有支撑其主要兴趣领域的合理的才智结构;具有良好的个人修养和积极乐观的人生态度。

我们把推进特色校本课程体系建设作为特色发展创新试验的切入点。试验研究定位于广义的课程观,将学校教育中有计划、有组织实施的显性课程与学生在学习环境中学习体验到的隐性课程并重,关注"学习经验的总体",确立了"以人文教育为基础,以科技教育为特色"的学校课程建设发展的新方向,进行行动研究。

我们认为"校本课程"包含两层含义:一是使国家课程和地方课程校本化、个性化;二是学校设计开发新的课程。因此,我校近年来一直从这两个角度,从人文教育、科技教育和国际理解教育三个方面进行初步的研究和探索。

北京四中教育目标

一、北京四中人文教育目标

通过有效的教育途径和方式及学习与人文有关的各类课程，使学生具有深情而广博的人文情怀，形成对生命、对他人、对家庭、对社会、对自然的正确的情感与态度，从而形成善良的人性。

二、北京四中科技教育目标

通过多种形式的学习和实践活动，使学生掌握关于科学技术的必要知识，形成对科学技术的正确理解，培养学生对科学技术的广泛兴趣，培养学生的科技创新精神和实践能力，培养学生的科学素养和理性精神。

三、北京四中国际理解教育目标

使学生认识到，每个国家和民族都有向全人类贡献不同内涵和不同形态的优秀文化的责任与义务，共同促进人类文化的发展与繁荣；使学生认识到，每个国家和民族都应以宽容的心态理解和包容不同的文化，并在此基础上促进不同文化之间的交流和融通，形成相互平等、相互尊重的观念意识与行为准则；在上述基础上使学生进一步认识到，各个国家和民族应该形成人类发展的共同愿景，并为建设共有的美好星球主动承担责任，共同努力。

第三章

构建"人文基础，科技特色，多元发展"的自主课程体系

一、课程建设定位和路径

2007—2013 年，我校参加北京市自主课程试验；其中，2011 年，我校成为北京市国家级高中特色发展试验项目学校。该阶段是我们探索学校特色和多样化发展并取得突破的新阶段。在继承传统的基础上，学校逐渐形成了新的独特教育风格与学校文化，为学生提供了多样化学习发展机会和资源。在这六年中，北京四中在构建"人文基础，课程特色，多元发展"的校本课程体系方面进行了大量的探索。

(一)课程建设定位

1. 百年文化积淀是四中课程体系建设的内涵

对一所学校而言，校园文化，就是她的气息；师生在校的时光里靠呼吸这股气息就能取得生命的滋养。北京四中的校园文化怎样界定，这是一件很困难的事情。她诞生于百年前，她续写辉煌于 21 世纪。百年里，她历经风雨，界定她的气质内涵对于我们来说是如此艰难，如同让一个稚嫩的幼儿去评定一位长者，虽可勉力为之，但终归是以粗线条的感性认识为主。不过不得不承认，有时候有些东西是要讲求模糊的。或许我们可以找出一些关键词，如社会担当的意识、高扬理想主义的旗帜等。四中课程体系建设首先承担的就是这样一种文化的传承，通过课程使四中的百年文化得以继承、发扬。

2. 新时期学校的培养目标是四中课程体系建设的方向

21 世纪以来，四中确立了"以人育人、共同发展"的教育理念，这也是四中课程建设的基本理念。我们就是要通过课程建设达到教师与学生共同和谐发展的目标。

学校还进一步明确了新时期北京四中的学生培养目标，即"培养杰出的中国人"，亦即"将学生培养成为中国的杰出公民，为他们成为'数以千万计的专门人才'和'拔尖创新人才'、为他们未来事业的成功以及生活的幸福打下坚实的基础"。这一培养目标可以从八个方面来概括：具有崇高的品德和强烈的社会责任感；热爱祖国，具有民族精神，具有一定的中华民族传统文化底蕴；具有不断学习、进取、开拓、创新的精

神和应对变化、完善自我、不断发展的能力；具有现代公民的社会意识
(学会尊重、交往、合作、选择、融合、民主、守纪、诚信、自尊和自
信等)和文明习惯；具有较为坚实的学科基础知识、解决实际问题的意
识和能力；具有丰富的个性、健康的身心和积极乐观的人生态度。这六
个方面就是北京四中课程体系建设的方向。

3. 国家课程标准是四中课程体系建设的基准

开足开齐国家课程标准中所规定的必修、选修课程，是北京四中课
程体系建设的基础。我们在不加课、不补课的前提下，保证学生完成国
家课程标准中规定的必修和选修学分。

4. 学生和教师现状、学校基础设施是四中课程体系建设的保障

一所学校的课程体系建设离不开学校的实际情况。学生特点、教师
队伍建设、学校基础设施等，都是我们在设计学校课程体系时所必须考
虑的因素。

四中学生具有较强的独立性和自觉性，能够安排好自己的课余生
活，或者说我们应该锻炼学生学会安排自己的课余生活。基于这样的学
生特点，我们的课程体系中给学生保留了大量的课余时间，学生社团、
研究性学习等活动都是由学生自主开展的。

同样，在校本选修课程的设计上，我们根据教师的兴趣爱好和学校
的教室、设备等情况进行了统筹安排，并没有单纯追求选修课的数量，
而是将重点放在选修课的课程结构、学科领域和教学质量上。

一切从实际出发，才能完成具有本校特色的课程体系建设。

(二)探索步骤回顾

1. 动员启动阶段(2007 年 6 月—2007 年 9 月)

根据国家新课程标准，组织教师学习培训，提交自主课程申请报
告，研究整合现有基础，制订学校自主建设校本课程、特色发展、创新
改革试验的详细计划。

2. 项目第一轮实施阶段(2007 年 9 月—2010 年 7 月)

试验实施阶段，严格按照计划，控制自变量和试验条件，科学稳妥
地推进试验。试验过程始终伴随着对全体教师和干部的培训。实验重点
放在对新的国家课程的学习和校本整合上。

3. 项目第二轮实施阶段(2010 年 7 月—2013 年 3 月)

结合国家级高中特色校建设，研究更加注重校本特色，自主课程试

验精彩纷呈：形成了四个有一定基础的特殊试验平台，即"某领域有特长的杰出创新后备人才培养模式——道元班""具有四中特色的科技创新实验班""具有四中特色的人文实验班"和"北京四中寰球学者项目（又称国际课程项目）"。

4. 项目总结阶段（2013 年 3 月—2013 年 9 月）

对试验进行全面总结、反思和评估，在实践和理论上都实现了新的突破。

（三）课程建设研究的支持与保障

1. 上级支持

北京市和北京西城区一贯大力支持北京四中进行课程改革试验。四中的历次改革试验，都得到市区教育管理部门在经费、人员和政策三方面的保障。

2. 专业支持

利用北京市西城区和学校自己的力量，聘请专家团队参与指导试验，定期与专家开展交流，及时解决问题，获得专业支持。

3. 组织保障

成立校项目试验领导小组，整合学校教学、教育和教科研的骨干力量，统筹、指导和整体推进全校工作。对于由校长牵头的专项工作组，安排专人负责。积极与相关专家合作，联合进行学校特色探索研究。做好教师、学生、家长的宣讲、动员工作。及时总结、积累成功经验和典型案例。

参加本项目课题研究的教师为校教学干部、主要科学学科教研组长，以及教学、电教骨干教师。他们是校本课程的主要制定者、开发者和实施者，有力保证了研究的实效性。而且，教师们通过定期的科技/人文教育沙龙早已组织在一起，已初步形成了多方面配合的研究团队。

从行政上，成立由校长牵头的专项工作组，并安排专人设立科技教育领导小组、"北京四中道元班管理办公室"。科技创新试验班工作、人文教育和人文试验班工作、"北京四中寰球学者项目"，均由校长助理或教学处副主任级别专人负责。而校长、教学副校长直接指导试验班工作。

4. 经费保障

利用北京市西城区和学校自己的力量，多渠道努力筹措改革所需资金、设备。

二、构建"人文基础，科技特色，多元发展"的校本课程体系

(一)课程建设指导思想

以科学发展观为指导，贯彻落实《国家中长期教育改革和发展规划纲要(2010—2020年)》精神，探索以优秀学生多元发展为本、以特色课程建设为切入点、聚焦于创造型优秀后备人才培养的学校特色发展试验，形成新形势下北京四中的教育特色品牌。

(二)自主课程探索内容整体设计

2007—2013年，北京四中在上级领导及专家的指导下，立足学校实际，发挥名校优势，以教育科研为先导，以制度创新为手段，以技术发展为保障，通过构建特色鲜明、充满活力的学校课程体系和管理体系，营造和谐的校园文化氛围，促进学生全面而有个性的发展，提高教师的专业化发展水平，从而全面提升四中的办学质量。

我们认为，校本课程体系的建设要包括以下内容：

1. 课程目标体系

首先，应从价值观角度高层次反思认识四中的教育文化，这是校本课程目标设定的依据。其次，应把课程目标具体分解到每门课程中。最后，课程目标体系建设的重点在于该课程的具体特殊目标。例如，我们显性课程中有许多和科学有关的，如物理实验选修、实验化学、化学产品制作、植物组织培养、分子生物学与基因工程、天文观测以及科技俱乐部等，其共同目标是"指导学生了解科学研究方法，帮助学生通过科学探究、研究性学习，培养提出问题、研究问题、解决问题的能力"，而我们希望列出的是每一门课程的具体目标是什么，是否针对了四中的学生情况，等等。

2. 课程具体内容体系

就课程具体内容体系而言，它应包括以下几点：

第一，课程内容的选择。课程内容应具有合法性、重要性、真实性，适合学生的特点、教师的背景。第二，课程内容的排列。排列方式可以是部分—整体模式，整体—部分模式，时间序列，主题序列，外部限制序列，整合模式等。第三，课程内容的组织。这主要指确定课程内容的优先性。

3. 两个方面、一个基础

从我国和我校实际出发，我们的校本课程体系应包括两个方面和一个基础。两个方面指国家课程校本化和狭义校本课程。一个基础指显性校本课程要以隐性校本课程为基础。

此外，我们的校本课程体系包括：特色课程实施系统——构建师生平等互动、共同发展的学习共同体；校本课程实施的特色支持方式——导师制；校本课程特色开发方式——基于校园网络的课程资源开发与利用平台；课程特色评价方式等（见图 3-1）。

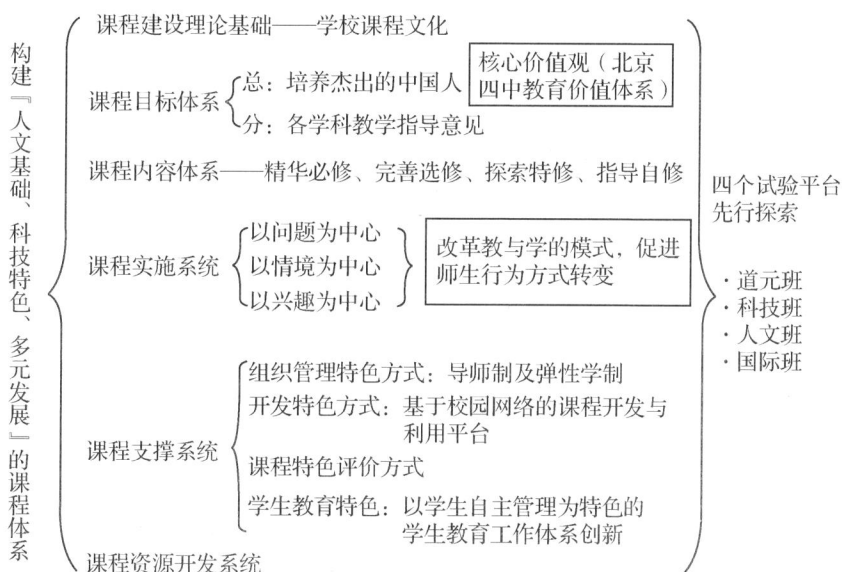

图 3-1 课程体系

为集中力量，以点带面，在实践中，我们的研究逐渐聚集于四个特殊试验平台："某领域有特长的杰出创新后备人才培养模式——道元班""具有四中特色的科技创新实验班""具有四中特色的人文实验班"和"北京四中寰球学者项目"。

(三)研究意义

我们确立"以人文教育为基础，以科技教育为特色，促进学生多元发展"的学校课程建设发展的新方向，主要基于以下考虑。

1. 科技迅速发展和人才竞争对学校科技教育、人文教育与校园文化建设提出了新的要求

在科学技术飞速发展的今天，科技教育显得重要而有意义。当前国际社会的竞争是综合国力的竞争，是科技的竞争，归根结底是教育的竞争，是人才的竞争。近些年来，在世界范围内，创新型科技后备人才的培养引起了各个国家的高度重视。韩国在 20 世纪 90 年代专门成立了数十所以科技教育为特色的专门化的科技高中，为国家培养和输送科技后备人才，对韩国高科技的发展起到了重要的作用。新加坡在 2003 年也成立了以科技教育为重点的新加坡国立大学附属中学，并在短期内取得了令人瞩目的成绩。美国等西方发达国家在科技教育上也有很多新的举措，如修订科学教育标准、增加国家范围内的科技教育测试等。创新型科技后备人才的培养已经成为 21 世纪基础教育研究的一个热点，也是建立创新型国家的基础性工作，关系到国家未来的发展和综合国力的提高。因此，提高中小学生的科技意识和科技素养，为他们将来适应现代社会发展做好准备，是刻不容缓的事。所以，在中小学大力开展科技教育，是科技迅速发展和人才激烈竞争的形势对教育的客观要求。理所当然地，科技教育成为教育发展中的一项重要工程。

科学技术是一把锋利无比的双刃剑。科学技术研究的是自然界和人类自身的奥秘。有益的科技行为可以造福全人类、全民族；反之，则为祸。所以，科学技术亦具有道德责任。当爱因斯坦看到原子弹显示出的巨大毁灭力量时，曾深感痛悔。控制论之父、美国数学家维纳在他的《控制论》一书的序言中说，科学技术的发展"具有为善和作恶的巨大可能性"。维纳看到，控制论存在着"为善"和"作恶"两种相反的社会作用，但却无法使"为善"的作用都实现，而把"作恶"的方面予以消灭。为此，他觉得自己虽对这门科学做出了贡献，但却站在一个至少是令人不安的"道义的位置上"。这样，在科学技术飞速发展的今天，人文教育也比以往任何时候都显得重要而有意义。健全人格教育必须以人文教育为基础。人文素养欠缺的科学家更加可怕。人文教育有层次之分，可分为人文知识、人文精神和人文能力三个层次。

2. 新课程的实施对学校科技教育、人文教育与校园文化建设提出了新的要求

高中课程改革，将在多个方面实现突破，其中特别提到：要精选终身学习必备的基础内容，增强课程与社会进步、科技发展、学生经验的联系，拓展视野，引导创新与实践；赋予学校合理而充分的课程自主权，为学校创造性地实施国家课程、因地制宜地开发学校课程，为学生有效选择课程提供保障。新一轮基础教育课程改革带来了学生学习方式的深刻变革，改革也将更加重视学生创新精神和实践能力的培养，更加重视学生的全面发展。

3. 四中自身的培养目标定位和发展对学校科技教育、人文教育与校园文化建设提出了新的要求

国家课程因其自身的特点与局限，没有也不可能充分考虑各地方、各学校的实际，更不可能照顾众多学习者的认知背景及学习特点，更无力在学法指导与策略教学方面采取相应的、有针对性的措施。这恰恰是校本课程开发的意义所在，也是当今时代赋予学校教育的重要使命。它能很好地调动教师的积极性，能考虑学生的认知背景与需要，适合学校的主客观条件及其所处社区的经济文化水平并凸显学校的自身特色。

北京四中的办学方向是把北京四中办成在全国具有示范作用、在世界享有良好声誉的高质量、有特色、第一流的高级中学。四中的培养目标是将学生培养成为杰出的中国人，为他们成为"数以千万计的专门人才"和"拔尖创新人才"、为他们未来事业的成功以及生活的幸福打下坚实的基础。四中百年校庆之际，中共中央政治局原常委、国务院原总理温家宝来到北京四中考察。温家宝在与学校师生座谈后，谈了三点感想：第一，要把四中办成世界一流的学校，中国要有更多像四中这样的学校，这是我们的愿望。第二，老师要具有爱心和知识。第三，要教育学生目光远大，抬头走路。"只有大气魄才能成就大才气"，这是四中师生的豪言壮语。

4. 多元发展是课程建设和学生发展的终极目标

高中新课程的推进，增加了学生课程安排上的多样性、灵活性和选择性，在教学上强调关注学生的自主性和发展性。这对我们既是机遇也是挑战。课程的多元化是为了人的多元发展，这是教育的终极目标。

由上，国家课程中主要规定的是学习达到的最低标准。四中在完全达到的基础上，一定要根据自身的培养目标，建设自己特色的校本化课程。

校本课程开发是社会进步、科技发展、教育变革的客观要求，课程体系必须对此做出相应的调整与重构。科技教育、人文教育与校园文化建设是四中优良传统的重要组成部分。近年来，我们确立了通过传播科学文化来教育人，使学生接近科学、热爱科学的指导思想，开展了丰富多彩的科技活动，为具有特殊才华和潜能的学生的成长提供了良好的条件。而北京四中百年来都重视校园文化建设，重视人的全面发展，重在提升学生的思想境界、开阔学生的人文视野、强调学生传承传统文化的责任意识，务使学生的生活增进健康、活泼、丰富与优美。本着这样的教育理念，近年来北京四中在全校师生范围内，多层次、多角度、多种形式地开展人文教育活动，师生共建校园文化，教学相长。

北京四中在坚持全面发展办学思想的基础上，已经形成了人文教育、科技教育并举，关注学生多元发展的办学特色。在这样的基础上，与新课程推进密切结合，进一步加强科技、人文课程建设的实践研究，是真正把这一理念落在了实处。把以往的实践进行理论提升，无疑对基础教育改革的推进、对多元杰出人才的培养有重要意义，也将对同类型学校工作有重要的借鉴价值。

此外，有关的"校本课程"和"校本教材"的建设，其意义绝不会局限在一所或一类学校之内，而是与整个国家的教育教学改革的探索息息相关的，是教育教学创新的重要基础。

三、课程设置

（一）北京四中课程设置特色
1."以人文教育为基础"的课程建设
学校提出转变教育的价值观念，以观念的转变促进教师行为模式的转变；进而提出了北京四中教育价值观念体系，指出四中的教育应当渗透生活教育、职业教育、社会教育（公民教育）和生命教育，其中主要包含的是人文教育内容。这样，就从最高的价值观层次上为具体课程目标的制定提供了依据。从必修课程到选修课程，再到各类教育活动，都熏染着这样的文化价值观。

考虑到学生具备一定程度的学习自主性，大部分学生会有丰富自己学习领域的愿望，北京四中积极拓展校本课程的开设空间，调动校内教师的积极性，运用社会各方面的资源，开设了数十门人文校本课程。

北京四中自 2007 年始设置人文实验班，作为人文基础教育的试验基地。人文实验班文理兼重，旨在培养学生作为现代社会公民应具有的自然科学素养，同时侧重在人文社会科学方面扩展学生的知识面，提高学生了解、思考和解决问题的能力。人文实验班在招生时既关注学生的基本知识、基本能力的落实，又关注学生在文史哲方面的修养和潜力。人文实验班发展的一条基本门径是："绝不守在狭隘的、自以为是的现代里，将古典传统与现代精神相结合，要求学生做古典的现代人，既有传统的背景，又兼有国际的视野。"

2."以科技教育为特色"的课程建设

转变师生科技教育观念，注重"普及"与"提高"相结合，统筹安排，把科技教育纳入素质教育的主渠道，进一步优化必修课、选修课、学科兴趣小组、研究性学习等的科技教育内容。积极探索科技类校本课程建设的开发策略，进一步规范和优化现有的科技类校本课程。

通过与大学、市科技馆、区科技馆及有关兄弟学校的联系，我校几年中累计增开了数十门科技类选修课，设计并完善了各种各样的科技活动课程，注意科技活动在内容和形式上的创新。组织学生参加市科技后备人才培养计划交流会以及市科技俱乐部其他常规活动；相关学生能积极参加在有关科研院所的课题研究，有许多学生已经基本完成了自己的研究，并写出了较高水平的研究论文。还积极组织学生参与区、市及全国的"青少年科技创新大赛""明天小小科学家"奖励活动及"北京市青少年科技创新市长奖"等大型综合科技竞赛活动。

3.把多元发展作为课程建设和学生发展的终极目标

我们增加课程的多样性、灵活性和选择性，在教学上强调关注学生的自主性和发展性。课程的多元化是为了人的多元发展，这是四中教育的终极目标。

4. 大力建设与课程内容协调一致高效的课程实施、支撑和开发环节

特色的课程实施系统——构建师生平等互动、共同发展的学习共同体。

特色的课程实施支撑方式——导师制；校本课程特色开发方式，即基于校园网络的课程资源开发与利用平台；课程特色评价方式等。

特色的课程资源开发形式——探索整合教师、学生联合会和家长，网下和网络，校内、社区和全市的丰富课程资源。

5. 初步建成广义课程观下的优质课程体系

我们把"课程"界定为赋予学习者的"学习经验的总体"。将学校教育中有计划、有组织实施的显性课程与学生在学习环境中学习体验到的隐性课程并重，确定了以人文教育为基础、以科技教育为特色的课程发展思路。我们对四中课程具体目标体系、具体内容、教学模式和教学策略、教学方法研究等方面都进行了探索。总体来说，重点是优化课程体系结构和转变教师行为模式。

(二)有北京四中特色的科技教育课程体系的构建

温家宝在2011年5月中国科学技术协会第八次全国代表大会上的讲话中指出，科技是经济社会发展的强大动力。我们国家要真正强大起来，屹立于世界民族之林，必须要有强大的科技，有众多高水平人才，这是国家发展的力量所在、后劲所在。没有科技的发展，就没有中国的发展；科技发展的未来，决定着中国的未来。

为进一步贯彻落实《国务院关于印发全民科学素质行动计划纲要案(2006—2010—2020年)的通知》，北京四中以高中新课程改革为契机，努力实践"以人育人，共同发展"的教育理念，以全面提高学生科技文化素质为目的，以培养学生创新精神和实践能力为重点，通过开展多种形式和多种内容的科技创新教育活动，普及科学知识，传播科学方法和科学思想，弘扬科学精神，全面提升学校科技教育工作水平，努力推进学校素质教育的纵深发展，更有效地培养具有较高科学素养的科技后备人才。

在学校整体的教育教学理念的引领下，学校科技教育坚持以培养学生科学素养，使学生学习科学研究方法，提高科学试验、探究、撰写、表达等综合能力为主线，坚持"普及与提高相结合、科学与技术相结合、科技与人文相结合、课内与课外相结合、学校与社会相结合"的科技教育原则；努力实施北京四中科技教育工作的"四化"战略，即管理规范化、课程优质化、活动制度化、资源网络化。组织学生参加俱乐部、后备人才、"翱翔计划""雏鹰计划"等相关研究、交流活动，参与国内、国际展示、评审等竞赛活动，同时将师生创新成果进行展示、宣传，激发师生的创造热情，营造良好的科技教育氛围，组织教师进行科技教育课程化研究，努力探索创新人才的培养途径。

1. 规划目标，建设团队，形成网络化管理模式

第一，学校建立了科技教育领导小组，由校长担任组长，学校主管领导和专职科技教师为组员。领导小组明确目标、制订计划、落实措施、物色安排指导教师，保证活动经费到位，同时负责各项活动的组织发动、过程安排、检查指导及总结奖励。

第二，教师队伍由20多位兼职科技辅导教师组成。这支队伍主要是对学生进行各项活动的思想动员、组织管理、纪律监督，保证活动有序顺利开展。同时，对学生进行科技思想教育、科技创新精神培养、科技知识及科技技能辅导，组织开展各项科技活动，发现及培养科技苗子，发挥学生个性特长。另外，还要收集各项科技教育资料，自编科技类校本教材。

第三，骨干学生队伍由每班学习委员和四中科技俱乐部成员组成。他们科技兴趣浓厚、知识面广、动手能力较强，他们作为科技教师的得力助手，进行宣传发动，起着带动全校科技活动开展的领头羊作用。

2. 加强管理，完善制度，促进和保障科技教育的蓬勃开展

第一，科技教师管理制度。为了加强科技教师的管理，充分发挥科技教师的作用，学校成立了"北京四中科技教育工作室"，制定了《北京四中科技教师暂行管理办法》，由各教研组抽调一批年轻有为的教师近20名组建了一支强有力的科技教育教师队伍，也加强了对专兼职科技教师的培养。学校定期组织召开科技教师工作会议和"科技教师沙龙"，学校领导给有关科技教师进行讲座培训，同时布置有关科技活动方案，使每一位科技教师明确活动的指导思想、主题、时间、内容和地点等，使他们能够积极地参与和组织校内外的科技活动。

第二，科技俱乐部例会制度。我校是最早确立的北京市青少年科技俱乐部活动基地学校之一。我校科技俱乐部每周二中午定期召开科技会议，一方面，将各项重大活动通报给科技俱乐部成员，通过他们向同学们宣传，提高同学们的科技兴趣；另一方面，科技俱乐部的同学们在"科研实践""科学考察"等基础上，完成考察报告、心得体会、论文等，用科普形式进行"小讲师"汇报，启发、影响更多的同学热爱科学，投身科学。

第三，科技教育奖励制度。学校建立了"学校先进个人（科技类）"奖励制度，奖励每一年度在科技教育活动中表现突出、做出较大贡献的科技教师和相关人员。学校还专门设立了"北京四中中学生创新奖"，以此来鼓励我校积极参加科技创新活动的学生。此外，学校在每年一度的科技节上举办"北京四中科技创新大赛"，在全校范围征集学生科技创新研究作品（包括创造发明、研究论文、调查报告、科学幻想画等），对优秀作品给予奖励。

3. 科研引领，整合资源，行动落实

科技教育科研课题"中学生科技教育实践研究"（由 9 位教师参与）的研究目标包括如下七点。

第一，构建以学科教学为依托、以科技活动为拓展、以校本科技课程为平台的学校科技教育体系。进一步立足于学校学生的实际需求、实际问题和全面发展，立足于学校现有的师资、条件和社会资源，立足于学校整体的办学水平及教育教学质量的提升，优化校本科技课程体系架构。

第二，组织科技科普讲座、科技体验、科技主题班团会等活动，带学生到科学院所参观、学习，进行各项科技竞赛等。创建更多的、更有利于学生发展的科技小组和科技专业场所与教室，为促进学校科技教育的更快、更好发展奠定良好基础。以发展学生个性为目标指向，使学生得到充分、自由、全面的发展。

第三，发挥学科课程在科技教育中的基础和载体作用。让各学科教师都参与到科技教育中来，了解科技教育的实质，在学科教学中通过知识、方法、技能、思维等的渗透，自觉地进行科技教育，实现科技教育与学科教育的整合。

第四，注重中学生科学意识和科学精神的培养。以"校园科普""科学建议奖"评比等活动为基础，以培养学生"学科学、爱科学"的自觉和风尚为出发点，培养学生尊重科学的习惯、理解科学的能力和关心科学的感情，激发学生的参与感和成就感，帮助他们养成"学科学、爱科学"的自觉性。

第五，建立学校科技俱乐部、科技社团和科技活动小组，为高水平科技苗子提供发展和锻炼的平台。校本科技课程教学的过程，也是发现科技苗子的过程。教师们在教学中发现的具有浓厚兴趣、深厚潜质的学生，就可以通过参加科技俱乐部、科技社团和科技活动小组，与志趣相同的学生在教师有针对性的长期指导下不断地提高和发展。学校科技俱乐部、科技社团和科技活动小组还可以有计划地以促进学生的发展为主要目的来开展多种科技活动，给学生搭建平台，发挥学生的作用，锻炼和培养学生，这也体现了四中的育人理念。

第六，增强科技教育与人文教育相结合的实践与研究。科技教育对学生的发展非常重要，它不仅能使学生接触到书本以外的科学知识，还能使学生在参与科学活动的过程中进行科技素养，如观察、提问、思考、讨论、质疑、猜测与发现等的培养。

第七，挖掘社会资源，构建校本科技教育共同体。本校的教师，在学校科技教育活动中，能够很好地体察本校具体实际、学生情况以及有关的种种细节，能够通过实践检验课程方案、计划、设计的有效性。同时，本校的教师还能进行积极、系统的反思，对学校各种课程的开设能及时洞察。这是学校不断提升水平的关键。

4. 开展科技教育实践探索活动

第一，开展以"研究"为主导的科技教育。主要涉及三个方面。首先，与高校及科研单位合作。"科技俱乐部—科技实践活动""翱翔计划""后备人才"等项目，主张走进高校试验室。因为高校有"在科学家身边成长"的环境，可以让学生通过实践和参与"微科研"等过程，在高中阶段进行创新人才的培养。让学生在参与前沿科学、技术的试验中，学习新思想、新技术，培养科学思维、科学态度及科学研究的方法。其次，学校开设了近百门选修课（科技类选修课所占比例在50％以上），学生可以自选喜欢、感兴趣的领域学习。最后，研究性学习是全校教师共同参与的课程，是针对学生自主选题的个性化辅导课程。部分选题与科技紧密联系。

第二，引入国际、国内成熟科技竞赛及展示项目，开展科技教育活动。MIT（麻省理工学院的缩写）项目由MIT主办，旨在鼓励对科学和技术非常有兴趣的高中生进行发明创造。发明队的项目侧重于对生活中实际问题的发现、解决；侧重于体验发明的过程，增进团队合作，协调项目进行中遇到的问题等；发明需要有详细的记录，在中期要有中期报告。组委会根据各个发明队的项目和进展，确定参加EurekaFest（发明者盛会）的队伍。

第三，教师在研究课程内容的基础上，整合资源，开发、设计适合学生活动的科技项目。北京市高中生技术设计创意大赛，是北京四中通用技术教研组与北京学生活动管理中心的老师们共同开发的市级学生科技活动项目。从课程走出来，不仅贴近课程，而且适合高中学生特点，趣味性强，可操作、可推广，每届参与活动人数达五百多人，深受广大师生的喜爱。大赛已成功举办三届，参加活动的师生人数共达上千人，受到北京市西城区和北京市教委领导的关注，同时其影响力逐渐扩大到全国。

大赛由北京市教委主办，北京学生活动管理中心、北京市西城区教委承办，北京市第四中学、北京服装学院执行承办，并获得了中央电视台少儿频道、北京四中网校、清华大学、腾讯教育网站、北京四维拓智教育科技有限公司的大力支持。大赛分"悬臂梁结构模型""服装再造设计"和"三维立体成型"三个项目，目的在于结合高中通用技术课程的教学实际，把技术课程的基本理念作为活动设计的指导思想，通过项目式学习与实践，帮助学生理解技术、使用技术、管理技术、评价技术，培养和提高学生的技术素养，特别是创新意识和解决实际问题的能力。

第四，开展科学考察—拓展体验的科技教育。组织学生开展各种科学考察活动，参加科学体验营，拓宽眼界。培养学生运用科学思维，学习科学研究方法，完成科研论文。

第五，开展以国际、国内竞赛展示活动为依托的科技教育活动。组织学生参加青少年科技创新大赛、金鹏科技论坛、"明天小小科学家"奖励活动、科学建议奖评选活动、丹麦国际青少年科技创新大赛等活动，取得优异成绩。

第六，开展国际、国内访问交流活动。例如，参加国内外举办的科学论坛；每年选派师生与韩国首尔科学高中互访交流；组织师生参与索尼科学实验展示与交流活动；参加每年一届的中国专利年会，选拔优秀作品赴日内瓦参加国际发明展等。

第七，开展我校常规校园科技活动——科技节。每年 11 月举行。以 2013 年科技节为例：主题是"科技与文化融合，成长与快乐同行"，学校各部门共组织活动 45 项，其中为高一年级学生设计的活动项目达 42 项，参与学生近 828 人次；为高二年级学生设计活动达 31 项，参与学生近 714 人次（见表 3-1）。另外，辩论社、演讲社、环保社、天文社、现代音乐社、科技俱乐部、学习部、商学社、考古社、话剧社、模拟联合国协会等 11 个社团组织也积极组织和承办了各社团的特色活动，其中新增"创意集市"活动，赢得师生们的好评（见表 3-2、图 3-2）。

表 3-1　各教研组承办项目数量统计

各教研组各处室活动	项目数量	各教研组各处室活动	项目数量
数学组	3 项	语文组	1 项
信息技术组	1 项	物理组	4 项
艺术组	1 项	化学组	6 项
政治组	1 项	外语组	1 项
通用技术组	2 项	电教组	1 项
生物组	3 项	地理组	3 项
图书馆	1 项	教学处、学生处	2 项

表 3-2　学生社团承办项目数量统计

各社团	项目数量	各社团	项目数量
辩论社	1 项	科技俱乐部	1 项
模拟联合国协会	1 项	建筑社	1 项
心理社	1 项	商学社	1 项
学习部	3 项	现代音乐社	1 项
考古社	1 项	演讲社	1 项
话剧社	1 项	环保社	1 项
天文社	2 项		

图 3-2　北京四中高中学生自己的科技刊物——《北冥》

5. 对科技教育再认识

科技教育是北京四中课程体系中的重要部分。科技教育现已成为评估学校办学质量的重要内容，并肩负着为国家培养创新人才的重要使命。中学阶段的科技教育，一方面重视科技育人的作用，另一方面重视学生全面综合素质的发展。

我们面对的是不断发展和变化的社会，大环境在变化，学生在变化，教育的方法和模式也要不断地变化、进步和更新。教育者要在继承传统的同时更新观念，为培养未来社会需要的人才做好准备。

未来学校科技教育在基础教育阶段不断深化的实践中，我们将继续贯彻执行学校相关的科技教育制度和政策，精心筹划，重宣传、鼓干劲、抓落实、促提高，营造健康氛围，使科技创新教育提升至新的层次，迈上新的台阶。

(三)人文教育特色校本课程的探索

北京四中在新时代提出了"以人文教育为基础，以科技教育为特色"的课程教育理念，这展现了四中在新课改背景下对学校历史底蕴和校园文化的进一步思考。自 2006 年以来，四中从设立北京四中大讲堂、发放北京四中师生共读材料开始，逐步走向人文社团的丰富和深入开展；从全校性的人文活动到设立人文实验班，精化人文教育课程建设，逐渐形成校园文化至关重要的组成部分。

1. 依托人文实验班开展人文教育系列课程

教育在多大程度上可以影响一个人的成长，在什么样的维度上才能真正影响一个人的发展，这一直是教育家思考的问题，同时，又很难有准确的定论。现在，随着社会的发展，人们逐渐意识到，考取什么样的大学、选择什么样的专业、拥有什么样的收入等，这些外在表现指标与人内心的精神状态和幸福感并不必然直接相关。高中阶段，是一个孩子成熟之路上开始明确自己的价值、寻求自己文化认同的重要时期，开展人文教育的重要性由此可见。

天地无限阔远，"天高任鸟飞"。任鸟飞，其主体还在鸟自身。让小鸟拥有飞高的愿望，以及坚韧的力量；让小鸟意识到心灵和精神的强大，以及生发对心灵和精神之强大的体味和钦佩甚至敬重，让这些成为其很重要的成长底色。如果能由此让学生意识到自己文化上的国籍，并进而思考自己的社会责任和现实担当，那我们的教育理想就是美丽而高远的了。

北京四中自 2007 年开始设置人文实验班，至今一直在进行教育探索。这些年，四中也开始着力思考人文教育的价值。回望和梳理其间的教育实践和教育思考，让我们体味到教育促进生命的勃发的幸福感。

(1)实验田的开垦——人文实验班的建设。

设立人文实验班，是在北京四中提出"以人文教育为基础，以科技教育为特色"的课程理念的背景下，在设立科技实验班一年后实施的又一教育改革措施。在校生高一、高二、高三每个年级有一个人文实验班。

学校在中考录取工作结束后，会结合分班意愿的填报进行分班测试，从中选择愿意进入人文实验班的高一新生。人文实验班对高一新生有如下期待：第一，进入四中，领悟四中精神，在求学与做人上都能够体味崇高，愿意接近崇高，以成为杰出中国人为精神上的追求目标。第二，热爱读书，有自己的阅读计划，能博览，能深入；虽言开卷有益，然钟爱严肃类人文书籍，挑选书籍时不随波逐流。第三，学习中愿意与他人交流，听、读、背、写，成为贯穿始终的学习状态，将写作看作自己生活中的平常事。第四，坐而论道，起而践行。不死读书，愿意在各种实践活动中培养自己的能力，提升自己的素养；渴望在高中学习生活中逐渐明确自己的生命价值。

①人文实验班培养目标。

发掘学生的人文学科兴趣，着力提高学生的人文素养、增进学生的人文情怀，为学生进入理想的高校打好人文基础，同时为学生一生的发展打下精神的底子。

人文素养：具有较系统的人文学科的基本知识(传统人文精神初步领悟、文学艺术基本常识、历史地理常识、哲学经济学基本常识等)，尊重人的精神价值，能够和谐地对待自己和他人。

人文情怀：尊重与珍爱优秀文化，具有了解国情和放眼世界的愿望；崇尚精神的崇高与心灵的丰富；具有肯于担当的襟怀和勇于付出的实践精神。

②人文实验班课程设置。

文理兼顾，侧重人文社会科学；加强基础，注重实践能力培养。

在完成教育部和北京市教委规定的普通高中所设置的全部课程的基础上，增设人文特色课程，增加人文社会实践课程，加强人文和社会学科专题研究，强化创作实践，提供多种交流平台。

具体课程设置：高一、高二(共 4 个学期)增设人文特色课程，每周2 课时。

人文特色课程目标：借助人文特色课程，使学生拥有较系统且扎实的人文学科基本知识，阅读与涉猎一些经典文本，扩大（提升）学生的文化修养，培养学生深刻的思维力和明智的判断力。开展人文社会实践课程——人文游学系列活动，承担学校人文教育活动的策划及组织。

③人文实验班管理与评价。

在常规工作中，人文实验班的管理基本上与科技实验班、平行班相同，设置班主任一名，班主任向年级组长负责，年级组长向学生处负责。教学上各科任课教师归属各备课组，各备课组向各学科教研组负责，教研组向教学处负责。

在特色活动和课程中，班主任以及人文教育的教师团队向教学处和学校负责。班主任对学生做出相应的评价。

前三届人文班各有三分之一以上的学生考入北京大学、清华大学。首届人文班另有 2 名学生进入哈佛大学和加州大学伯克利分校，高考班平均分为 619 分，位列北京市前茅；第二届人文班有 9 名学生进入美国排名前 30 的名校，梁倩同学为北京市 2011 年高考文科状元。

最重要的是，当人文班的学生走出校园，他们不仅感念母校的培育，同时还将人文的烙印镌刻在自己成长的历程上。

首届人文班毕业生张恩博在 2012 年 8 月新高一入学教育中这样回顾自己的高中生活：

高中三年的精神成长，是我生命感的成长。可能有些夸张，当我再次摸到自己的心脏，它沉稳而有力的跳动几乎有些意味深长。曾经，我的生命赤条条，如今，我的生命获得了质地。正是这听来漫长却转瞬即逝的三年，让我对于生命的感受变得真切，由此，我的生命本身愈发鲜活。这三年的精神成长，造就了一个愈发勇敢的我，不再懦弱和犹豫，一切指向决断和担当。三年的精神成长，也让我胆大且心细，敏感又坚强，对秋毫细微有更深的体察，在紧要关头能够决断与担当。这三年，还让我更加专注和包容。当面对繁杂的事物时，经典和历史的力量让我有海纳百川的胸怀、毋助毋长的沉稳、万夫难当的勇气和主一无适的专注。

（2）源头活水——人文教育工作室的成立。

随着人文实验班的设置与建设，随着学校人文教育工作的开展，学校越来越感觉到教师团队凝聚的重要性。为了保证人文教育教师团队的相对稳定性，很有必要在制度层面上提供保证。2010年之后，这个问题就开始凸显出来。2011年，一个想法浮出水面——成立北京四中人文教育工作室。这一想法得到了学校领导的支持，也得到了教师层面的拥护。2011年6月，人文教育工作室成立大会召开，刘长铭校长、常菁常务副校长、何石明副校长及几位校长助理等校级领导参会，同时人文教育骨干教师、人文实验班班主任等也参加会议。人文教育工作室负责人连中国、黄春两位老师发言，代表工作室人员表达了愿意为四中人文教育贡献才智的心声。北京四中历史上第一个人文教育工作室宣告成立，这意味着四中人文教育的又一个新开端。

①北京四中人文教育工作室的基本性质。

北京四中人文教育工作室（以下简称"人文工作室"），用来筹建、指导、督促全校人文活动的开展，它是全校人文教育活动得以有序有效、深入稳定开展的核心机构。

②工作室的人员组成。

负责人一：连中国

负责人二：黄　春

成员：人文实验班班主任于鸿雁、刘葵、魏荣、王楚达、徐雁、赵利剑、秦福来、刘刚、谷丹、于明、田军、刘秀梅、李明赞、刘京闽等。

此外，还有四中已退休的老教师李家声等。

人文工作室在人员组成方面实行"主体稳定、相对流通"的机制。

③工作室的主要工作职责与工作范畴。

第一，探寻并开创富有校本特色与生命活力的北京四中人文教育规律，开创北京四中人文教育发展的基本门径，形成富含文化底蕴与蕴含无限生机的北京四中人文教育特色。

第二，创设并承接北京四中人文教育课题，在教育实践中，更新并完善北京四中人文教育理念。

第三，规划、筹建并组织北京四中各项人文教育活动，包括"北京四中大讲堂""北京四中艺术展""北京四中文化沙龙"等。

第四，负责北京四中人文实验班的选拔、特色课程的构建、人文综合实践活动的开展、人文学分的设置等事宜。

第五，在学生处的工作部署下，协调并促进北京四中人文社团的创建与发展。

第六，负责向社会及兄弟学校宣传并介绍北京四中人文教育状况及发展特色。

第七，负责校刊编辑工作。在已有校刊《流石》的基础上，改进工作机制，提高工作要求，发展刊物质量。三年之后，努力将校刊办成一份有国家出版资质的校园刊物。

第八，帮助学校策划设计"北京四中"形象，负责有关四中形象的一些 Logo、礼品等代言载体的设计，以及一些校园专题展览的策划设计。

④工作室的工作流程与管理办法。

第一，工作室实行负责人制度，由负责人定期(每 2 周一次)召集成员召开会议，就学校人文教育和校园文化等工作交流研讨。

第二，工作室向学校申请活动经费和课题经费，以做一部分日常办公费用。

第三，工作室负责人由学校认定工作量进行绩效考核，其他成员以其他形式，如课时费、加班费等核算发放报酬。

第四，设立人文工作室办公室，实行主体人员轮流值班制。

在学校发展的新时期，人文教育需要渗透到校园文化建设的各个方面。到目前为止，人文教育工作室在校内已初步立稳脚跟，并开始承担自己的工作使命。2012 年上半年，工作室策划并组织了世界读书日"书香校园"倡议活动和"慎终追远"清明人文倡议活动。实际上，工作室的骨干教师，特别是人文实验班班主任，一直以来都在承担后面将要提及的所有人文活动。虽然工作室跟各个行政部门的协调和有序合作还处在探索中，但我们已经感觉到这一尝试是学校发展的一个正确方向。

(3)鸢飞鱼跃——依托人文实验班的人文特色活动和特色课程的开展与建设。

探索一条可实践、可操作的人文教育门径，是北京四中人文实验班开设伊始就面对的问题。首届人文班班主任连中国老师为此可谓殚精竭虑，在连中国、于鸿雁、袁海萍、李家声、朱翔非等老师谋划和引领下，四中人文教育从实验班做起，开始了走自己特色的道路。到目前，精品活动和课程已经过时间的淘洗，逐渐形成了规模和程式，产生了良好的教育效果。

①人文游学系列课程。

在北京四中，有一门特殊的校本课程，那就是四中基本上每年进行两次的人文游学。

何为游学？"游学"二字取边游边学、读万卷书、行万里路之意。游学，在于营造一个文化现场。在这个文化现场里，教师与学生的深挚体悟和高远追求将得到更多的呈现。

何为人文游学？人文游学，更强调学生心灵感受的触动和激发，更强调对中华优秀文化风骨的体认，更在乎细节处的引导和要求，更在乎学生的主动参与和求索。

总结一下，前导尾随，濡染观摩，游中学，是为游学；传承民族的文化和风骨，关心学生的心灵和精神，是为人文。

到目前，北京四中开展的人文游学课程有："古朴的中原"，涉及河南安阳、洛阳、开封、登封等地，重在体会中华文化的高古与素朴；"风雅的江南"，涉及江苏无锡和苏州、浙江杭州等地，重在探寻文化的南徙，领略国士文人的风骨与深情；"丹山碧水，理学寻风"，涉及福建武夷山、福州等地，看福建武夷山双遗产的价值所在，并体会近代杰出人士对于国运的探索之艰辛；"美丽的台湾"，则到达美丽的宝岛，进行友好校的交流参访，体味台湾地区的风土人情；等等。

游学路上，最动人的是学生们凑在教师身边聆听其讲解，最温暖的是教师悄悄地和学生进行的谈心。教师们站在文化现场，敞开心灵迎接与历史、与圣贤的交会，与山水、与自然的契合，并相互间获得更多的精神认同，高扬起共同的教育理想之旗帜。传道之重担在肩，为人师的尊严和价值也得以体现。

为了更好地实现课程目标，需要在整个活动中落实很多环节和细节，以便给每个学生参与的机会和平台。

行程策划组——摩挲大地，把握主题，学会舍弃，正如学生所说的，"每个地方都有许多值得一看的，每次割舍都是令人心痛的"。许多出于个人情怀的心思为了服务游学的主旨不得不被搁置，还有线路上对点位和交通方式的反复确认，都是费心劳神的工作。在和旅行社、老师、同学各方的沟通中，一次游学的构架逐渐明朗；这其中所经历的成就感和失落感，都是策划小组的一份收获。福建"丹山碧水，理学寻风"游学后，行程策划小组关于这一主题的研究性学习获得了国家级别的优秀案例奖。

导游组——整合信息，深思慎取，有效表达。阅读是最重要的。记得有一位同学为了做好福建马尾海战纪念馆的导游工作，在期末考试后借来《清史稿》阅读相关章节。"古朴的中原"游学中，一位同学为了说清楚龙马负图传说中河洛文化的起源，买来相关的两本大厚书，进行研读，并以自己研读和思考的感悟为结束语做了近一小时的演说。

文集编辑组——思因文字而凝定，文字因思而深透。游学途中每人都有一定数量文章的写作要求，这些文字最终会以行后文集的形式呈现出来。

人文活动创意组——创设文化现场，激发人文情思。以对历史人物和历史文化的体认为核心，力求活动现场的大气与深挚。

采访组——采风访民，融洽团体。（记得江南行中，同学们就采访了昆曲表演者、随行老师、导游等，获得了很多的收获。）

开营式筹备组——定音鼓，调动学生的状态。游学主题的阐发讲座非常重要。

闭营式筹备组——曲终奏雅，让活动得到深入的总结。这包括视频回放、知识竞赛、师生感言、总结陈词、发放结业证书等环节。

当然，其他还有晨读、教师讲座、师生交流、生生讨论等贯穿始终的环节，其中最重要的是教师的随行讲座，人文素养的提升离不开师者的传道和人格的引领。在短短几天内，在一个相对封闭又无限开放的时空里，学校投入大量的精力，为的就是给学生一定的精神触动。

②人文特色课程。

从 2011 年 9 月开始，学校进一步加大人文教育和人文实验班的改革力度，开始在人文实验班尝试开设人文特色课程。

2011—2012 学年，人文课程内容见表 3-3 至表 3-6。

表 3-3　高一第一学期人文课程内容

内容	授课人
关于人文特色课程	连中国、袁海萍
《诗经》	李家声
儒家与《论语》	朱翔非
中国古代文化史	李明赞
经济学	朱勇
人文游学课程	袁海萍、刘葵
人文课程检测	袁海萍

表 3-4　高一第二学期人文课程内容

内容	授课人
《孟子》大义	朱翔非
文学经典书目导读	袁海萍
《楚辞》与屈原	李家声
中国哲学基本精神	中国社会科学院老师
游学课程——古朴的中原	袁海萍、连中国
北京电影学院课程	北京电影学院老师
参观艺术展	袁海萍、刘京闽
人文课程分组汇报	袁海萍

表 3-5　高二第一学期人文课程内容

内容	授课人
世界文化史	徐雁
"命运与人"专题	陈年年、韩露
人文游学课程	陈年年、刘葵
哲学	朱勇
经济学	中国社会科学院老师
法学	中国社会科学院老师
心理学	中国社会科学院老师
人文课程检测	陈年年

表 3-6　高二第二学期人文课程内容

内容	授课人
文字学与中国文化	李家声
游学课程——古朴的中原	陈年年、连中国
宗教问题	中国社会科学院老师
民族政策与民族关系	中国社会科学院老师
我国的人口	中国社会科学院老师
电影学院课程	北京电影学院老师
经典文本导读	连中国、白楠苗
高二人文课程调查与反思	陈年年

借助人文特色课程，使学生拥有较系统且扎实的人文学科基本知识，阅读与涉猎一些经典文本，提升学生的文化修养，培养学生深刻的思维力和明智的判断力。这是人文课程开设的初衷。

课程涉及哪些具体内容，课程核心目标是什么，教师资源怎样保证，这些问题现在还处在进一步明确和总结提升的过程中。

③清明、中秋、祭孔等人文特色活动。

在校园文化建设中，找到合适的时间和地点，借助得力的平台和资源，用心用力，通过开展有效的活动，让学生参与进来，体会到活动现场的真诚与美好，体会到民族文化的博大与深邃，以此一点一点感染社会，这就是教育的价值和力量。

我们曾经对外国人"祝你清明节快乐"这样的言语一笑而过，而当国人也开始传播这样的短信时，我们已经很难再笑出来了。怎样体认民族文化，一个看似空阔的问题就这样摆放在我们面前——我们怎么认识自己的民族节日？

2011 年 4 月，北京四中人文教育工作室以"慎终追远"为题向全校师生发出倡议：

请专门抽点时间，创造一个合适的氛围，邀请家人坐到一起，聊一聊我们的长辈、我们的家庭，还有我们的籍贯、我们的姓氏、我们的家族祖上或近期的迁移史；

请全家静下心来，整理整理祖训、家规，讨论讨论家庭的文化、家庭的风格，看看家庭之于自己究竟给予了怎样的影响；

请为你最亲近的一位逝者，认真地写一篇纪念文章；

请感谢那些陪伴自己、为自己付出的亲人，感谢自己现在所拥有的一切。

师生、家长、校友写的"清明所思"文章，后来在校刊《流石》里结集为特别版块，流传于校园和社会。

自首届人文班开始，连中国老师首倡的"天下明月白"中秋人文活动每年如期开展。师生话中秋、兄（高年级学生）弟（低年级学生）唱和、诗文朗诵、文艺演出、望月祈愿等，已经成为中秋人文活动的固定板块。望月怀远，既是民族几千年的特定情结，也是四中历史上美好的人文传统。眼中有月，心里有情，关爱家人，祝福苍生。

今天我们怎样理解孔子，这可能是需要重新梳理历史、反思文化的问题。对这位圣贤我们真的走近过吗？以什么样的方式来表达自己的感受？创设什么的氛围来引导学生静心体悟？在朱翔非老师的带领下，学生们由自发到组织，开始尝试传达一份敬意。每年的 9 月末，国学社和一部分人文实验班的学生会前往孔庙进行祭拜孔子的活动。学生们诵读祭文、演练仪式，在孔子像前三鞠躬。相信那份庄严和肃穆在很多人心里会留下一份回忆，种下一颗尝试认识历史人物的种子。

此外，学校积极创设平台，锻炼人文班的学生，发展他们的兴趣，拓展他们的知识，激发他们的潜质。他们积极参加有关部门筹办的全国青少年世界遗产知识大赛等活动。2012 年 6 月，在全国青少年世界遗产知识大赛中，高耀敏老师和她带领的四中队获得了团体第二名的好成绩，此外还有三位学生获得个人奖。2012 年 7 月，韩露老师带领学生参加在香港举办的首届国际青少年华文创作大赛，获得好成绩。

与此同时，四中人文班的学生积极参加各类社团，文学社、国学社、演讲社、话剧社、考古社、英语剧社、辩论社、采访通讯社、模拟联合国协会等都活跃着他们的身影。这些社团的活动丰富着他们的课余生活，也丰富着四中的校园文化。

（4）沉潜于海——对人文实验班人文教育的反思。

今天，"人文"已是一个"显词"，它的热度逐年升高，任何事情只要加上"人文"二字，那才算是与时俱进。于是，当"人文"与"教育"放在一起时，学校发展之路才算是走上了正途。其实，细细考量，"教育"原本就是"人文"的，教育原本就是促进人的发展的，原本就是指向人性之善的。

以下，将从三个方面展开对人文教育的反思。

①关注精神构建。

难以想象，我，还有许多和我一样美音英音转换自如、离了网就几乎不能活的新世纪好少年们，是从怎样的精神家园里一步一步成长起来的。我们肯定不是生来就会玩人人网或者切水果……

这是2014届学生的一篇博文，她在2012年夏天参加了四中"古朴的中原"人文游学活动。

读到这篇博文，我很惊异。因为这个学生已经在反思自己精神的成长历程了。仅此一点，就能看出她的优秀。因为精神的成长是常常被自己、被老师、被家长忽略的。由此，我们反思，如果教育不把正向的东西植入孩子的心灵，那就会有各种方向的东西侵入，因为孩子的精神空间很多时候是空着的。钱理群先生在多年前就曾呼吁给学生精神底色的问题。

要让学生达到一定的精神状态，真的很难。高兴，愉悦，深思，困惑，感动，感恩，敬佩，向往，神游，敬重，敬畏，这些词语离我们这个时代太远了，更别说五体投地、顶礼膜拜了，这些词语常常被认为是没有创新的表现。学生在年轻的时候能够在某个时刻，拥有一定的精神状态，对其成长是很有帮助的。因为如果没有精神上的生活，或者说没有层次高一点的精神上的生活，我们怎么能让他们走得更远一些、获得更多的幸福呢？

人文教育不只在创设教育情境上下功夫，还要让教师、学生把自己的精神状态表达、表现出来，并互相激发。高一人文课开课了，班主任杨志刚老师让学生写一课一感；李家声老师手捧学生的文章，感动不已。李家声老师说："感谢同学们选择了人文。"学生说："谢谢李老师让我感受到将文化传承托付到自己身上的责任。"

人文游学之后，学生这样总结：

在行走的过程中，生命处在一个饱满丰盈的状态里。告别短暂的风景，不断地奔向远方。怀着一颗求索敬畏的心灵去时刻感受，那是一种珍重感恩的状态。把无数的经历小心翼翼地捧在手里，把它们当作一种所得，特殊地看待每分每秒，将行走当作艺术。此时一个人内在的觉醒与外在强大的感召结合起来，就是一种生命勃发的气韵。

我们在路上，永不停下脚步。在途中，老师们在先贤墓前的声音、颤抖的吟唱和激动的热泪，同一路上车外的人看我们时那种说不清是羡慕、好奇还是诧异的眼神相对比，不禁感到一种孤独，一种无力。不过我相信老师们的坚持是有价值的，也迟早会让更多的人意识到这种价值并参与进来，让更多的人都能感受到这种文化带来的震撼，让人们离心灵更近一点，让心灵离土地更近一点，让土地离它本真的模样更近一点。

②关注课业成绩。

在多元的学校教育效果的追求中，关注课业成绩仍然是非常重要的。或者说，课业成绩仍然是衡量学生学习能力、意志品质、情怀胸襟的重要凭证。实际上，在很难提供近焦的对学生的观察的情况下，学生的课堂表现、作业情况、考试分数就是他们内在精神状态的一种折射。

关注精神构建，恰恰也在于此。我们盼望学生拥有一份沉凝向上的精神活力，认清自己的生命价值，追索自己的存在意义。这些，并不是脱离生活的，相反，恰恰是植根于生活、发芽在努力的学习中的。

"贪多务得""细大不捐"，这些词语不应仅停留在韩愈的《进学解》里，还应流淌在四中学子的血液里。"优、苦、严"的优良校风应当承续，并转化为四中的校园风景。

古往今来，被埋没的人才有多少，真正为人熟知的又有几人。我们不能怨天尤人，只能怀揣梦想永不放弃，就算人生在世不能尽展才华，至少从自身角度不要留下太多遗憾。

在听完李家声老师讲《进学解》后，学生在游学日志里这样体会。不留遗憾，是的！其实高中阶段、大学阶段，乃至每一人生阶段中的努力不是为此？而年轻时的放手拼搏、全力进取，不过是在为以后的人生困境预先写好答案罢了。"我知道，我应该可以……当年我能做到……今天我仍然可以……"——这就是年轻的意义！

人文教育，我们当然致力于素养和情怀的培养，执着于人性的善良和品行的高贵，体悟古代的文化和智慧，但我们也追求知识的落实，关注学生的高分，叩问民族的未来走向，叩问自己在社会中的位置和在现实中应尽的责任。

让四中的课堂发现每一个学科的学习意义，多儿双求知若渴的眼睛，让四中的学生在高中阶段的学业上成就自我，这是四中教育的目标之一。

③关注教师发展。

当四中把"培养杰出的中国人"设定为学校育人目标时，四中是把怎样的期待放在了教师身上呢？四中教师，应当是学科素养高，教育胸怀大，细节处有深远思虑、有踏实付出的群体，这样才能担负起这个重担。

人文教育既是面向学生的，也是面向教师的。因为，没有杰出的教师，就谈不上培养目标的实现。教师如何看待人文教育、怎样定位人文教育，同样是一个很大的命题。

因为学科教育的背景不同，甚至个人成长的环境不同，每个人所理解的"人文"是有些许差异的。四中推崇"独立之精神，自由之思想"文化氛围，也需求同存异，取得基本共识；面对学生，既讲求"学术的自由"，也要拿捏"课堂的禁忌"，这样才能更好地耕耘中学校园的土壤。

正如人文班班主任袁海萍老师在代表优秀教师发言时所说："从一个懵懂无知的教师到一个清醒深沉的育人者，从一个在职业状态上沉睡到一个主动反省教育本质的人，其中的奥秘不正是职业向人本原状态的回归？要想享受育人的状态并被人享受，那首先就要捡拾回我们生机勃发的求知的欲望，就像中原的土地，但求其广，但求其深，广袤深远的文明就在这里。在浮躁的现代社会中，这其实简单而纯粹。"

2. 通过丰富的活动营造校园人文氛围

组织师生开展系列课外活动，形成多层次的校园文化教育网络，使校园文化建设的参与者能够尽可能辐射到一定范围，以保证人文氛围营造的有效性。

（1）北京四中大讲堂。

北京四中大讲堂活动由教学处组织，自2006年9月开始举办，到现在已进行了近20场次，罗列如下：

儒门的勇者（朱翔非，北京四中语文组）；

三孔文化之孔庙简介（连中国，北京四中语文组）；

漫谈朝鲜战争（赵利剑，北京四中历史组）；

数学的智慧与力量——从自然数谈起(李建华,北京四中原副校长);

中国的文化遗产保护(晋宏逵,故宫博物院原副院长);

中国近代留学史话(石国鹏,北京四中历史组);

让我们走进科技奥运(张继伟,北京奥组委技术部专家);

关于电影(高建忠,北京四中原语文组教师,现已调出);

北极的时空(李京燕及学生,北京四中地理组);

"80后"作家作品透视(北京四中文学社);

关于黑洞(赵铮教授,北京师范大学);

爱国主义与批判意识(石国鹏,北京四中历史组);

走进青藏高原与南极(高登义教授,中国科学院大气物理所);

鲁迅是谁(钱理群教授,北京大学);

论神经系统的精确性与模糊性(赵昕宇,四中校友);

中原之行之感(北京四中首届人文实验班学生及家长);

华茂的北京(北京四中首届人文实验班学生)。

由大讲堂的题目和报告人可以看出,大讲堂之"大"在于它的包容性,这不仅表现于内容的博杂,不同学科皆可作某一专题的知识引领;还表现在报告人的身份上,以本校授课深受欢迎的教师为主,以在校学生、毕业校友、专家学者为辅。

(2)北京四中师生共读。

由北京四中语文组发起的"师生共读"活动已历时3年,在"共读"文章选择、导语话题创设、材料发放方式以及营建交流平台等方面进行了一系列的实践摸索,以期在校园内进一步营造良好的读书、交流氛围,以便于师生平等地沟通思想,在"共读共学"中共同提高、共同发展。每期相隔约两星期,文章由全校师生推荐,经语文组负责教师编订、校领导审核后,先于全校集会场合分发到各位教师手中,然后由语文组教师负责向全体学生进行推荐。为方便大家切磋交流,学校还在校园网上开设了"师生共读"论坛,使师生在论坛中交流讨论。至今,"师生共读"共推荐文章50多篇。其间,根据学校倡导国学和读书交流的需要,还穿插了"论语共读"和"假期书目推荐"等内容。

"共读"得到了师生广泛的关注和热爱,开大会之前的几分钟,老师们总能手执"共读"文章悉心阅读,有的老师还在课堂上就"共读"话题和学生们展开讨论，在争鸣中深化认识。学校网站上也经常有学生关注"共读"文章并发表自己的看法。在学生的作文中，也时常能看到引用"共读"材料来论证自己观点的片段。有些即将毕业的学子还将全部"共读"文章拷走以作纪念，"师生共读"对学子的影响可见一斑，浓厚的人文氛围洋溢在"共读"中。

（3）北京四中教师人文沙龙。

2007年秋天，由教师们自发、后来逐渐由专人（朱翔非老师、孟海燕老师）牵头的北京四中教师人文沙龙开始启动，形成了教师学习的小团队。以沙龙的形式来更加灵活地建设学习型校园文化。一学年下来，教师们共聚会了七八次，每次安排在周一至周五的下午第三节课后的课余时间，每次有教师做主题发言，其他教师自由讨论。话题涉及人文的内涵、长城文化的思考、北京文化的特点、《士兵突击》的意义、安阳之行的感受、太湖大学堂的启发，等等。

（4）北京四中学生人文社团活动。

北京四中各学生社团在课题研究期间得到蓬勃发展。北京四中现有学生社团十多个，尤其是各人文类学生社团，在校园文化的建设上，充分调动了学生的积极性和主动性，如文学社、国学社、话剧社、模拟联合国协会、MESE社（旨在让学生熟悉公司运营的基本流程以及提高在经营过程中的各项决策能力的社团）、历史读书俱乐部、辩论社等；其他如摇滚社、动漫社、街舞社、芭蕾社、心理社、天文社、文物爱好社、棋牌社等社团的相继成立，也丰富了学生们的课余生活。

由北京四中文学社承办的校刊《流石》，现已成为师生们的共同创作园地，是人文精神的物质化的传播地。现在采用校内师生免费索取的发行方式，很受学生和教师的欢迎与喜爱。文学社倡议在四中设立"《流石》文学奖"，每年春季评奖一次，由《流石》基金会出资，奖励曾多次在校刊《流石》上发表文章，且在文学创作上有突出成就，为校园文学事业做出过贡献和奉献的校园小作家。《流石》于2008年、2009年两度荣获中国教育学会教育机制研究分会主办的全国中小学优秀校内报刊评选活动"最佳校刊特等奖"。

2008—2009学年，教学处与学生处一起进行了优秀社团的申报和评选活动，极大地促进了社团的规范、良性发展。

学生社团的管理制度建设

北京四中多年来就有各种形式的、由学生自发组织的小型团体组织，这些组织以学生的兴趣爱好为最重要的依托点，虽然它们也有学生处的指导，但活动起来难免松散、随意。此外，最大的问题是，这样的团体组织随学生的来与去而定，极大地妨碍了活动的进一步开展。

为此，学校制定了《社团组织管理条例》，明确要求这些团体组织有自己的社团名称、社团宗旨、社团成员名单、社团活动计划等。每一学年结束前，要选出自己社团下一届负责人。对社团规范发展的要求，督促这类活动更好地有利于学生的成长、有利于校园文化在学生心中的辐射。

为了使这些学生社团在活动时能得到更好的指导，活动的质量能有所提升，并且能在四中立根成长，四中开始尝试将教师的专业特长、兴趣爱好与学生的需求结合起来，要求这些社团应当拥有至少一位指导教师。指导教师全面负责本社团的发展，同时强调社团发展要突出学生的自我策划、自我管理、自我实施。学校制定了《北京四中人文学生社团指导教师职责》，并且在教师自愿的前提下指定各社团的指导教师。

宽松和谐而有序的管理，大大激发了师生开展人文社团活动的热情。面对这样令人感动的热情，学校又给予他们足够的自主活动空间，在制度保证的前提下，给师生以帮助和支持，形成良性互动。例如，历史组石国鹏老师为历史读书俱乐部的指导教师，2007—2008学年第二学期他组织举办了"读鲁迅"系列活动，在高一、高二两个年级的范围内，进行各种形式的阅读探究，有知识竞赛、名家讲座、小说改编、话剧表演等。石老师还设立了奖项，他毫不吝惜地自己掏钱为在活动中表现出色的学生购买购书卡，共花费2000余元。学校了解到情况后，给他报销了这笔开支。在平时的活动中，为了营造美好的读书氛围，他也总是自己为社员购买香茗、咖啡等。作为指导教师所获得的报酬，基本上全花费在买书上了。他说，只要学生好好读书、读好书、读书后有思考，就没有什么是舍不得的。

文学社指导教师语文组黄春老师，为了能够把校刊《流石》办好，周末到学校加班是常有的事情，但从未抱怨。他说，四中应该有一份像样的刊物，我要把这份刊物办好，就算再困难，也要坚持办下去，而且，我们一定能越办越好。

(5)北京四中人文教育类校本课程。

有意识地开设人文教育方面的校本课程，在必修课外拓展学生的视野，提高学生各方面的能力。

在新课程的理念下，"学校如何根据当地社会及经济发展需要、学校特点、学生的发展需要开设出可供学生选择的校本课程（选修Ⅱ）等，这是衡量学校课程方案质量的标准"。北京四中在多年开设选修课的管理经验基础上，把新课程的实施看作校选修课进一步规范和长足发展的机遇。

考虑到学生具备一定程度的学习自主性，大部分学生会有丰富自己学习领域的愿望，北京四中积极拓展校本课程的开设空间，调动校内教师的积极性，运用社会各方面的资源。2007—2008学年，面向高一年级的学生每学期开设了27门校本课程。其中，人文教育类的校本课程，如电影艺术欣赏、诗的情趣与培养、士与中国传统文化、人的觉醒、文化寻梦、心理选修、西方经济学基础、模拟联合国、美术基础、欧洲古典音乐欣赏、西方经济学基础与MESE、中国区域历史地理等，都属于在知识与能力上给学生提供良好发展平台的课程。此外，其他如动物、环境与人，分子生物学与基因工程，科技史拾遗等也包含了很强的人文教育因素。

3. 对人文基础教育与校园文化建设的反思

校园人文环境建设的有效性，应该有两层含义，一为有效的影响力，二为有效的内化力。在这方面，我们还需要进一步思考四中校园文化建设的发展方向。

首先，四中校园文化建设已能够形成一定影响，但还需进一步调查，迈出深化的努力步伐。

不同类型的活动的指向性应当进一步明确，如四中大讲堂为普及型，社团活动为实践型，校本课程为亲身体验型等。在活动的开展上，切忌急功近利，心态要进一步平和。

其次，人文教育与校园文化建设要牢牢立足于课堂，课堂是学校各项教育活动实施的最集中的阵地。

必修课堂、班团会等如何传递人文情怀，将会体现在教师一举手一投足中。一声"上课"之后，教师眼睛注视的焦点、表情传达的情绪，都在检验一所学校的校风。教师整体素质的进一步提升仍然是最重要的一环。

最后，学生在人文教育尤其是人文活动中的个体评价如何实施，对这一问题应当做进一步的思考和探索，这样才能反过来更有效地指导学生、提醒学生、帮助学生。

对于一所学校而言，追求教育的理想、思考人性的力量、尊重教师的价值、关注心灵的成长，这些都是不可推卸的责任和义务。然而，回顾百年多的四中历史，蓦然惊觉，人文教育需要更多的胸襟与担当、勇气与魄力，也需要更多的耐心与守望、激情与理性。因为，人文是无形的，是难以定量的，甚至是不计成本与成果的。

当四中人将"人文"二字看得很重的时候，表现的正是一份难得的坚守。从"人文与科技并重"的课程建设目标到人文实验班的设置，从校刊《流石》的创建到人文社团的蓬勃，从人文教育工作室的成立到人文课程的开设，四中人开始了新时代"以人文的名义"的求索。

在这条路上，我们一直在走着，既深感自己的不足，也庆幸自己的选择。前面风景正好。

(四)选修课程和研究性学习的开展

近年来我们不断开发、完善教师选修课网上申报和学生选修课网络报名程序，使教师申报和学生报名更便捷、更人性化。具体做法如下。

第一，放假(寒暑假)前组织各教研组开课教师进行选修课网上申报。每门选修课的网上申报内容包括课程介绍、课程目标、课程实施方案、评价标准及推荐学生名单。学校督促每位教师将上述四项填写完整，教学处逐项检查每门选修课，只有填写完整的才能开课。这就督促教师在原有开课的基础上将课程介绍等进一步完善。网校开发的连续性课程介绍程序的意义是人动课不动，每门选修课的课程介绍、学生成果、计划都在网上有所展示，能体现学校校本课程建设的过程和全貌。

第二，放假前向学生发放报名流程表，通过电视讲话或多媒体课件演示的方法进行选修课报名的动员工作，包括报名程序说明、志愿的选择、积分投入说明、注意事项等。学生在选修课报名的动员工作结束后利用假期时间上网报名。

第三，开学前1～2周进行选修课录取、调剂等工作。录取程序是：

先预录，即所有开设的选修课第一志愿满足，人数不足再找第二志愿、第三志愿，这样预录一遍后根据录取情况决定开设哪些选修课、不开设哪些选修课。开设的选修课确定之后，再根据上述程序录取，对落选学生进行调剂，最后确定录取结果。

第四，开学初教师就拿到选修课记分册，开学第二周选修课正式开课。开课两周内未被志愿内录取的报名学生可以提出调剂申请，负责教师根据具体情况，在三方(调入课教师、调出课教师和教学处)签字后适当调整，尽可能地满足学生的意愿和兴趣爱好。两周后不再调剂，将选修课名单上传生成网上选修课记分册，便于期末时教师进行评价。

第五，发现问题后不断和网校技术部沟通，提出学校报名需求，理顺报名、录取、积分退还、学生网上问卷调查、成绩录入、对学生评价等程序，使这项工作逐渐程序化。

第六，进行部分优秀选修课的录课工作。

研究性学习的组织和管理工作

1. 修订研究性学习手册，便于教学处、教师、学生的沟通和管理（见图 3-3、图 3-4）。

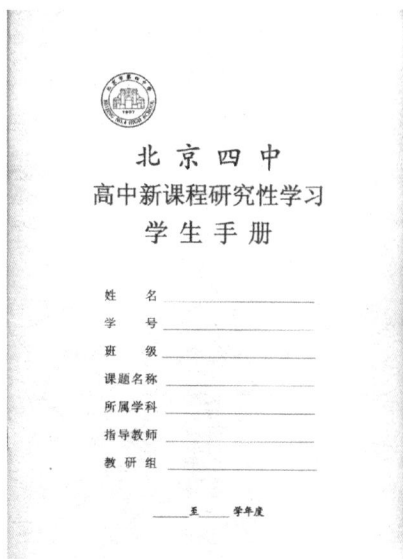

图 3-3　研究性学习学生手册　　　图 3-4　研究性学习记分册

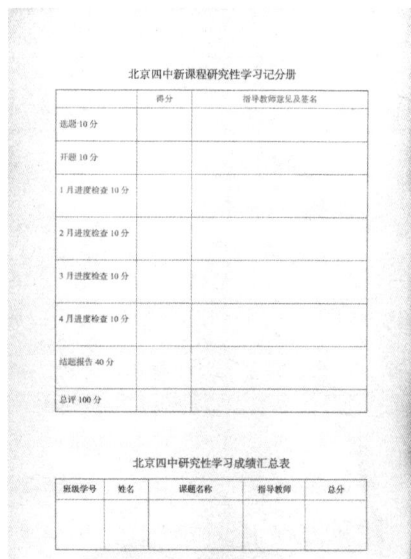

2. 开学初利用年级会的时间对高一学生进行研究性学习的动员，

包括发放研究性学习手册，介绍新课程标准对研究性学习的学分要求、研究性学习的意义、如何选择课题、如何开题、如何开展研究，展示往届学生的研究性学习成果等。

3. 开学初召开研究性学习领导小组会议，介绍上学年研究性学习成果和本学年研究性学习计划，布置任务，强调注意事项等。

4. 召开各班学习委员会，布置学生选题、开题、研究等方面的一系列工作，提醒学习委员按照班学号和课题小组的形式完成课题统计任务(见表3-7、表3-8)。

表3-7　2013届高二(8)班第一学期记分册

班级	校学号	班学号	姓名	性别	课题名称	指导教师	总分
8	20132074	20801	吕燕晨	女			
8	20132143	20802	徐逸伦	男			
8	20132200	20803	李丹妮	女			
8	20132256	20804	曹月盈	女			
8	20132302	20805	马啸	男			
8	20132303	20806	王亮	男			
8	20132304	20807	王梦奇	男			

表3-8　课题汇总表

组员姓名	科目	题目	指导教师
胡石　曾俊初　王曦朔	物理	自制单反照相机	
吕昊　齐思远	化学	固体酒精为何会"溶解"，如何防止其"溶解"	
赵嘉行	工程	串连翼升力比证明及设计(一)	
马爽　王朝　孙旻我　张钰晗	政治	从"社保""就业"到民生	

5. 教学处将收集的学生课题进行整理、研究，找出有价值的课题，和学校的科技活动相结合，对这些课题加大监督和追踪的力度，使其有始有终地进行下去，以期能参加市、区科技创新等评比活动。

6. 定期组织学习委员收研究性学习手册，教学处检查学生课题的进展情况以及教师的指导工作是否到位等，并评定每个学生的阶段性成绩，记录在案。

7. 每学年第二学期 5 月进行研究性学习的结题工作，组织学生整理研究资料和成果，按照统一格式撰写高质量的研究性学习论文或完成小制作等。6 月初上交给各指导教师后进行成绩评定和成果展示。

8. 学期末以教研组为单位提交优秀研究性学习成果，指导教师提出修改意见后学生进行整理，上交给各教研组研究性学习领导小组负责人，负责人利用假期时间进行校对、修改、整理，将学生的研究性学习优秀论文进行印制，作为资料留存。对研究性学习成果被评为优秀课题的学生，学校将颁发奖状以资鼓励，并分发给他们印刷成册的论文作为纪念。

9. 后期工作设想：和网校技术部共同进行研究性学习网上申报、教师网上指导的研发工作，这样便于形成学生课题的延续性和连续性，使四中历届学生的研究性学习成为一个完整的体系。

（五）"体验式教育"——特色支教课程的建设

2008 年以来，北京四中通过创新德育工作模式，首创并坚持开展了"体验式教育"模式，将开展"农村义务支教、人文游学"等多种形式的社会实践和社会公益活动作为课堂德育的拓展和延伸，使学生在真实的国情和社情民意间感知自我，树立正确的人生观、价值观。5 年来，四中每年暑假组织高二学生参加农村义务支教活动，将此项活动正式纳入学校的综合实践课程管理，为每一名学生建立综合实践活动档案，给予相应的成绩评价和学分认定。截至目前，已有 2000 多名学生参加了四川、青海、江西、河北、山西、湖北的支教活动；完成授课 1000 多课时；为贫困儿童捐助文具、书籍、电脑等物品约合人民币三万元；形成书面文字 40 万字；整理出版了《北京四中高中学生考察文集》《此岸彼岸》《见微知著》等文集。

1. 探索创新

第一，"体验式教育"模式形成的创意基础。四中作为百年老校，有着优良的育人传统，而与时俱进、不断创新是其不竭的动力之源。2008年，为认真贯彻落实中央 8 号文件精神，进一步做好未成年人德育工作，四中借鉴"后现代主义课程目标理论"，紧密结合实际，以适应新时期教育规律、满足青少年健康成长需求和赋予四中传统以新内涵三方面为根本，首创并实施了"体验式教育"模式。将学生的体验视为重要的课程资源。通过设计实践活动不断开发和利用这一无形重要课程资源：首先，激发学生体验的内驱力（用四中老师的话说就是，"开阔视野，到农村去，那里更中国！"）；其次，拓展学生体验的活动空间；最后，开发与利用学生独特的生活体验。从"心"开始，引领学生体验生活，做健康生活的主人，做一个有益于家、国、天下的大气之人。

第二，"体验式教育"模式的保障工作。支教内容包括：到农村生活，到农村学校支教，与农村学生交朋友。据了解，目前中学组织年级学生全员异地社会实践，特别是到农村支教，在北京市乃至全国是非常少见的。有媒体报道："这是一次中国内地首次真正意义上的中学生社会实践活动。"这样的大型活动准备工作很烦琐。例如，提前半年对安全、交通、食宿、行程做出确定；与家长多次沟通协商；对实践地考察；访问借住农户；设计支教活动内容等，事无巨细。刘长铭校长带领年级组长、班主任老师提前踩点达十次之多，行程三千公里，访问学校近二十所，全体师生感到，准备支教的过程也是一次受教育的过程。

第三，"体验式教育"模式的课程设置。根据教育部和北京市教委新课程的相关规定，为保证社会实践效果，四中设置了缜密的综合实践课程安排计划：高一学年的第一学期，8月下旬进行为期8天的军训，完成后获得2个学分。高一学年的第二学期，6月上旬（高考周）组织学生参加为期3天不少于20小时的农业实践活动，以及为期4天不少于20小时的职业见习活动；完成后各获得1个学分，共2个学分。高二学年的第二学期，6月上旬（高考周）组织学生在国内或出国进行为期6天的"体验式教育"活动，完成后获得2个学分。学生在进入高三以前必须参与不少于5个工作日，共完成不少于80小时的青年志愿者活动，完成的学生获得2个学分。以上活动完成后学生共获得8个学分。另外，支教是学生日常德育课程，不是放假旅行，不得安排自己的事情；对于不参加的学生，学校也将统一安排校内学习实践活动。

2. 践学成效

第一，支教实践为教学理论创新提供了依据。"体验式教育"模式赋予教学过程以新的内涵，它不再是教师传授、学生接受的机械传输，也不再是课程计划的简单实施，而是学生主动发展和个性发展的过程，是课程的再开发的过程。这一方面开发了学生的经验与智力，引导他们质疑、调查、探究，全身心参与到教学中来，在生动、具体、现实的实践中去学习；另一方面是对课程资源的开发与利用，开发利用课程资源是保证教学顺利进行的支持系统，没有丰富的课程资源做支撑，再理想的教学与课程也难以实现。

第二，支教实践培养了学生健康向上的心智模式。一是在差别境遇中感知自我。有些知识可以从书本中获得，从授课中获得，但有些知识，如对生活的体验和对社会的认知，以及在此基础之上形成的态度和观念需要特殊的环境。只有置身其中，才能获得知识的体验和有益的经验，这是形成态度和观念的基础。只有在合适的环境中，才可以激发和产生更加深层次的智力活动和精神活动。2013 年高三毕业生董一夫同学，已经被美国耶鲁大学录取，休假期间回国再一次赴河北支教；林定炆、郭韬、黄千哲、徐佳含等同学，用了一个多星期的时间，给他们曾经支教的江西的一所农村小学，安装了一间多媒体电脑室。其中，郭韬后来就报考了中国农业大学的农村区域规划专业，这是他在高二支教时定的方向。二是在现实中确立热爱祖国、为国贡献观念。2013 届学生冯丹在日记中写道："从我国河北省贫困的平山县支教回来，我找到了自己的理想，那也是我一辈子的使命：为中国消除贫困。"三是在角色体验中强化责任意识。江西上饶和平山均为革命老区，生活和学习条件十分艰苦，与大都市的环境有着天壤之别，但同学们克服了"骄娇"二气，与当地老乡、同学同吃住，发扬了四中"优苦严"的精神，从积极体验农村劳动、深入家庭走访调查，到精心为小学生和初中生备课、授课、批改作业，找学生谈心，受到当地老乡和学校老师的称赞。参加支教的高二学生林定文说："慢慢张开双臂，保持着平衡，一步步走在狭长的田埂上，感受着柔软潮湿的泥土与光滑的石头，嗅着泥土的芬芳。行走在田埂上，你须踏实每一步，全神贯注地走好每一步。每一步都要走得清楚、明白。行走在田埂上，我感到心尤其的沉静、笃实。"

第三，支教实践推进了教学相长目标的实现，许多参与支教的带队老师深受教导，增进了对青少年心理过程的理解。正如"后现代主义课程目标理论"代表人物杜威所说，教育是生活的历程，而不是未来生活的预备，教育的目的在于教育的过程之中。课程的目标不是单纯的先于行动，而是产生于行动之中。王秋寰老师在手记中如是写道："支教活动让学生们收获了一份难得的经历。大雨滂沱中，湿了鞋袜，满脚泥泞地冲往学校；烈日炎炎下，围墙旁手拿刷子，昏了眉眼的坚守；课堂上，扯着嗓门试图压住一屋子小孩儿热情的无奈；临别时对小学生们的依依不舍。但我们也留下了，留下了心中最真挚的诚意和感情，留下了对这些山里孩子们的祝福和期望，留下了一份份沉甸甸的记忆。无法忘记，回北京后，两名学生托我为小学生们寄礼物；无法忽略，为了再去那个地方，有些学生不惜修改了自己将来的求学志愿。我不能预料多年后会不会还有学生把自己也留下，但是起码我知道他们真正收获的，远非一个普通教师所能想象。"

3. 展望期待

短暂的支教活动，让四中的孩子们游走在祖国的山河之间，感受中国农村的面貌，体验农村的真实生活，也接触到一些农村现实问题。例如，有些地方忽视基础教育，有些乡村的教育水平与孩子的成长渴求存在差异；有些乡村存在着农业生产资金不足，管理失当；有些地区环境保护不好，卫生医疗条件欠缺；有些地区农村留守儿童和老人的生活得不到有效保障等。支教活动让学生们对祖国和社情民意有了更为真切的感知和更为美好的期待，即便支教不会给支教地区带来多少现实的变化，但学生们得到了很好的教育，坚定了一条信念：为祖国做贡献，为人民服务！

展望未来，四中将继续把支教活动深入开展下去，并在实践中重点把握好四个方面。一是把握好正确的践学导向。将支教活动与中国梦教育紧密相结合起来，让每个少年与祖国同呼吸共命运，让每个少年在"少年强则国强，少年梦成则中国圆梦"理念的指引下，健康成长，勇敢前行。二是把握好优秀民族文化的传承。将支教活动与继承优秀道德传统相结合，在广阔天地间，在淳朴的民风和贫苦的环境中，培养吃苦耐劳、勤奋博学、仁爱互助的优良品格。三是把握好社会实践主体地位。积极参与教育课程改革，使课程资源的开发和利用走出教科书的狭隘视野，广开思路，因地制宜，更多地去开发和利用一些条件性的和素材性的课程资源，补充校内资源和文本资源的不足，积极利用一切课程资源为学校教育的发展服务。四是把握好个人的心路成长历程。时时处处将思想置于社会主义核心价值体系的范畴内，严于律己，自觉抵制一切不良风气的影响，带头弘扬社会主旋律，做社会主义事业合格的接班人。

第四章

课程实施——课程内容的重组

一、以实验班为平台进行学科课程知识模块的重组整合

(一)指导思想

以科学发展观为指导,认真贯彻《国家中长期教育改革和发展规划纲要(2010—2020 年)》和全国教育工作会议精神,深入理解并努力实践"以人育人、共同发展"的教育理念,充分利用我校雄厚的学科优势和良好的教育教学资源,全面落实北京四中教育价值体系(生活教育、职业教育、公民教育、生命教育)的内容,树立正确的教育价值观,探索新课程背景下学生多元化发展的有效途径,打造新形势下北京四中的教育特色品牌。

(二)总体目标

以"建设世界一流学校"和"培养杰出的中国人"为总体目标。

以学生多元发展为本,以特色课程建设为切入点,探索建立一个在教学理念、教学模式、管理机制和评价方式等方面进行创新人才培养综合改革的教学实验班级,努力发挥实验班级在教育教学上的引领与示范作用。

通过综合系统科学的改革,关注学生不同特点和个性差异,能最大限度地激发和培育学生的兴趣,发展每位学生的优势潜能,使实验班每位学生形成在自己所感兴趣领域内的坚实基础,努力培养学生成为全面发展、学有所长的杰出创新后备人才。

(三)实验班课程建设原则

第一,整体原则,即在教育教学的常规要求方面符合学校对师生的整体要求,符合国家新课程的基本要求。

第二,特区原则,即实验班级在某些方面允许探索突破现有制度框架与管理模式,配套特殊政策,确保实验班级在某些领域进行相对独立运作。

第三,创新原则,即确立先进的教育教学理念,进行课程体系、教学内容、教学手段和方法、教学组织形式和管理机制等多方面的综合配套改革,在创新人才培养模式上进行大胆创新,大胆探索,大胆实践,

积累经验。

第四，优势原则，即充分利用学校雄厚的学科优势和校内外良好的教育教学资源，发挥优势学科的特点，依托中科院、社科院、高校实验室及国内外社会教育团体等，洋为中用，他为我用。

(四)具体实验班级建设方案

为此，我们根据以上基本原则和各实验班建设的目标制定了一系列北京四中实验班建设方案(试行)，主要包括培养目标、课程设置、教学要求、班级管理、评价方式(限于篇幅，后三项具体内容略)。

1.《北京四中人文实验班建设方案(试行)》

(1)培养目标。

发掘学生的人文学科兴趣，着力提高学生的人文素养、增进学生的人文情怀，为学生进入理想的高校打好人文基础，同时为学生一生的发展打下人文精神的底子。

(2)课程设置。

第一，文理兼顾，侧重人文社会科学；加强基础，注重实践能力培养。

第二，在完成教育部和北京市教委规定的普通高中所设置的全部课程的基础上，增设人文特色课程，增加人文社会实践课程，加强人文和社会学科专题研究，强化创作实践，提供多种交流平台。对此，高一年级人文实验班课程作了如下安排(见表4-1)。

表4-1　高一年级人文实验班课表

		一	二	三	四	五
上午	1	数学	语文	数学	语文	政治
	2	化学	语文	数学	音乐	语文
	3	英语	信息	物理	英语	英语
	4	体育	信息	政治	英语	数学
下午	5	物理	数学	历史	历史	地理
	6	地理	英语	化学	体育	体育
	7	语文	体育	地理	人文特色	选修
	8	校班会	历史	体育	人文特色	选修

第三，课时安排。

高一：原物理、化学各 3 课时，改为各 2 课时。增加 2 课时人文特色课程。

高二：生物减少 1 课时，增加 2 课时人文特色课程(课内、课外各 1 节)。

在假期增加了人文社会实践课程，寒假、暑假游学活动原则上要求人文实验班全员参加。

2.《北京四中科技实验班建设方案(试行)》

(1)培养目标。

第一，发展全面，培养能力。全面打好学科基础，落实各学科基础知识和基本技能；提升做人、做事、做学问的境界和思维方法；培养既具有扎实的文化基础知识，又有相当的动手实践能力和创新能力的高素质后备人才。

第二，凸显创新，高考夺标。科技创新实验班的每位学生要积极参加校内外各种科技创新活动；发奋努力，追求卓越，力争在科技竞赛和高考中取得突出成绩。

(2)课程设置。

在完成教育部和北京市教委规定的普通高中所设置的全部课程的基础上：

第一，文理兼顾，各学科全面发展(以科技为特色，以人文为基础)；加强基础，注重实践能力培养，加强高考科目的教学，在高一、高二阶段打下良好的基础。

第二，要求每位学生结合学科学习、选修课及研究性学习，在高一、高二两学年选择某一领域的课题进行坚持不懈的研究，力争在科技创新比赛中取得优异成绩。

第三，课时安排：跟其他班基本相同，高一、高二阶段有所调整。

高一：历史、地理各减 0.5 课时，信息减 1 课时，数学加 1 课时，加 2 课时科学思维(课内 1 课时＋课外 1 课时)。

高二：政治、通用技术各减 1 课时，加 2 课时科学思维(课内 1 课时＋课外 1 课时)。

此外，还须注意：

第一，高一的科学思维课注重科学探究、科技创新精神和思维方法的培养，高二的科学思维课注重理科思维方法的培养（以数学学科为主）和科技创新活动的开展（以通用技术课程为载体）。

第二，高一的选修课安排尽量与学生的科技创新活动相结合，高二的选修课建议学生选人文类课程，以提高学生的人文素养。

3.《北京四中学科特长实验班建设方案（试行）》

（1）培养目标。

第一，全面发展，提高能力。全面打好学科基础，落实各学科基础知识和基本技能，追求做人、做事、做学问的境界；拓展科学与人文视野；培养既具有全面的文化基础知识，又在某学科有特长的高素质后备人才。

第二，凸显兴趣，竞赛、高考夺标。培养科学精神和对竞赛科目的浓厚兴趣；竞赛实验班的每位学生要积极参加各学科竞赛小组；发奋努力，追求卓越，力争在学科竞赛和高考中取得突出成绩。

（2）课程设置。

在完成教育部和北京市教委规定的普通高中所设置的全部课程的基础上：

第一，文理兼顾，各学科均衡发展，无明显的弱势科目。

第二，拓展竞赛科目及相关科目的知识面。

第三，课时安排。

高一：历史、地理各减 0.5 课时，数学加 1 课时，其他科目不变。

高二：课时基本不变。必修课、小组活动时间、周六课程打通，由教练员老师统筹安排，根据学科竞赛各级考纲不同要求来制订教学计划。数、理、化三学科分 A、B 班教学：学科竞赛小组的学生参加竞赛 A 班课程，非本学科竞赛小组学生参加高考 B 班课程。

4.《北京四中道元实验班建设方案（试行）》

（1）培养目标。

使学生在自己感兴趣领域中形成坚实的基础，在精神上达到痴迷、忘我的状态，从而形成坚定的、执着的、不为功利的进取精神和献身精神，保护、激发、培育学生在某个领域独到的思想见解和超常的想象力。

(2)课程设置。

道元班的课程采用"必修＋选修＋特修"的模式进行(见表 4-2、表 4-3)。

①必修——基本原则：压缩课时和相关教学内容。

具体做法是，将语数外、理化史地政等学科各减少 1 课时；减少之后，语数外各 4 节，理化史地政各 2 节，信息、美术、音乐各 1 节，体育 5 节；补充了 1 节生物。

如何在压缩课时的情况下，还达到课程标准的要求，是道元班所有任课教师面临的一个新的挑战和探索。教师们的课堂都在不断调整和改变。语文课侧重学生的人文素养的提高；数学课以讨论的方式，尽量减少重复性的训练；外语加大了学生听说的练习；物理课侧重物理学的一些研究方法，问题尽量贴合实际、可挖掘性强；化学课加强了实验，尽量做到每周一节实验课；历史课按照通史体系进行讲授；地理课尽量让学生在活动中体会、感受；两节政治课，一节让学生讲自己所读的相关书目，另一节用来讲经济学；艺术课放音乐或者放电影，或者讨论，一直深深吸引着学生。

②选修——由学生自己选择。

③特修——分为"研究与交流"和"自主与探究"。

"研究与交流"安排在周三，由一位教师协调，各科教师共同参与，主要围绕不同的研究方法进行讲授，如"如何采访一个人""如何进行问卷调查""科学研究方法简述""如何阅读研究论文"等专题内容——旨在让学生对各种研究方法有一个了解，学生以每周阅读各科教师推荐的论文、撰写论文阅读报告为作业。第二学期的"研究与交流"改为学生论坛和书目推荐。每次论坛由一位同学结合自己兴趣准备约 40 分钟的演讲，大家讨论 30 分钟，剩余 10 分钟进行书目推荐。已经进行的部分论坛题目有：公交车是个啥模样(公交基础知识介绍)，小说的分类，宗教改革前基督教及其发展，相对论简介，大爆炸理论及其他，中国经济制度与中国经济改革的简单介绍，著名数学家数学思想介绍以及日本大地震引发的思考等。其中，"日本大地震引发的思考"是一个论坛系列，围绕2011 年 3 月 11 日日本大地震进行，学生从科学、技术、人文等各个方面进行了讨论。

　　"自主与探究"主要以导师制为基础，每个学生根据自己的兴趣爱好在任课教师中选择自己的导师。导师可以是任课教师，亦可以是学校其他教师。导师负责每个周四的安排，包括布置任务，或者读书，或者讨论，或者研究；有要求，或者读书笔记，或者讨论提纲，或者实验计划；同时有检查；旨在为学生在特长方面提供空间和时间，让学生的兴趣有所发展。后来，我们对"自主与探究"做了一些调整，采用任务驱动的方式进行，每个学生结合自己兴趣，在与导师讨论的基础上，确定一个研究题目，自己制订研究计划，定期和导师交流讨论。学期结束前进行展示，总体来看，学生的主动性比较高。每至学期末，我们都期待他们能有非常精彩的展示。当然，探索在四中的环境下如何发展道元班学生的兴趣，也是现在道元班面临的一个问题。

表 4-2　高一道元班课表

		一	二	三	四	五
上午	1	语文	语文	化学	英语	数学
	2	数学	语文	生物	英语	语文
	3	体育	音乐	数学	物理	政治
	4	物理	英语	数学	体育	地理
下午	5	化学	体育	研究与交流	历史	美术
	6	英语	信息	研究与交流	自主与探究	体育
	7	历史	地理	研究与交流	自主与探究	选修
	8	校班会	政治	体育	自主与探究	选修

表 4-3　高二道元班课表

		一	二	三	四	五
上午	1	生物	英语	数学	英语	数学
	2	物理/历史	数学	数学	英语	生物
	3	数学	通用技术	化学/地理	政治	英语
	4	化学/地理	通用技术	物理/历史	语文	体育

续表

		一	二	三	四	五
下午	5	语文	政治	英语	化学/地理	音乐
	6	语文	体育	生物	物理/历史	自主与探究
	7	体育	选修	体育	体育	自主与探究
	8	校班会	选修	语文	美术	自主与探究

5.《北京四中中美课程班建设方案（试行）》

（1）培养目标。

第一，具备最强的申请国外一流大学的实力，培养一流的国际化人才。

第二，具有世界公民的素养，具备应对未来社会各种挑战的能力。

第三，具有独立性、批判性、创造性思维。

第四，具备"5C"素质：Communication（沟通）＋Confidence（自信）＋Cooperation（合作）＋Creativity（创造）＋Compassion（同情）。

（2）课程设置。

该项目学制三年。中美高中课程由中方基础课程、美方基础课程和AP 高级课程组成（见表4-4）。

中方基础课程：该课程为中国高中的基础课程。通过该课程的学习，完成会考后学生即可获得北京四中的高中毕业证书。课程科目包括：语文、数学、英语、物理、化学、生物、历史、地理、政治、艺术、体育、信息技术、通用技术、社会实践活动、研究性学习。在部分科目的授课过程中将使用双语教学，以便更好地与美方课程衔接。

美方基础课程：该课程为美国高中的基础课程，是获得继续学习高级课程资格的基础。基础课程由英语、数学、科学（物理、化学、生物）组成，学生选3～4门，其中英语和数学为必修课程。同时，将融入托福（TOEFL）、赛特（SAT）课程，以便学生今后能够作为国际学生申请美国的大学。

表 4-4　高一中美课程班课表

		一	二	三	四	五
上午	1	物理	语文	生物	英文读写	美国历史与文化
	2	数学	语文	数理自习	英文读写	数学
	3	化学	数学	美国历史与文化	研究性学习	综合英语
	4	体育	信息	数学	研究性学习	物理
下午	5	数理自习	信息	化学	语文	生物
	6	语文	综合英语	美术	体育	体育
	7	综合英语	体育	美术	综合英语	英文读写
	8	校班会	英文读写	体育	综合英语	英文读写

AP 高级课程：美国高中高级学业课程。该课程适合顺利完成基础课程学习的学生。修完高级学业课程并通过相应的 AP 考试，可在美国大多数大学获取学分而获大学免修课程。高级课程由英语语言与作文、英语文学与作文、中华语言与文化、微积分、统计学、化学、物理（力学）、物理（电磁学）、微观经济学、宏观经济学、世界历史等，针对国外大学的录取要求及中国学生优势的 4～10 门课程组成。学生在学校学习顾问的指导下选择其中的 3～5 门课程即可。

学生通过 3 年的学习和考试，成绩合格者将同时获得北京四中高中学业证书、美国高中毕业文凭和美国高级课程的证书。

（五）思考与建议

目前，我校高中实验班的类型与数量可以说是前所未有的，实事求是地说，实验班的教育教学工作还面临许多问题与困难，它需要我们更周密的规划与更合理的设置，也需要我们大家运用智慧去探索。因为某些方面我们虽然有了一些经验，但离我们的目标还相差甚远。我们觉得还有许多问题值得大家思考与研究，下面简要谈谈对以下三个问题的思考。

1. 如何看待实验班

实验班是新生事物，是社会多元化发展的必然趋势，是为使学生适应多元化的社会而做出的多元化的选择。它像刚出生的婴儿，需要更多的呵护。它需要有一个成长的过程，在它的成长过程中一定有许多未知的东西需要我们去探索。实验班的学生个性会更强，可以说学生的特色突出、个性突出，缺点一样突出，这就需要我们教师有开放的、宽容的心态，在严格要求的基础上，耐心地引导，既看到他们的不足，又看到他们的优点及未来的发展潜力。

实验班要在教学理念、教学模式、课程设置、班级管理、评价方式等方面进行试验与探索。它探索的目的，一方面是为某些特殊的群体或个体提供特色化、个性化的帮助，另一方面可以使试验的经验与结果为其他班所借鉴。实验班的老师，无论是班主任还是任课教师要有敢为人先的精神，大胆探索，大胆创新，不断总结经验和教训。

2. 如何做好集体备课

集体备课是北京四中的优良传统，是四中教学工作整体优化的一项重要措施。由于实验班的出现，在同一学科中实验班的教学目标、教学难度以及教学进度等与平行班均有差异，就是实验班之间也存在不同，这就给我们目前备课组的备课带来了巨大的挑战。不像以前只要集体备好一节课，各位教师就可以基本共用一个教案，或共用相同的课件；现在需要我们教师针对不同班的情况做不同的加工。可能同一个例题或同一个实验需要挖掘的深度、难度及拓宽的广度等都存在许多差异，这就需要有更多的智慧，需要与以前不一样的处理方法，需要我们备课组长的协调，需要我们教师调整教学方式，说到底还是如何因材施教的问题。教学处在教研组长会和备课组长会上提出了具体做法与要求：组长把关，沟通要求，灵活把握，及时调整，求同存异。对最基础知识不管哪个班级都要坚持落实，在此基础上，再针对不同类型的班级进行二次备课，体现不同类型班级的特点。

3. 如何对待平行班

如此多类型的实验班在四中仍然是新生事物，大家了解的还是比较少。目前学校更多的学生还是在平行班中，因此认真研究平行班工作的特点，有针对性地解决平行班在教与学过程中的问题，在平行班学生原有的基础上提高他们的综合素质与学习成绩，也是学校的非常重要的工作。绝不能因为有了实验班而降低对平行班的要求，也绝不能单凭原来传统的教学工作方法来解决现在变化了的情况。学校也要鼓励平行班的班主任与任课教师在班级管理、教学模式、个性化培养等方面做出自己的特色，也要针对平行班研究在新形势下出现的新问题，探索新方法，为平行班学生的发展做出应有的贡献。

总之，四中的发展面临新的机遇、新的挑战，学校的教学工作是一项系统工程，需要我们各部门方方面面的努力，需要我们教师集体的智慧，更需要我们有更多的勇气去面对新的挑战。我们的基础教育需要改革，需要仰望星空，正如温总理所言，一个民族有一些关注天空的人，他们才有希望。我们的教育需要理想主义，需要保留远大的理想与目标，我们要培养杰出的中国人，我们的教育教学管理需要站得更高、看得更远。当然，"千里之行，始于足下"。只有脚踏实地，才能使我们的理想和目标变得实在，也只有扎扎实实，一步一个脚印地向前迈进，才能使我们的教育教学工作更有成效。

道元班课程设置探索

道元班的课程采用"必修＋选修＋特修"的模式：

第一，必修——压缩课时和教学内容。

第二，选修——采用和全年级一致，周五下午2节课，由学生自己选择。

第三，特修——分为"研究与交流"和"自主与探究"。

"研究与交流"安排在周三，由石国鹏老师和李靖老师负责协调，各科教师共同参与，主要围绕不同的研究方法进行讲授，已经进行的有"如何采访一个人""如何进行问卷调查""科学研究方法简述""如何阅读研究论文"等内容，同时也让学生就自己感兴趣的话题进行演讲。该特修课程旨在让学生对各种研究方法有一个了解；学生以每周阅读各科老师推荐的论文、撰写论文阅读报告为作业。

"自主与探究"安排在周四，主要以导师制为基础，每个学生根据自己的兴趣爱好在任课教师中选择自己的导师，除了任课教师，刘长铭校长也成为学生的导师。导师负责每周四的安排，包括布置任务，或者读书，或者讨论，或者研究；有要求，或者读书笔记，或者讨论提纲，或者实验计划；同时有检查。该特修课程旨在为学生在特长方面提供空间和时间，让其兴趣有所发展。

基于此，道元班学生每周的读书和论文阅读就占去了他们不少的时间，这也是他们不同于其他班学生的一大特色。

道元班具体学科课程模块设计　探析结构的强度

康帅

【课程目标】

一、国家标准（实验）

1. 了解结构的含义，能从力学的角度理解结构的概念和一般分类。

2. 能通过技术试验分析影响结构的强度的因素，并写出试验报告。

3. 能确定一个简单对象进行结构设计，并绘制设计图纸，做出模型或原型。

二、增加内容

1. 透过各种实验现象分析现象的本质，归纳总结出影响强度的各种因素。

2. 能对自己设计的结构进行点评。

【核心概念】

透过现象看本质，能够从众多的实验现象中，归纳出影响结构强度的各种因素，从而让学生了解发现问题、分析问题的一般规律。

【课程形式】

利用三根 ABS[①]（一粗两细）为材料制作一个高度为 8 厘米的结构模型，进行承重实验，进而透过现象看本质，总结和归纳出影响结构强度的各种因素。本节课借助各种结构模型的图片的对比、慢放 100 倍的实验现象视频、压坏的模型遗骸和现场承重试验等多种方式，多角度对实验现象进行分析，通过学生的探究，层层剥开现象神秘的面纱，最终使学生深刻地理解影响结构强度的各种因素。

【课程内容】

课堂回顾 → 问题引入 → 现象分析 → 扩展思考 → 总结提升

从学生上次在课堂上的制作和承重照片引入，并对结构的定义进行回顾，突出强调结构强度的概念，通过给出粗方、粗圆容许应力（压力）的理论值，结合学生制作的各种结构模型，进而抛出我们要探析的问题——影响结构强度的各种因素。

然后，分别从现象一、现象二、现象三中对影响结构强度的三要

---

① ABS 是一种用途极广的热塑性工程塑料。

87

素，即材料、形状、连接方式进行一一探析。利用大量的模型图片，现代化的视频慢放 100 倍技术和现场学生的承重实验，透过现象看本质，引领学生逐一地找到答案。

待归纳总结后，话锋一转从书本上的知识展开扩展，从"最坚强"的结构模型到"最单薄"的结构模型，正反对比，阐述优劣，结合系统的思想和结构的优化，阐述稳定性和工艺在影响结构强度中所起的重要作用。

最后，点明我国目前的制作工艺水平相对落后于欧美发达国家，希望同学们从现在就树立为祖国之繁荣富强而努力学习的决心，从而提升整节课的教学效果。

【教学模式】

探究式教学模式。

【教学特点】

道元班的学生，我想重点培养他们发现问题、解决问题的能力，这个班的学生都比较机灵，鬼点子多，每个人都有自己的个性。因此，在授课过程中，不断地提问，不断地设置悬念，一环紧扣一环，引人入胜。在学生发现了问题并思考问题答案的过程中，将知识潜移默化地融入其中，使之印象深刻，从而提高课堂效率。然后再通过现场试验和学生互相评价，使课堂形式丰富多彩，降低学生的听课疲劳度。

【评价方式】

在道元班，我采用多元化的评价方式，每个组的设计都不一样，结构模型都有各自的特点，都能够体现不同的知识点。所以，不能以单纯的承重质量作为评判的唯一方式，而是要鼓励学生的这种敢于创新、敢于将想象变成实际的想法和做法。

2015 届道元班物理课程的设计

李靖

一、基本想法

对基本知识鼓励并指导自学——基本知识自己看；

对核心概念重点讲解并落实——核心概念重点讲；

加强实验的设计和动手操作——动手设计做实验；

关注物理学史的渗透和引导——科学方法要掌握；

鼓励并指导任务驱动型学习——动手做些小研究；

阅读并交流物理学家的传记——读书交流谈感受。

具体如下：

每章要安排自学内容，要有一节课的交流和讨论，并提出核心问题；

每章要有老师讲解核心概念、知识，让学生深入理解；

每章要有实验，关注设计和操作以及实验报告；

每学期要有团队研究小任务，可以是读书交流，可以是实验设计，也可以是具体问题探究。

二、道元班物理教学培养目标

会读物理书，会听物理课，会做物理作业；

能提出问题，会思考问题，会讨论交流问题；

会初步设计并动手操作实验，独立完成实验报告，会评价自己的实验结果；

能提出一个自己想研究的物理问题，并能进行设计研究，得到一定的结果；

对物理学的发展和脉络有一个比较清晰的认识；

能力上讲，要提升自学能力、思维能力（提出问题、思考问题、解决问题）、实验能力和探究能力。

三、物理学习阶段的划分和任务

高一第一学期入学到期中考试——老师指导、适应高中阶段的物理学习；

高一第一学期期中到期末——体会做一项物理小研究的过程；

高一第二学期——提一个有价值的物理问题，体会试图解决的过程；

高二一个学年——建议做一项 IYPT（国际青年物理学锦标赛）的研究。

四、推荐的课外读物（物理）

《激动人心的年代：世纪之交物理学革命的历史考察和哲学探讨》（李醒民）；

《和谐与统一》（尼耳斯·布莱依耳）；

《玻尔研究所的早年岁月 1921—1930》（P. 罗伯森）；

《物理学的进化》（爱因斯坦、英费尔德）；

《物理学史》（费·卡约里）；

《牛顿传》(詹姆斯·格雷克);

《万物简史》;

《物理世界奇遇记》;

《探求上帝的秘密》;

《物理世界》;

《物理简史》;

《物理学的本性》;

《费曼讲物理学入门》。

五、推荐的教科书

《高中物理学》(沈克琦);

《新概念物理教程》(赵凯华);

《物理》甲种本(人民教育出版社);

《费曼物理学讲义》(费曼)。

学生通过读书可以做的研究建议如下,有的适合在高一,有的适合在高二,可以视情况而定:

伽利略的贡献;

牛顿和神学;

第谷与开普勒;

法拉第和麦克斯韦;

玻尔和他的太极徽章;

卡文迪许与库伦,到底谁先发明了扭秤?

电磁波和天才实验物理学家赫兹;

作为德国人的海森伯格在第二次世界大战期间在做什么?

1905 年的爱因斯坦到底在想什么?

道元班数学课程建设尝试(节选)
"课程学习"的优化尝试

我们可以将我们优化"课程学习"的理念表述为围绕核心观念展开体验性学习。为此,我们以中学课程标准规定的学习内容为基础,并作适当增删,围绕其中的核心观念重新组织教材,力图以核心观念为主线展开对数学知识方法的学习,增强对数学方法内化、应用的体验。对学习过程进行重新设计,突出学生在学习过程中自主探究、合作交流等社会化互动的体验。

一、学习内容重组

我们将高中数学的主要内容按照函数、几何、概率统计与代数重新组合，使得围绕数学核心观念展开的学习内容更为集中，更有利于学生感受、体验核心观念与重要数学思想方法的作用或功能。

2012—2013 学年、2013—2014 学年的数学课程安排(草案)如表 4-5 至表 4-8 所示：

表 4-5 2012—2013 学年第一学期道元班授课计划

时间(周)	内容	备注
1～2	初高中衔接，集合，充要条件*	必修 1
3～4	函数概念与性质	必修 1
5～9(含国庆节)	幂函数、指数函数、对数函数	必修 1
10～13(含期中考试)	三角函数	必修 4
14～15	(作为特殊函数的)数列	必修 5
16～17	极限，导数的概念与求导公式	选修 2-2
18～20	导数应用(单调性，切线，级数*等)	选修 2-2
21	积分	选修 2-2

注：带"*"号的内容可不预习。

表 4-6 2012—2013 学年第二学期道元班授课计划

时间(周)	内容	备注
1～2	向量	必修 4
3～5	解析几何：直线，圆	必修 2
6～10	解析几何：圆锥曲线	选修 2-1
11～13	立体几何：直线与平面	必修 2
14～16	立体几何：角与距离	选修 2-1
16 至期末	空间解析几何初步，n 维向量空间	

注：带"*"号的内容可不预习。

表4-7　2013—2014学年第一学期道元班授课计划

时间(周)	内容	备注
1～3	计数原理，二项式定理	选修2-3
4	统计：抽样调查方法，以样本估计总体	必修3
5	国庆节	
6～7	概率：互斥事件，古典概型与几何概型	必修3
8～9	概率：独立事件，概率分布，期望……	选修2-3
10	统计：(线性)回归，独立性检验	选修2-3
11	机动(期中考试)	
12	解三角形	必修5
13～14	三角恒等变换	必修4
15	数学归纳法	选修2-2
16～17	不等式证明	必修5
18至期末	复数	选修2-2

表4-8　2013—2014学年第二学期道元班授课计划

时间(周)	内容	备注
主题1：每课题3～4周	延伸课题选讲	第一学期末，布置学生选题，或教师指定课题，学生分组宣讲课题，相互质疑，出考题，"师"与"生"分别评价
主题2：争取每月一篇(本)	读经典(数学史或数学哲学)	师生共读，讨论
主题3：3周左右一个主题	高考"研究"	按高考(解答)题目类型，据三年十省市左右的题目做高考试题分析
主题4：1月左右展示一次	开发教具或课件	在学习内容中找素材，自行研制教具或课件

注：每个主题周课时为2～3课时，每位学生至少选择两个主题。

二、学法重新设计

教师在新学期初通过对初高中数学衔接内容的讲解，示范在今后的学习中如何关注数学提出问题、研究问题的基本方法。

对新课程，要求先预习，后听课。学生在上课前应已通读学习内容，明确学习的重点与难点，完成课本练习与习题（部分可独立完成的）。

课上请学生简述教材学习重点，学生可就难点难题向同学或教师提问质疑。

由学生或教师根据教材内容，选择呈现延伸性问题或习题，并据此对学习内容进行更为深入与全面的讨论。应该特别关注，命题提出或编制的思路与方法，是否有进一步延伸或发展的问题等。

为了落实课程学习的要求，学生每周可根据自己的学业水平自选练习，做不少于30道中档及以上水平的练习题。

同时，教师给学生提供尽可能多的编纂练习作业、考试题的机会。

三、"课题学习"的优化尝试

对于兴趣倾向十分明显、自主探究能力比较强的学生，要鼓励其自行选择感兴趣的研究课题。对将来的专业倾向不太明确，或者自主探究能力尚有欠缺的学生，可先由教师帮助其选定比较容易把握的研究课题与研究方法进行探究，在探究中体验探究方法的使用、探究过程的调整优化、探究成果的提炼整理与表述。

二、整合国家课程与校本课程，建设四中特色学科课程

我们的探索集中体现在对"北京四中学科教学指导意见"的探索上。

从价值观角度高层次反思认识四中的教育文化是校本课程目标设定的依据。我们也重点研究了如何把总课程价值观目标分解到每门具体课程的问题。

课程具体内容体系的建立是一项长期的系统工程。我们先聚焦于具体课程目标，特别是学科课程内容的选择。我们希望列出的问题是：每一门课程的具体目标是什么，针对四中学生的情况了吗，等等。

经过多次研讨，各教研组逐渐统一了认识，决定开始着手制定一个类似于四中"课程标准"的文件——四中学科教学指导意见。这个指导意见要有合法性、重要性和真实性，适合学生的特点和教师的背景。这个

指导意见要在全国新课标基础上整合加入四中特色，成为可操作的，把那种"形而上的解释"落实。它还可以把好的教学实践建议介绍进来，对别人有启发，有参考的意义，同一学科的四中教师都可以使用。

这项工作刚刚起步时，我们布置语文、地理、生物三个学科各启动一个模块，先写一个范例，作为靶子进行初步研究，然后结合教师日常教学进行整理编写。

以下为生物学科的探索：

高中生物选修一《生物技术实践》模块设计（初稿）

陈月艳

一、模块价值（同课标）

满足学生多样化发展的需要，拓展学生的生物科技视野，增进学生对生物科技与社会关系的理解，提高学生的实践和探究能力。

二、模块教学目标

1. 知识目标。

(1)举例说出生物技术主要领域。

(2)说明所尝试的各项生物技术的一般原理。

2. 能力目标。

(1)尝试把所学知识转化为服务于生活和社会的技术设计。

(2)根据实验课题和实验条件，设计并进行实验，收集整理实验数据，完成实验报告，进行分析和交流，完善实验方案。

(3)进行微生物的培养分离、物质的提取分离和鉴定、食品发酵、植物组织培养、DNA 的 PCR（聚合酶链式反应）扩增和鉴定实验操作，学习、尝试和掌握这些生物技术的一般方法。

3. 情感目标。

(1)认同和体验生物学价值，理解生物科学、技术和社会的关系。

(2)运用生物学知识和观念参与社会事务的讨论。

(3)关注食品与健康，应用所学生物学知识辨析健康养生建议，养成健康的生活方式。

三、模块内容设置

1. 课标要求。

针对本模块，课标上虽然有 14 项教学内容，但是具体到每一所学校，依据实验条件，指导学生选做 5～7 个实验即可。

2. 校本模块教学内容安排。

学校实验条件可以支持课标上的所有实验内容，根据我校学生尤其实验班学生的接受能力，以及达成模块目标的要求，基本上完成课标所有的实验内容(见表 4-9)。存在的困难是课时紧张。

表 4-9　校本模块课程内容

领域	技术内容	具体实验
微生物的利用	微生物的培养和分离	1. 大肠杆菌的纯培养 2. 大肠杆菌的显微观察
	测定某种微生物的数量	3. 分离土壤中的尿素分解菌，并测定其数量
	研究培养基对微生物的选择作用	同 3
	探究微生物的利用	4. 观察土壤中纤维素分解菌的分解作用
	尝试利用微生物进行发酵来生产特定的产物	同 9、10、11
酶的应用	研究酶的存在和简单的制作方法	5. 观察果胶酶对提高果汁出汁率和澄清度的作用；探究温度对果胶酶活性的影响
	尝试利用酶活力测定的一般原理和方法	同 5
	探究酶在食品制造和洗涤方面的应用	6. 探究加酶洗衣粉的洗涤效果和条件
	尝试制备和应用固定化酶	7. 酵母细胞的固定化和发酵
生物技术在食品加工中的应用	研究从生物材料中提取某些特定的成分	8. 设置实验装置，从芳香植物中提取芳香油
	运用发酵技术进行食品加工的基本方法	9. 利用酵母菌酿制果酒或米酒 10. 利用醋酸菌酿制果醋 11. 制作腐乳
	测定食品加工中可能产生的有害物质	12. 制作泡菜，测定泡菜或其他食品中亚硝酸盐的含量

续表

领域	技术内容	具体实验
生物技术在食品加工中的应用	尝试植物组织培养	13. 植物组织培养外植体接种和培养 14. 试管苗的扩大繁殖 15. 试管苗的移栽和陆地栽培
	尝试蛋白质的提取和分离	16. DNA 的粗提取和鉴定
	尝试 PCR 技术的基本操作和应用	17. SRY 基因的扩增与检测

注：SRY 基因指 Y 染色体上具有决定生物雄性性别的基因片段。

四、课程内容实施策略

上述课程内容的教学方式以引导学生实验探究为主。

完成上述所有实验内容面临的最大问题是课时紧张，解决此问题的最主要策略是校内外实验活动的有机结合。对于一些实验周期长（如观察土壤中纤维素分解菌分解作用的实验需要一个月的时间）、实验条件相对简单的实验，安排学生利用长假期完成。完成这些实验能更好地培养学生的独立实验研究能力，包括实验方案设计、实验进行过程中出现问题的解决，实验结果的记录和分析、实验研究报告的撰写和交流等。

学生课下独立完成的实验包括上述表格中实验 4、6、9。

五、满足学生多样化发展需要的实验内容的拓展途径

依据学校学生总体情况，设置和完成上述实验内容的基础上，针对一些学科兴趣浓厚、学习能力强、将来学业发展或者职业目标相对明确的学生，利用选修课和课外研究性学习活动，使这些学生更多地接触现代生物科学技术。

分子生物学实验研究选修课：学生利用半年到两年的时间，尝试分子生物学实验的系统技术操作，并针对特定的问题进行课题研究。

植物组织培养选修课：学生利用半年到一年的时间，进行植物组织培养技术的系统实验操作，并针对特定的问题进行课题研究。

六、评价方式

评价方式涉及评价内容和评价途径两项，详见表 4-10。

表 4-10　评价方式

评价内容	评价途径
实验探究能力：学生实验操作的严谨性、合作能力、问题意识、讨论交流能力	学生互评，教师观察，在实验报告、研究报告的撰写和交流中体现
实验安全意识	教师观察、实验报告中体现
创新意识和能力	教师观察，交流和讨论活动、实验报告中体现

以下为数学学科的探索：

北京四中数学学科模块课程标准

表 4-11　集合与常用逻辑用语

考试内容			要求层次①	
			其他班	科技班
集合与常用逻辑用语	集合	集合的含义	A	A
		集合的表示	B	B
		集合间的基本关系	B	C
		集合的基本运算	B	C
	常用逻辑用语	"若 p，则 q"形式的命题及其逆命题、否命题与逆否命题	A	A
		四种命题的相互关系	B	B
		充要条件	C	C
		简单的逻辑联结词	B	B
		全称量词与存在量词	B	B

---

①　表 4-11 至表 4-29 中，A 为了解理解，B 为掌握运用，C 为灵活运用。

表 4-12 函数概念与指数函数、对数函数、幂函数

考试内容			要求层次	
			其他班	科技班
函数概念与指数函数、对数函数、幂函数	函数	函数的概念与表示	C	C
		映射	A	B
		单调性与最大(小)值	C	C
		奇偶性	B	C
	指数函数	有理指数幂	B	B
		实数指数幂	A	A
		幂的运算	C	C
		指数函数的概念、图像及性质	B	C
	对数函数	对数的概念及运算性质	B	B
		换底公式	A	B
		对数函数的概念、图像及性质	B	C
		指数函数 $y=a^x$ 与对数函数 $y=\log_a x$ 互为反函数($a>0$ 且 $a\neq 1$)	A	A
	幂函数	幂函数的概念	A	A
		幂函数 $y=x$，$y=x^2$，$y=x^3$，$y=\dfrac{1}{x}$，$y=x^{\frac{1}{2}}$ 的图像及性质	B	B
	函数的模型及其应用	函数的零点	A	B
		二分法	A	B
		函数模型的应用	B	B

表 4-13 三角函数、三角恒等变换、解三角形

考试内容			要求层次	
			其他班	科技班
三角函数、三角恒等变换、解三角形	三角函数	任意角的概念和弧度制	A	B
		弧度与角度的互化	B	B
		任意角的正弦、余弦、正切的定义	C	C
		用单位圆中的三角函数线表示正弦、余弦和正切	C	C
		诱导公式	B	B
		同角三角函数的基本关系式	C	C
		周期函数的定义、三角函数的周期性	A	B
		函数 $y=\sin x$，$y=\cos x$，$y=\tan x$ 的图像和性质	C	C
		函数 $y=A\sin(\omega x+\varphi)$ 的图像	C	C
		用三角函数解决一些简单的实际问题	B	B
	三角恒等变换	两角和与差的正弦、余弦、正切公式	C	C
		二倍角的正弦、余弦、正切公式	C	C
		简单的恒等变换	B	C
	解三角形	正弦定理、余弦定理	B	C
		解斜三角形	B	C

表 4-14 数列

考试内容			要求层次	
			其他班	科技班
数列	数列的概念	数列的概念和表示法	B	A
	等差数列、等比数列	等差数列的概念	B	B
		等比数列的概念	B	B
		等差数列的通项公式与前 n 项和公式	C	C
		等比数列的通项公式与前 n 项和公式	C	C

表 4-15　不等式

考试内容			要求层次	
			其他班	科技班
不等式	一元二次不等式	解一元二次不等式	C	C
	简单的线性规划	用二元一次不等式组表示平面区域	B	B
		简单的线性规划问题	B	B
	基本不等式：$\dfrac{a+b}{2} \geqslant \sqrt{ab}(a \geqslant 0,\ b \geqslant 0)$	用基本不等式解决简单的最大（小）值问题	C	C

表 4-16　推理与证明

考试内容			要求层次	
			其他班	科技班
推理与证明	合情推理与演绎推理	合情推理	A	A
		归纳和类比	B	C
		演绎推理	C	C
	直接证明与间接证明	综合法	C	C
		分析法	C	C
		反证法	B	B
	数学归纳法	数学归纳法	B	B

表 4-17　平面向量

考试内容			要求层次	
			其他班	科技班
平面向量	平面向量	平面向量的相关概念	B	B
	向量的线性运算	向量加法与减法	C	C
		向量的数乘	C	C
		两个向量共线	B	B

续表

考试内容			要求层次	
			其他班	科技班
平面向量	平面向量的基本定理及坐标表示	平面向量的基本定理	A	B
		平面向量的正交分解及坐标表示	B	C
		用坐标表示平面向量的加法、减法与数乘运算	C	C
		用坐标表示平面向量共线的条件	C	C
	平面向量的数量积	数量积	C	C
		数量积的坐标表示	C	C
		用数量积表示两个向量的夹角	B	C
		用数量积判断两个平面向量的垂直关系	C	C
	向量的应用	用向量方法解决简单的问题	B	B

表 4-18 导数及其应用

考试内容			要求层次	
			其他班	科技班
导数及其应用	导数的概念及几何意义	导数的概念	A	B
		导数的几何意义	B	B
	导数的运算	根据导数定义求函数 $y=c$，$y=x$，$y=x^2$，$y=x^3$，$y=\dfrac{1}{x}$，$y=\sqrt{x}$ 的导数	A	B
		导数的四则运算	C	C
		简单的复合函数[仅限于形如 $f(ax+b)$]的导数	B	C
		导数公式表	B	C
	导数在研究函数中的应用	利用导数研究函数的单调性（其中多项式函数不超过三次）	C	C
		函数的极值、最值（其中多项式函数不超过三次）	C	C
		利用导数解决某些实际问题	B	B
	定积分与微积分基本定理	定积分的概念	A	B
		微积分基本定理	A	B

表 4-19　数系的扩充与复数的引入

考试内容			要求层次	
			其他班	科技班
数系的扩充与复数的引入	复数的概念与运算	复数的基本概念，复数相等的条件	B	B
		复数的代数表示法及几何意义	A	C
		复数代数形式的四则运算	B	C
		复数代数形式加减法的几何意义	A	C

表 4-20　立体几何初步

考试内容			要求层次	
			其他班	科技班
立体几何初步	空间几何体	柱、锥、台、球及其简单组合体	A	A
		三视图	B	B
		斜二侧法画简单空间图形的直观图	B	B
		球、棱柱、棱锥的表面积和体积	A	A
	点、直线、平面间的位置关系	空间线、面的位置关系	B	B
		公理1、公理2、公理3、公理4、定理	A	B
		线、面平行或垂直的判定	C	C
		线、面平行或垂直的性质	C	C

注：

公理1：如果一条直线上的两点在一个平面内，那么这条直线在此平面内。

公理2：过不在一条直线上的三点，有且只有一个平面。

公理3：如果两个不重合的平面有一个公共点，那么它们有且只有一条过该点的公共直线。

公理4：平行于同一条直线的两条直线平行。

定理：空间中如果两个角的两条边分别对应平行，那么这两个角相等或互补。

表 4-21　空间向量与立体几何

考试内容			要求层次	
			其他班	科技班
空间向量与立体几何	空间直角坐标系	空间直角坐标系	B	B
		空间两点间的距离公式	B	B
	空间向量及其运算	空间向量的概念	B	B
		空间向量基本定理	A	B
		空间向量的正交分解及其坐标表示	B	B
		空间向量的线性运算及其坐标表示	C	C
		空间向量的数量积及其坐标表示	C	C
		运用向量的数量积判断向量的共线与垂直	C	C
	空间向量的应用	直线的方向向量	B	B
		平面的法向量	B	B
		线、面位置关系	C	C
		线线、线面、面面的夹角	C	C

表 4-22　平面解析几何初步

考试内容			要求层次	
			其他班	科技班
平面解析几何初步	直线与方程	直线的倾斜角和斜率	B	B
		过两点的直线斜率的计算公式	C	C
		两条直线平行或垂直的判定	C	C
		直线方程的点斜式、两点式及一般式	C	C
		两条相交直线的交点坐标	B	A
		两点间的距离公式、点到直线的距离公式	C	C
		两条平行线间的距离	B	B
	圆与方程	圆的标准方程与一般方程	C	C
		直线与圆的位置关系	C	C
		两圆的位置关系	B	C

表 4-23　圆锥曲线与方程

考试内容			要求层次	
			其他班	科技班
圆锥曲线与方程	圆锥曲线	椭圆的定义及标准方程	C	C
		椭圆的简单几何性质	C	C
		抛物线的定义及标准方程	C	C
		抛物线的简单几何性质	C	C
		双曲线的定义及标准方程	A	B
		双曲线的简单几何性质	A	B
		直线与圆锥曲线的位置关系	C	C
	曲线与方程	曲线与方程的对应关系	B	B

表 4-24　算法初步

考试内容			要求层次	
			其他班	科技班
算法初步	算法及其程序框图	算法的含义	A	A
		程序框图的三种基本逻辑结构	B	B
	基本算法语句	输入语句、输出语句、赋值语句、条件语句、循环语句	A	A

表 4-25　计数原理

考试内容			要求层次	
			其他班	科技班
计数原理	加法原理、乘法原理	分类加法计数原理、分步乘法计数原理	B	B
		用分类加法计数原理或分步乘法计数原理解决一些简单的实际问题	C	C
	排列与组合	排列、组合的概念	B	B
		排列数公式、组合数公式	C	C
		用排列与组合解决一些简单的实际问题	C	C
	二项式定理	用二项式定理解决与二项展开式有关的简单问题	B	B

表 4-26 统计

考试内容			要求层次	
			其他班	科技班
统计	随机抽样	简单随机抽样	B	B
		分层抽样和系统抽样	A	A
	用样本估计总体	频率分布表，直方图、折线图、茎叶图	B	B
		样本数据的基本的数字特征（如平均数、标准差）	B	B
		用样本的频率分布估计总体分布，用样本的基本数字特征估计总体的基本数字特征	C	C
	变量的相关性	线性回归方程	B	B

表 4-27 概率

考试内容			要求层次	
			其他班	科技班
概率	事件与概率	随机事件的概率	A	A
		随机事件的运算	B	B
		两个互斥事件的概率加法公式	C	C
	古典概型	古典概型	B	B
	几何概型	几何概型	B	B
	概率	取有限值的离散型随机变量及其分布列	C	C
		超几何分布	A	A
		条件概率	A	A
		事件的独立性	A	A
		n 次独立重复试验与二项分布	B	B
		取有限值的离散型随机变量的均值、方差	B	B
		正态分布	A	A

表4-28　几何证明选讲

考试内容			要求层次	
			其他班	科技班
几何证明选讲	相似三角形	平行截割定理	A	A
		直角三角形射影定理	B	B
	圆	圆周角定理	B	B
		圆的切线的判定定理及性质定理	B	B
		相交弦定理	B	B
		圆内接四边形的性质定理与判定定理	B	B
		切割线定理	B	B

表4-29　坐标系与参数方程

考试内容			要求层次	
			其他班	科技班
坐标系与参数方程	极坐标系	用极坐标表示点的位置	B	B
		极坐标和直角坐标的互化	B	B
	参数方程	直线的参数方程	B	C
		圆的参数方程	B	C
		椭圆的参数方程	A	B

第五章

课程实施——学习方式的变革

课程实施是课程建设最重要的环节，也是全校领导、教师、学生和家长共同参与，充分发挥个人创造性的最好舞台。我们从广义课程观出发，整合课程内容、课堂教学模式、班级组织模式、评价、学生管理、中学教育与大学和国外衔接等多方面探索，尝试进行最前沿的特色素质教育课题改革。

一、改革教与学的模式，促进师生行为方式转变

四中各种实验班是我们探索不同价值观下的教育行为，努力建立新的师生教与学行为模式，设置内含"情境化问题"的课堂教学模式，以问题意识、思维能力的培养为核心，以体验性、过程性、发展性为主要特征，形成师生互动的研讨形式。具体探索以下三种形式：

第一，以问题为中心，呈现疑问，发挥学生探索精神的探究性课堂；

第二，以情境为中心，促发学生情感，引导学生感悟的体验性课堂；

第三，以兴趣为中心，拓宽学生思路，激发学生潜能的自主性课堂。

此外，古老的师徒制学习其实是一种非常有效的培养方式。我们努力通过导师制度，与社区、大学或其他研究机构甚至外地、国外资源的联系，创造师徒制的条件，使学生在与高素质成人专业人员的交往中激发创造潜质。

以上想法如何落实到具体学科班级教学中？刘长铭校长亲自写作了文章《道元班的教学采用什么样的方法？》，与教师们交流。文中指出：

"以往我们的方法是，先完成知识储备，然后再应用，这只是解决问题。我们不妨改变一下教学思想：先设定一个待解决的问题，然后让学生以问题为中心，主动学习有关的知识。因此，我们不一定要将解决问题所需要的全部知识先教给学生，而是要让学生自己根据需要决定去学习什么样的知识。这是一种以问题为中心的学习模式，是以任务为驱动的学习方法。这种模式最大的特点，就是激发学生主动探究学习。例如，我们可以参考以下的问题（任务）设计。

问题：设计人造地球卫星。（以下是解决这个问题的思考系列）

设计什么卫星？——卫星的功能（军事、地理、资源、环境、气象、通信、遥感、宇宙射线、太阳黑子、农业……涉及多个学科的知识）——➤

卫星上需要携带什么设备？（遥感设备、通信设备、照相机、望远镜、太空物质的收集设备、控制设备……各种工程技术的知识）——➤

卫星的轨道设计——为实现卫星的功能，卫星的轨道应当设计成什

么样?(离心率、远近地点的设计、轨道高度、运行周期、与赤道的夹角、卫星的寿命、运行时间……)——➤

卫星的结构(体积、重量、内部空间的有效利用、工作系统、载人、回收、机械设计、防护宇宙粒子和太阳风影响、绝热防护……)——➤

火箭动力——由卫星的大小和轨道位置决定(大小、推力、携带多少燃料、发射的时间、气象条件、组装过程中的各种问题……)——➤

发射地点的选择(常常和发射的卫星的功能有关,需考地理纬度、地理环境、交通、天气情况、地面控制站点选择、保密与安全问题、未来宇宙探测器的发射……)——➤

发射的过程(分离位置、时间、终点位置的调整……)——➤

发射基地建设(地质条件、气候、气象、环境、社会、人口、生活设施、人文历史、教育、社会服务、社会管理、城市规划……)

解决以上问题可能需要十个人甚至更多的人合作,其中问题涉及科学、技术、环境、社会、人文等各个领域,几乎可以将一整个班的学生全部调动起来。

时间估计要半个学期甚至更长。

不必待学生完成全部预备性知识的学习之后再解决这个问题,不必考虑学生现有的知识储备和背景。例如,可以在高一学生入学不久就开始,多数知识引导和激发学生自己主动学习。这样也许可以激发学生的主动精神……"

由此可见,转变行为模式的关键是适合学生探究的特定学科教学情境的建立。情境是要素材支持的。我们循序渐进,就从探究性教学素材的积累和设计开始。

教学素材是教师用于开展教学活动的各种教学材料。我们提倡教师从多种途径(如网络、书籍、同行交流等)中,从各种不同形式的教学活动中,制作、捕捉、积累个性化教学素材并用于教学。

既有个性化又有探究性的教学素材来源于教师个性化的生活和工作经历。一是教师自身各种各样的生活经历,如家居饮食、医疗健康、厨房烹饪、生态考察、书籍博览、旅游见闻等;二是教师多层次、多样化教学研究活动的日积月累,如教师的课堂教学、承担的选修课、指导学生的研究性学习活动、自身的实验研究成果等。

生物课教师利用家人的化验单创设问题情境，导入新课题

陈月艳

图 5-1 所示资料为家人因尿液中出现红细胞而去医院进行肾功能检查的化验单。教师把该资料用于内稳态教学课题的导入，其方法如下。在为学生简单解释就医背景及化验单内容后，提出质疑：化验单中主要检测项目是血液中的无机盐、代谢废物、葡萄糖，这些指标的稳定一定程度上反映了内环境的稳定状态。那么检查肾功能为什么要检测血液中的上述成分，肾脏是如何参与维持内稳态的？由此导入肾脏参与维持水盐平衡、排除代谢废物从而参与维持内稳态内容的教学。该素材不仅是导入教学课题的良好素材，同时培养学生解读化验单、关注身体健康、善于运用所学知识解释和解决生活中实际问题的意识和能力。

报告日期 2002.07.22

姓名		性别 男	年龄 12	病历号
诊断				送检物

	项目	结果	标记	参考值
	K	3.92 mmol/L		3.50-5.50
	Na	140.50 mmol/L		135.00-145.00
	CL	100.30 mmol/L		96.00-111.00
（血清肌酐）	CR	0.68 mg/dl		0.60-1.50
（血清葡萄糖）	GLU	82.00 mg/dl		65.00-109.00
（尿酸）	UA	3.70 mg/dl		2.40-6.80
	Ca	10.30 mg/dl		8.50-10.80
	P	5.50 mg/dl	✓ H	2.30-4.30
	CO2	23.40 mmol/L		20.00-34.00
（血清尿素氮）	BUN	13.00 mg/dl		3.00-20.00

图 5-1 肾功能检查化验单

在实验班教学中，我们鼓励提倡教师以素材为基础，设计完整可探究的情境，以师生互动的研讨形式形成探究性、体验性、自主性课堂。

道元班课例"正方体承重"情境的引入 突破思维壁垒

康帅

在高二第一学期的通用技术课中，有一个成熟的项目叫作"正方体承重与测试分析"，要求学生利用三根 ABS 材料（一粗两细）制作一个边长为 8 厘米的正方体并进行承重测试。这个项目在整个学期的项目教学中起到引入的作用，让学生在第一次接触通用技术课的时候很容易上

手，从而产生兴趣，进而为后面的"悬臂梁"项目打下良好的基础。

这个项目之所以成熟，是因为它确实容易上手，而且承重现场十分吸引学生眼球，确实能够达到使学生提高兴趣的目的，也从一定程度上体现了结构的含义。但是，经过两年的实践，我也发现了一些问题，如因为大部分学生制作的正方体形状类似（见图 5-2），所以对于知识点的承载比较单一，只是比较明显地体现了形状对于强度的影响，而没有更好地体现其他因素的影响。

由于要求学生制作正方体，所以从命题上就限制了学生自身对于结构的创意，进而限制了知识点的承载，从这一点上考虑这个项目还是有提升的空间的。但是该如何修改，如何放开，度怎么把握，这些都需要进一步思考。

图 5-2　正方体

这学期我也因此尝试了一些修改，在实践中不断摸索和积累（见表 5-1）。

表 5-1　项目修改一

项目修改一	制作边长为 6 厘米的正方体
实验对象	某平行班
实验效果	不理想（见图 5-3）
主要问题	教师思维过于保守

我的初衷是想通过减小边长，使学生有更多的材料来进行结构的探索，结果并没有我起先预想的那样出现不同的设计，不同的结构模型，学生反而把节省下来的材料用于加固，导致这样的正方体很难被压坏，更谈不上从损坏的模型中来进行分析，反而降低了课堂的效率。效果不理想。

图 5-3　被加固的正方体

在总结项目修改一的不足时，我感觉还是教师的思维过于保守，还是没有真正突破"正方体"这个概念，所以没有达到我想要的结果。当我开始考虑应该如何继续修改项目，使之既更好地体现学生个性结构的创意，又可以融入更多的教学内容，提高课堂效率时，我在道元班的通用技术课上，发现这个班的孩子都比较机灵，鬼点子比较多，每个人都有自己的个性，这就为这个项目的修改提供了一个良好的温床！于是，我大胆创新，果断地向学生提出制作一个高度为 8 cm 的结构模型，并承重，看看它们的能量到底能释放出多少，结果效果不错，基本达到了预期的目的(见表 5-2)。

表 5-2 项目修改二

项目修改二	制作高度为 8 cm 的结构模型
实验对象	道元班
实验效果	理想(见图 5-4 至图 5-7)
主要经验	突破思维的壁垒

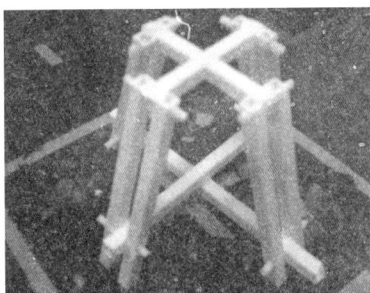

图 5-4 梯形结构

图 5-5 圆形结构

图 5-6 插接结构

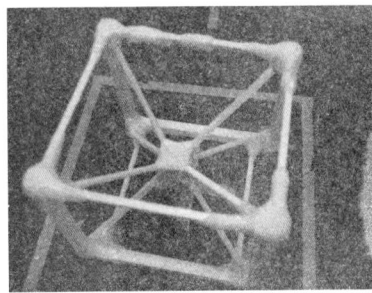

图 5-7 强力胶链接结构

经过如此修改后，使得本项目的开放程度变大，学生不再固守在正方体结构模型这个限制中，而是大胆地突破了原有的思维，天马行空地去设计。于是，图 5-4 出现了四面向内倾斜的梯形结构，图 5-5 出现了圆形结构，图 5-6 出现了插接结构，图 5-7 出现了强力胶的链接结构，真是百花齐放，各有千秋。而我作为教师，又恰到好处地限制了 8 厘米的高度，从而保证了承重的高度和质量，既实现了学生的自主创意和自行制作，又很好地体现了材料、形状、链接方式等这些影响强度的必要因素之间的联系，还没有丢失此项目容易上手、制作简单、承重吸引学生眼球、易出效果等诸多优点。因此，此次修改是十分成功的，道元班的学生也为此付出了他们的努力，应该感谢他们！

在"情境化"教学设计的基础上，北京四中通用技术教研组的教师们顽强奋进，从教室建设到设备选择、从团队组建到课程实践，借鉴和创新了"霍尔模型"理论，在全国率先探索实践了以工程项目为引领，以培养学生问题解决能力为目标的"项目式"通用技术课堂教学模式。

"悬臂梁结构模型"项目的想法起始于 2009 年放暑假前。暑假中，教师们的第一次制作和初步测试开始，每个人花费的大体时间为 4 小时。他们发现设计的用时可能远远超出预期，加工之前必须制作 1∶1 的加工图，所以项目实施时要重视学生的团队意识和效率。之后，教师们又梳理了暑假中发现的问题和制作测试过程中出现的问题，去清华大学请教专家，回来再实验……

到现在为止，"悬臂梁结构模型"项目已经历三轮课堂教学的实践，并经历两轮校级大赛、两轮市级大赛与两轮冬令营活动。这一自创项目是针对国家课程标准中《技术与设计 1》的大多数知识内容，并整合《技术与设计 2》有关"结构"部分为主要知识背景研发的。

项目的描述：悬臂梁结构模型的设计与制作要求是，在给定的 ABS 型材、PVC 板材中选择并进行结构的设计制作，且符合整体质量不大于 70 克、悬臂的长度不小于 350 毫米的技术条件。模型设计与制作的整个工程，学生可以涉及所学习的系统设计、结构设计、流程设计等理论知识，并以小组合作学习的方式优化设计、制作结构模型。作品将以承重的方式进行评价并计算出承重比值（承重质量与梁的自身质量之比）。

悬臂梁结构模型项目已经成为北京四中通用技术课堂教学的品牌项目。单从外形来看，悬臂梁就是一个非常具有吸引力的结构体；再加上材料轻盈，洁白无瑕，环保又易于加工，学生上手很快。学生在进行结构设计和制作的同时，将物理课、数学课所学知识进行整合并应用其中。学生设计的结构模型形式多样，无一重复，形式或简洁或复杂，或现实或超越，看似简单的构件组合，却包含着深刻的理论知识，可涉及多学科的专业知识和复杂的加工技术。制作过程涉及设计过程，设计原则，材料选取，测试分析，设计优化，系统、流程结构设计等多项通用技术课标要求的理论知识。

实践证明，它既较完整地承载了课程中的知识体系，又提升了知识与能力的内涵深度，打开了学生的创意想象之门，创造了条件，提供了实践平台，可以说结果是超预期的。尤其是利用这一项目所具有的竞赛意义的特点，更能激发学生们的参与热情。从课堂到赛场，凡是参加与经历此项赛事的人，都留下了深刻的记忆，学生为此项目感到激动，对自己的作品爱不释手，为能参加竞赛而感到荣耀和自豪。课堂教学与大赛形式相辅相成，互相促进，互相提升。其效果是，促使学生形象生动地理解设计的内涵，参与多元化评价方式和实现个性化的挑战任务。

目前我校通用技术课实施及探索的实践项目有："悬臂梁结构模型"项目、"温室大棚模型"项目、"月球计划"项目、"加油站计划"项目……

针对《高中语文新课程标准》中提出的学生发展的"积累整合、感受鉴赏、思考领悟、应用拓展、发现创新"五个目标，北京四中语文教研组利用信息技术，在网络平台上建立"虚拟课堂"，并使其与现实课堂有效整合，通过"双课堂"并行交错的教学方式，设计并实施了覆盖高中三年的语文教学活动。这一研究使活动式学习效果显著，具有很好的推广效果与价值。这一研究得到了国家领导人、教育专家和市区教研部门的认可，多次在全国和北京市教学研讨会上汇报、推介，得到了多所学校同仁的认可并推广使用。

这一研究的主要创新点是：

第一，探索出了教学的新观念、新方法。

教师由研究怎样教转为研究学生怎样学。突破了传统教学模式中以师教生学为主的教学方式，教师从学习成果的唯一评审者转为学习活动的参与者，让学生真正成为学习的主人。

第二，充分地挖掘了虚拟课堂的优势，成功地践行了"双课堂"的教学模式。

从虚拟课堂的跨时空、自由交流、资源共建、关注个性、诊断记录等优势出发，合理实现虚拟课堂与现实课堂的整合教学。

研究成果在本校得到广泛应用：在课题组成员的带动下，我校语文组高中三个年级的所有教师都积极参与到研究中来，从有丰富教学经验的老教师，到新入职的新教师，都积极参与，互相启发学习，形成了风气，形成了规模。最终形成了覆盖高中三年的大型专题语文读写活动 9 个，日常教学中的常态化活动 400 多个，融入学生生活的教学设计 50 多个。

综上所述，北京四中为改革教与学的模式，促进师生行为方式的转变，经历了从教学素材设计到情境设计，再到项目式、活动式学习设计的逐步完善的过程，使得探究性、体验性、自主性课堂有效生成。

二、教学创新异彩纷呈

（一）语文学科：借助虚拟课堂组织语文活动

在信息技术日新月异的今天，网络在人们生活和学习中的作用不可小觑。北京四中近年来致力于尝试借助班级网络平台，建立虚拟课堂，通过虚拟课堂与现实课堂的互动互补，开展语文教学及组织相关语文活动。

之所以开展这样的活动，是因为我们以往的课堂教学常常是教师讲授多，学生自行玩味少；关注结论多，享受过程少；关注知识多，分享体验少；学生被动接受多，主动探究少。这对语文这样一门强调实践性的学科而言，难免会带来现实课堂中讨论时的"集体失语"和写作中的"假大空"。

在语文学习中，似乎有这样一个不争的事实：大多数语文学得很好的学生，其实主要得益于自己看书。这个结论令语文教师颇感尴尬又难以辩驳。如果学生的语文水平提高更多地依赖于学生的主动参与和积极实践，那么调动学生语文学习的主动性，发挥其学习的自主性，就是语文教师的首选。而这一点有赖于教师跳出"一己之外"，真正把学生的学习作为研究、思考的对象。这样的话，教师将不仅是某几项知识的传授者，而应该是学生自主学习的组织者和引导者；教师面对的首先不应是一篇篇文章，而是在阅读写作等母语实践方面蕴藏着无限潜力的学生；教师最需要担忧的不应是能不能完成硬性的教学进度和任务，而应是怎样才能切实帮助不同类型的学生解决他们所面临的学习障碍，以使他们能有效地开展自己的语文实践活动并提升水平。

应该说，当我们将虚拟课堂与现实课堂有机结合时，学生参与学习的形式变得多样起来。更令人欣慰的是，随着教与学方式的改变，学生参与的热情获得极大提高，这一切也带给我们这些参与实验的教师以鼓舞，并促使我们不断尝试新的设计来保护学生参与的热情，进而提升学生的人文素养与学科素养。

1. 探索与实践的出发点

综合四中语文教师历时几年所做的实验，得出结论，转变学生学习方式的探索与实践概括起来有以下四个出发点：以课文学习为出发点，以专题学习为出发点，以某一语文学习活动为出发点，以各类学生的生活感受为出发点。

(1)以课文学习为出发点。

拥有好奇心，捕捉新鲜感，是人探索的动力。学习课文时，在教学的各个环节，通过网络上的互动，让学生体会发现的快乐、创造的快乐、交流的快乐，让学习变成一件令学生乐此不疲的事，是我们的追求。课文的学习，要不断面临挑战，是一次精神探险之旅，本可以充满奇趣。

第一人称版《鸿门宴》

一、缘起

《鸿门宴》(选自《史记·项羽本纪》)篇幅较长、故事性强，若把时间消磨在古汉语知识的梳理上，定会枯燥无趣。由教师将细节一一点拨是一种方式，但假如由学生阅读、体味与表达，或许能多一重探究与发现的乐趣。

二、操作步骤及说明

1. 诵读课文，扫清语言障碍。

要求学生以"宴前""宴中""宴后"为阶段，仿章回体小说回目的形式，各拟一小标题。目的是梳理文章大致情节，了解内容梗概。

2. 课堂讨论交流。

以"宴前"部分为重点，希望有所示范，吸引学生揣摩语句。例如，项羽与范增攻打刘邦的原因是否相同？刘邦不去鸿门谢罪行不行？张良在宴前起了什么作用，出了什么主意？刘邦去前知道有宴会等着他吗？项羽想不想杀刘邦？

（以上两项内容共占1课时）

3. 教师和学生在网上上传相应资料，模拟角色，重述故事，提交作业。

（1）网络作业说明。

同一个事件有不同的讲述方式：以第三人称，叙述者有时充当的是全知全觉的角色，对事件作客观的叙述；以第一人称，叙述者作为事件的亲历者，将拥有自己的视角，在事件过程中融入自己的理解与感受。请选择《鸿门宴》中的一个主要人物（如刘邦、项羽、张良、范增、项伯），从他的角度，用第一人称，重新讲述"鸿门宴"的故事。请充分结合课文，言而有据，推断合理，不提倡戏说。

此项作业要求学生在忠于原作的基础上，创造性地重新组织材料，了解人物之间的关系，换位思考，把自己置身于事件之中，体会当时的情势，充当其中的一员，揣摩细节，添枝加叶，或还原场景，或深掘心境；期待学生有出人意表的联想与发挥。

（2）相关资料补充。

补充主要分两类：一类是关于"鸿门宴"在《史记》的不同传记中的叙述。这些讲述为突出不同人物，在写作中是有变化的，综合在一起阅读，可以在细节比较中多角度了解一个事件的样貌。另一类是关于在"鸿门宴"中出场的各个主要人物的传记，便于学生对人物性格有较全面丰满的认识。材料取材自《史记·高祖本纪》《史记·项羽本纪》《史记·留侯世家》《史记·樊郦滕灌列传》。

在提供材料时分别有纯原文版和校注版，希望能给学生选择的空间。时间不够充裕、阅读全文有些吃力的学生，可以选择篇幅较短的片段；有求知愿望、程度较高的学生，想了解其中人物，也能获得满足。

数据上传至"资源共享区"，学生们可以参与补充。

4. 网上相互点评。

（以上两项为作业，在课外完成，约4天时间）

5. 课堂讲评。

我认为，讲评的同时也是进一步的阅读。由于改写了一遍，学生对文章都比较熟悉，讲评就比较顺利。

讲评主要针对学生在完成作业的过程中的得与失进行，如细节的把握、人物心理的拿捏等。

当然也有学生在书写时取巧，找来相关翻译，复制其中的一些文字，替换一下主语，一篇有完整情节的作品便诞生了。但完整不代表完美，文中缺少想象与创造，这其实是缺少内心体验的外化。从学生在网上的相互点评看，此类作业多遭冷遇，这本身就是一种无声的批评。而某学生精心营造的深刻描摹局部细节的一笔，总能在其他学生的点评中受到肯定。再有，选同一人物的学生各关注几个细节，凑在一起，人物便会更加丰满，交流的价值就体现出来了。

（此项内容共占 1 课时）

三、课后反思

从学生提交的作业中，能发现题目本身的局限性。在原来的设计中，我只想到了鸿门宴的主要参与者：刘邦、项羽、张良、范增、项伯。但在执行时，学生的取材范围大大超出了我原先的预想。他们在虚拟课堂里八仙过海，各展所能，随时相互观摩，相互借鉴。为避免与他人重复，有人不惜"剑走偏锋"。除上述主要人物外，学生们创造了樊哙版、项庄版、曹无伤版，主人公还有鸿门宴前夜刘邦帐下的小卒、楚汉相争时项王营中"话说从前"的老兵、垓下被围"霸王别姬"时回顾往事的虞姬，甚至项王腰间的宝剑、刘邦所献的美玉，都成了故事的讲述者。在历史的回望中，将人世更迭、风流云散，款款道来，可谓虚实相生，匠心独运。在惊喜于学生们活跃的思维的同时，我们会发现，其实学生们从来就不缺少这样的创造力，要反思的倒是，我们是否为他们提供了展现这样的创造力的机会。

《鸿门宴》操作是诸多课文学习中的一例，我们还在网上组织了其他的多样化活动，如为范爱农、祥林嫂作传；替《祝福》中的"我"记日记；开展《前赤壁赋》与《后赤壁赋》的比较阅读赏析；为玛蒂尔德画心理变化曲线图；寻找"在寂寞里奔驰的猛士"；介绍最佳墓志铭；走近思想者；课本剧演出前对自己扮演角色做说明；为文章加旁批；结合文章片段做点评；续写、补写……当然更多的，是学生们自选角度的感想与评价。在课文学习中，我们格外珍视学生的初读体验。学生在网络平台上开展的初读体验的交流，一方面使有些浅近的问题在相互启发中自然获得解答，另一方面也便于教师更充分地了解学生的已知与未知，从而在课堂上有针对性地解决学生的问题，提高堂课的效率。

在实践中，有一种认识日渐清晰，那就是：一篇一篇的课文是我们教学的起点和凭借，但不是教学任务的终极，因为文章其实都不存在终极解说，对文章的感悟会随着经历、阅历的丰富不断改变；而带动学生主动地加入更广泛的读写实践中，不断地积累言语实践的经验才是我们着力要做的事。我们认为，语文学习的关键在于学生能以较高热情，进行充分的阅读、思考和写作。如果没有学生积极主动的参与，没有大量的读写实践打底，就难以充分认真地吸纳人类的智慧与精神的营养，难以丰富个体的生命体验，结果只是培养了一些有一点儿知识，却缺少人文情怀的"两脚书橱"。

（2）以专题学习为出发点。

我们认为，语文教学任务完成的标志不是单纯地指向一篇篇课文的讲授，教学的目标不应只集中在教材所提供的"这几篇"，而应创造更多的机会，让学生接触"许多篇"，让精读和泛读有机地结合在一起，将学生的个体体验融入其中，让学生之间有足够的经验的沟通与交流，共同分享优秀的学生创造的优质资源。

千古酬唱

在古代诗歌专题学习时，我们开展了"千古酬唱"的活动，我们在全年级范围内利用各班的网络平台，请学生们一同分享自己与诗歌的故事，结合自己的生命体验，还原诗境，解读诗歌。

活动设计和实施过程并不复杂，一共分为如下 6 个步骤：

1. 在班级论坛上创建论题及导语（见图 5-8）。

诗意生活之"千古酬唱"篇

有时候，喜欢一个人，说起因缘可能很简单；有时候，喜欢一首诗，说起理由一定不一般。来吧，让我们静下心来，好好读读诗，让诗带我们进入唐代。

主题数：41　回帖数：61

图 5-8　"千古酬唱"的论题及导语

2. 解说论题。

生命是一次次的遇合：孔夫子遇见泰山，陈子昂遇见幽州台，李太白遇见黄河，白居易遇见刘十九，一旦相遇，生命的情境就不一样了。

生命里又充满了等待：林中的清风、谷里的冷泉、山间的松涛，天上的流云，在等着与我们的肌肤、唇舌、双耳、明眸相遇，一旦相遇，生命的感受就不一样了。

千年前的那些诗句，也在等待着我们去解读、去拍案、去唏嘘。

请你将"那一首古诗"摘录下来，与大家分享。然后，写一段文字，说说你与诗句的这一次邂逅，实现这"千古酬唱"吧。

具体建议与要求：

第一，原诗全文摘录，附上作者（包括朝代）。文字请仔细校对。

第二，"千古酬唱"的内容和形式可以很自由，很个性。

例如，你与它第一次相见的情景，那时，它是如何进到了你的世界；你将"那一首古诗"推荐给大家阅读分享的理由是什么；你能对"那一首古诗"作些分析评论吗；哪怕你就精心推介诗里的一两个亮点也是好的；你也可以说说自己现在重读时的新的体验呀；或者，你就设身处地穿越时空身临其境还原一下当时当事当情当境；你可以就诗人说诗歌，也可以就诗歌说诗人嘛……

例如，你可以像学者那样评论，也可以像诗人那样唱和；你可以像散文家那样描写抒情，也可以怀一颗被感动的心去向别人倾诉，还可以穿过时光隧道去与诗人对话……

总之，只要是肺腑之言，都是精彩的。

第三，教师还要以小人之心提醒各位君子：万不可照搬他人的评论和他人的体会，请用自己的心，读自己喜欢的诗；也请用自己的笔，抒写自己真实的体验。字数不限，尽兴为宜。完成时间：11月30日。帖子标题，自拟，希望有文采。

我们将择优编辑成书。希望大家认真完成，为自己的诗歌阅读，留下美好的印记。

3. 教师完成诗歌专题的教学，授课中注重给予学生诗歌鉴赏方面的切实指导。

4. 学生在网上完成任务，并在网上和其他学生互动交流。

5. 年级汇总各班推荐的优秀作品，印发小册子，作为寒假阅读材料。

6. 精选其中优秀作品，在校刊《流石》上发表，以资鼓励。

下面摘录两则学生的作业：

作业一：

从李清照后期的词中，我能清晰地听到那穿越时空的哀叹。

时光悠悠，古人们经时间沉淀了的情感看似那么遥不可及，我们似乎无从接触那些已经逝去了的人们的生活。然而诗词架起了我们和古人心灵的桥梁。诗词之所以被千古传唱，之所以永恒，是因为它所诉说的情感是人类永恒的话题。

不禁想起了韩老师开学初讲《氓》的时候引的华兹华斯的一段话：

卑俗的山歌俚曲，现今日常熟悉的事情，天然的悲苦和伤逝，过去有过，以后还会有。

……

诗歌的魅力便在于此。它们经岁月的洗礼，充满着沧桑与淳厚，同时给予不同事物以特定情感基调。例如，李清照词中的一个"酒"字就道尽了无限的愁思。雁给人以无名的哀伤。梧桐使整个画面充满萧索。明月虽美却总是更添人的寒意与悲怆。黄昏时落日多壮观，但黄昏总象征着尽头。诗人将自己的情感与这些事物相联系，以物抒情。于是这些原本无情的事物变得情感十分丰富，这些象征为后人所传用，也就形成了事物的情感特征。

……

人在不同阶段写出的东西是不一样的，当然其厚重程度是和人生阅历成正比的。当我们还没有足够丰富的人生经历积淀出一篇佳作时，我们便可借古人的诗作来丰富自我。

作业二：

读《回乡偶书》时，总会不自禁地想起另一首诗《感时》——"郁郁东山草，幽幽四月心。秋风一夜至，何处问乡音。"发帖之前，我是这首诗的唯一读者——作者是我爸。

两首诗都提到了乡音——还另有多少的思乡诗寄情于此！乡音，是故乡在一个人身上留下的不可磨灭的印记。这样说来，我，还有这里的大部分人，似乎挺可悲的：念叨着家乡，但未有过乡音。我们心中的故乡又在哪里？《感时》中的乡音于远在异国的父亲，是汉语还是特指家乡话呢？似乎都有道理。我没有问过父亲，但我偏向后者。陪伴父亲在德国度过的那个暑假里，常听他谈起故乡的一草一木：春天，山中的野果是如何让人垂涎；秋天，河里的鳜鱼又是如何肥美。记得他曾说过，他最大的愿望，也许，还是一生的愿望，就是再吃一口老家的五月子(一种野果，不多见了)。漂泊时，父亲思念的不仅仅是自己的国家，且能精确到家乡，满腔愁绪。但父亲似乎还是幸福的。起码，他明确地有一个家乡，有一个值得思念、寄托情感的家乡……

反观自己，家乡是什么？一直很坚定地相信，我的故乡，就是淝水畔的肥西。可前几日有人问我这个问题时，我一时语塞。户口本上的那个家乡对我终究是有亲和力的，但那种亲和力，时时显得有几分若即若离，有几分飘忽；我同那个家乡的亲人也是很亲的，但若在漂泊时，先想到的似乎还是北京的姥姥姥爷；那个家乡的乡音我也懂得，但完全不会说，倒是北京话尚能扯几句……我的家乡，究竟在何处呢？

前一个例子大气深邃，借易安词中的意象，品味诗歌的情致，领会诗歌的规律；后一个例子细腻而朦胧，借乡音的遥想，把古人离家的愁绪、今人失根的怅惘诉诸笔端。这些表述让我们一窥学生们的才情，在现实课堂的发言中难觅这般精彩。

应该说在我们这个有着悠久诗歌传统的国度中，每个人都会有与经典诗歌相遇的难忘经历。读诗，在我们看来更是对“文学性”的体味。沉吟涵咏的过程，正是怀想一种精神、感悟一颗诗心的过程。当诗人写下这些诗篇时，这些诗篇就开始了等待，等待后世知音的吟咏与唱和。而一旦邂逅了这些诗，时光就叠加在一起了。我们相信，古代诗人的遥远烛光仍然能点亮当代青年的诗情。

仅从两个班的统计结果来看，学生们就上传了古人的百首诗作，篇篇皆有阅读心得或故事。所涉及的诗人从先秦到明清，诗体也丰富多彩。图 5-9 是部分呈现：

百年孤独——《江雪》	读《为陈同甫赋壮词以寄之》的一点感受	《卖炭翁》读后感
感沧海桑田——《乌衣巷》	千古艰难唯一死——《题息夫人庙》	一瞬的永恒——《青玉案·元夕》
寒月冷霜的美丽——《霜月》	春花秋月还伤，是年年尤得	读《辛夷坞》
回家的路《回乡偶书》	幽幽离愁——《蝶恋花》	割不断 是愁情《卜算子·黄州定慧院寓居》
因为爱，所以醉——《花下醉》	臆想《将进酒》	声声慢

图 5-9　学生上传的古人诗作

借助这一专题性学习活动，利用网络强大的展示和记录功能，我们很便捷地汇集了全年级的精华，编写了寒假阅读材料——古诗读本。在这里，诗歌不是机械背诵的篇目，而是生命诗情的一部分了。我们欣喜于这么多生动、活泼、散发着青春气息的专题性资源的汇聚与生成。而学生们看到那么多优秀诗词，在那么多同龄人的心田里，埋下了美丽的种子，也会努力让这种子在自己的心田里萌芽吧。

由此，我们确信，教学资源不是教师的专利产品，学生的加工创造总会为教学提供不竭的新鲜涌动的源头活水。

（3）以某一语文活动为出发点。

这里的语文活动，指的是在一段时间内组织学生参与的语文学习实践活动，历时较长（一个月以上）。为写作做必要的准备，让聪慧之心肯下一些迟钝功夫，是我们设计这些语文活动时的考虑。所以，教师们会想方设法创设机会让学生以深研的态度为自己的写作做一些扎实的功课，要么指向阅读，要么指向生活。写作素材的搜集不能靠背"论据大全"，而应从扎扎实实的阅读与实实在在的生活入手。我们相信，文章的"生动"不等于一定要有戏剧性，"思想的深刻"也绝不是说些貌似含有哲理的空话大话。凝神观察大千世界、敢于直面自己内心才可能拥有真正的深入，才能带来真正的深刻。深入与深刻其实更多地体现在学生对自我思想与周遭生活的开发上。鲁迅先生曾以博大的心怀说过："无穷的远方，无数的人们，都和我有关。"我们认为，一个人精神的疆域是否深广，取决于他关注的人与事的领域是否广博。他拓展的领域愈阔大，他思维的格局便愈开放。语文的学习也需要我们不断创造机会、提供养料，用这养料来营养人格与精神。

身边的陌生人

为配合报告文学单元，我们想，也可以让学生们写一写吧！于是有了"身边的陌生人"的设计。

一、题目说明

"身边人"——

这个人，你可能认识，甚至熟识；当然你也可能不知其名姓。

这个人，你可能天天见，甚至时时见；当然更可以同在一个屋檐下。

这个人，可以很平凡很普通，甚至还有些卑微；当然也可以满身光环，名震天下。

总之，他生活在你的身边，生活在你的视线里。

"陌生人"——

这个人，你只看到他的这一面，而你又很想了解他的那一面。

这个人，你似乎知道他的一切，但又并不确定是否真正了解他。

总之，你从未真正走进他。

他正真真切切地生活在你身边，他可以是具体的"一个"，也可以是具体的"一群"；他的个性和追求也许正代表着你的个性和追求，从他身上，你也许可以发现一个时代的踪迹，甚至一个时代的呼唤。

二、实施流程

1. 将本次活动的题目和导语上传到"班级论坛"。

2. 要求学生自由结组（组员不超过 4 人），确定采访对象。在班级论坛公示。

3. 借助论坛空间，小组讨论商定采访计划，包括如何顺利达成采访目的，上传所拟定的采访提纲，初步设想采访后作品的主题方向。

附：写作准备阶段，指导自己思考的问题。

(1)我们为什么要选这个人？

(2)这个人为什么对我们很重要？

(3)关于这个人，我真正想说的是什么？

(4)我可以借助什么方式了解这个人，是直观观察，还是借助参考数据(作品、上网查阅)，或是访谈(本人、同事、亲朋、其他)？

4. 完成采访，并根据采访录音，完成采访实录，要求尽量不做修改。上传至"班级论坛"。思考：我可以使用什么方式组织我的素材？

5. 根据采访素材，完成一篇报告文学。上传至"班级论坛"。

6. 润色、修改初稿。上传至"班级论坛"。

7. 评选优秀创作小组，请该小组主创学生在班级中交流本次活动的感受。

8. 将各班选出的作品结集，要求学生写创作后记，并请本组采访对象写一段受访感言。

三、设计导向

1. 立足于教材中的报告文学单元，将课内教学和学生创作有机地结合在一起。

2. 注重引导学生关注现实、关注人生。素材主要来自鲜活的生活。

3. 注重小组配合，让学生加强现实中的沟通和碰撞。

4. 注重引导学生对素材进行艺术加工与处理。

我们来看看学生们都关注到了哪些人：

李为民，1954 年出生，是家中的长子。小学时候随父母去到甘肃天水，高中加入甘肃省歌舞团，只身前往省会兰州市。20 世纪 70 年代末，他参与了舞剧《丝路花雨》(饰演主角伊努斯)的排演，并在首演后的七八年时间内进行了世界巡演，拍摄了电影《丝路花雨》。退出舞台后，他先后做过制片、导演等工作。现定居广州。

林阿姨，1958 年生人，河北乐亭人，务农。42 岁以前，一直生活在乐亭县白水村。后因偶然机会携家人来到北京，从事烤串生意，至今已有 10 余年。

曲先生，一生十分坎坷。曾从老家山东辍学，只身一人流浪东北；曾毅然决然放弃高考，选择闯荡北京；曾在考场与生活之间奋斗五年，最终成为北京大学的研究生……十几年之后的今天，他终于在无数次选择与顿悟之后，收获了难得的平静，现为一家琴行的店长。

万秀丽，流浪歌手。26 岁，广西象州人，16 岁退学，18 岁只身前往深圳，成为富士康工厂流水线员工，20 岁时与吉他结缘，开始了音乐追求。后赴云南卖唱。2009 年转战浙江，参加流浪歌手聚会。2010 年来到北京，现在在北京繁华的商业区之一西单卖唱。

这是一群服务员，又不同于传统意义上的服务员，制作标准化的产品，为顾客带来个性化的服务，他们来自星巴克。身着绿色围裙、黑色 T 恤，能够展示给顾客的只有独特的性格。

小陈，小卖部"部长"，原本是四川的一名普通农民。20 世纪 90 年代初，"打工热"兴起。在一位于北京上大学的朋友介绍下，放弃了种田，来北京打工。最初在北京 156 中学管理游泳馆，现在在北京四中管理游泳馆和小卖部。因为很喜欢大城市的生活，而且收入相比种田也较高，因此选择留在北京。

尚慧娴，1938 年生人。祖上为河北保定经商大族。少年离家求学，此后一生辗转，历经离乱。膝下仅有两女。晚年与老伴定居天津，后迁至北京。2009 年老伴去世，与长女一家生活至今。

学生关注的对象分布在社会的各个阶层，从成功人士到弱势群体。通过采访，学生们了解了不同群体的生存状态、过往经历，从受访人的回忆与讲述中感知着时代的风云变幻、人世的悲欢离合，知道了生存的艰难与生命的坚忍，生发出"这些人其实都和自己有关"的认识。

正式写作之前，要把录音整理成采访实录，这是一件有些枯燥、让人备感痛苦的事情。但材料的搜集，是写作前的必备。不全面地占有材料，不精心地筛选材料，写作便难以深入。这一过程的终极目的，是让学生真正知道自己了解了些什么，还需要知道些什么，这会帮助他们更好地把真正有价值的东西筛选出来。

借助网络平台，我们如实地记录了学生为这次写作所做的大量案头工作。从一次次提交的作业中，我们看到了一篇篇文章由碎片走向完整，并不断趋向完美的全过程。学生们在操作上既相互借鉴又规避着雷同，透明的操作也激发了学生们创新的热情。

还是透过学生的后记和受访者的感言来看看这次活动给学生们带来的收获吧。

后记一：

"身边的陌生人"的报告文学写作对于我这样文笔不堪、措辞粗陋的人来说，是一次不小的挑战。不仅此前对"报告文学"之概念一无所知，而且从被采访对象身上挖掘材料的难度也大于其他小组——由于一些原因，被采访的两位"部长"都朴实少语，不善辞令，羞于表达。显然，他们比起那些平时在讲台上早就能做到不打草稿、高谈阔论的明星老师，以及同学们家里饱经风霜、记忆力超群的亲人，要更难采访。

这就需要记者们和他们攀谈、熟悉乃至相互信任，这是一个从形同陌路的陌生人走向知无不言的朋友的艰难历程。在这个历程中，两位记者——老马和小厉都付出了巨大的努力，他们牺牲了大量休息时间，从运动会第一次采访开始，到近几天活动终于告一段落为止，谁都数不清他们在小卖部的窗外、在凛冽的冬日寒风中站立了多久。在此，向他们致以诚挚的慰问和感激！

采访难，写作更难。我们经历了前后三个不同的版本，才最终使这篇还散发着油墨馨香的《"部长"的一天》成形。从最早我主笔《永远的"部长"》，到老马亲自操刀《子望今朝毕荣发》，再到糅合前两者精华，摒弃前两者糟粕，又加以打磨加工之后写成《"部长"的一天》，这一过程可以说是一场艰苦卓绝但又富有趣味的战役。

……

后记二：

很久之前就想写姥姥了。她是我心中古怪的人，我甚至对她有怜悯之情。我知道用这样的词不太合适，然而这的的确确是我心中真实的感受。

之前在作文中写过姥姥，然而那毕竟是短短的八百来字，怎么能把一个人一生的痛苦和挣扎道尽呢？随着我越深入地了解她，我越能切身地感受到那种无奈和挣扎。

写作的过程中遇到了很多困难，最大的困难莫过于姥姥的不配合。她的闭塞和孤僻不允许我对她做这样一个剖析过往的采访。也许我在一开始只打着聊天的旗号而不明说是要写文章可能更容易些。最后她还是在我和妈妈长时间的开导和劝说下敞开了心扉，开始向我诉说她的故事。

听着来自她苍老的声音的讲述，我手下速记的同时心里酸涩渐起，成文之后回顾一遍竟泪流满面。我无法为姥姥多做些什么，只能用平凡的文字将她一生的欢喜与悲苦道出一二，但也仅仅是一二罢了。

受访者感言一：

其实，今天你听我讲以前的事情，是非常有益的。那段日子，说了，你就了解了，可能还有所感悟；不说，你以及更多的后辈人就永远不会知道了。到了我这个年纪，有时想了解一下我父辈的事情，却再也没有机会了。现在人们总说，每代人之间都存在着代沟；但我觉得，这并不是人与人之间、心灵与心灵之间的阻碍。倾听与沟通，是这个快节奏的时代所缺少的。那些最伟大、动人的思想是亘古以来便存在，且悄然在一代又一代人中流传下来的。我们能读懂古书，理解先哲的思想，我们也定能从与长辈的交流中，寻得一些有益而光明的启示。

受访者感言二：

我还是希望在学生时代的青年，能真正珍惜青春、珍惜时光、珍惜机会，选择适合自身年龄的"作为"。这从经济学角度来说，可使自身人生的成功成本降低、代价减小、时间缩短。如今的社会处于市场经济的大发展中，讲究的就是竞争，而竞争就要考虑收益和成本的问题。人的成长也应该做到成本低而收益大。当然，人的成长成本不仅是经济成本，还有时间成本，如青春等；而收益不仅是经济收益，还有快乐、知识、阅历等，总之是多元化的。

通过上述活动，也让我们认识到，在活动中可以极大地锻炼学生的团队协作能力、与人沟通能力、处理突发事件的应变能力、换位思考体察他人心境的能力。轻松、谐谑，是一种快乐；面对困难，乐观以对，知难而上，迎接挑战，最终攀上以往未曾到达的高峰，恐怕能体会到更大的快乐吧！

我们还组织学生开展新诗欣赏与创作活动、"偶遇"的小说创作活动等。在组织学生开展这些语文活动的过程中，我们大体上摸索到了一种较为合理的操作流程，即阅读、采访、调查（占有材料）——初步写作（串联整理材料）——交流（相互启发）——再度创作（修改、凝定、提升）——评议与反思（鼓励）等。在这一过程中每一个个体都能有属于自己的个性化的提升，而相互交流中也使高手脱颖而出，受到嘉奖与激励。

也许学生们的成长各不相同，但我们用一次次语文活动保持着学生对语文的喜爱。如果每个学期都有这样一个有质量、有深度的语文活动，形成学生学习的热点，将会帮助他们葆有求真、求善、求美的热忱，用平台引领着他们去发现自己、发现他人，也帮助他们积淀一些独特的经历以作为人生的财富。

（4）以学生生活感受为出发点。

学生言语实践活动不应只是与学习相关的那一点。广阔的生活，都应该是学生言语实践的天地。叶圣陶先生说："写作是一件极平常的事。"学生的阅读和写作，就应该与他们的日常生活紧密地结合起来，与他们的个体生命体验结合起来。很多时候，人与美的邂逅需要机缘，而教师对学生思想的启迪也需要机缘。网络平台能不受时空的限制，适时地捕捉时机，渗透到平时的方方面面、生活的角角落落。在满足学生的情感需求的同时，要给他们更大的空间和更多的时间去充分地倾听、交流、思考和表达。

从惊蛰到清明，恐怕是大自然一系列物候变化最剧烈的时段了，一切从冬眠中苏醒，但我们似乎总是无从知道柳树上的第一片嫩芽是在什么时候萌生，不知校园里的第一朵玉兰是在哪一天绽放。过去诗人会去郊外赏"绿柳才黄半未匀"的早春清景，今天我们则常常在感叹"春天来了"的时候发现春天其实都快过去了。

于是，我们给学生们布置了如下作业：用相机和键盘记录春天是怎样一步一步地向我们走来的。提醒学生们可以多角度多方位地观察，也可以凝神在一株草、一朵花上记录其迎春的全过程。

在"班级论坛"里，不仅有与现实紧密衔接的"时事快评"，还有随机随缘而来的论题：放假了，在网上晒晒属于自己的"假日里的一点'特别'"；清明节时建议学生与父母谈谈我们祭扫的先人，聊一聊家族的往事，了解一下我们从何处来；更有每年的保留节目——"我的2009""我的2010"……在岁末整理一下一年来走过的日子，因为日子没白过的标志是"记得"，在这一刻，盘点一下岁月在记忆里留下了什么。

有学生这样写道：

"每到年底的这一篇文章，是我用一年的时间去酝酿的，不是用笔，不是用脑子，是完完全全用心而不带一点技巧去写的一篇文章。"

我们希望语文的学习活动是与自然同步、与学生的生活同步的，我们也希望"交流与回顾"在学生走出校园时还能成为他们的一种需要与习惯。这般真诚的写作正是我们所追求和期待的吧，我们无比欣喜于这样的状态。

2. 虚拟课堂的特点与问题

总结虚拟课堂的特点，我们筛选出如下几个关键词。

第一，跨时空。相对于现实课堂的一间教室和每周固定的几节课（每周语文课为5至6节），虚拟课堂的最大特点就在于打破时空的限制，在师生间和生生间建立起一个自由交往的平台。

第二，公平与透明。相较在现实课堂中有限的发言机会，在虚拟课堂中，每个学生都享有均等的发言机会，并且信息技术对信息的快速处理，使所有发言都能让班级每个成员看到，极大地方便了相互间的交流，其透明性也令使用者多了一些规避雷同的追求。

第三，交互与共建。公开发布的帖子要接受众人的审视，不像以往上交的作业只接受教师一个人的审阅与评判。另外，在开放的网络资源面前，师生平等地成为资源的共享者，而师生与生生之间的互动，本身就是鲜活的生成性资源，使师生成为资源的共建者。

第四，个性与选择。教师在虚拟教室设定不同的论题，便于体现对不同程度的学生的差异化要求，以满足不同独立个体的个性需求，给学生提供较大空间，便于他们依据自身情况做出判断与选择。

第五，诊断与记录。网络内容的呈现，便于教师获取第一手资料来了解学生的问题与困惑，为进一步答疑解惑提供了宝贵数据，使教师原来主观的预设有了现实的依据。网络强大的储存和提取功能可以如实地记录学生学习及教师教学的过程，便于教师更有针对性地开展教学，并由此使过程性评价成为可能。

当然，虚拟课堂也有随之而来的问题，如信息的繁杂与内容的良莠不齐等。

我们并非要用虚拟课堂取代现实课堂，师生、生生之间面对面地交流、一笔一画地书写，都是绝对必要且不可替代的。但在开展虚拟课堂与现实课堂的互动互补的实验中，信息技术的支持帮助我们打开了思路，也转变着我们的观念。在实验的过程中，我们认识到：我们要面对的，不只是技术的问题，更不是知识的问题，而是如何认识学生、认识教学规律的问题。我们知道"双课堂"结合的教学模式不能一劳永逸地解决所有问题，但作为一个突破口，却值得尝试。

3. 研究阶段

第一阶段：梳理与凝定（2008 年 5 月—2009 年 1 月）。

长达 4 年的针对"信息化与语文学科整合研究"项目的构想论证与预实验，为我们积淀了非常珍贵的第一手教学经验与资料。回顾这 4 年，不仅仅是一种情感投入的慰藉，更是一种科学理性的分析。四中语文组项目团队仔细地梳理分析了预实验中各个专题实验的过程及成果，把好的经验总结记录下来，对失败的经验探求原因，力求在最短的时间内以预实验为良好坚实的基础，全面推进此项目。

在第一阶段中，项目团队除了对预实验进行详尽审慎地分析，还将现实课堂与虚拟课堂整合的教学模式凝固到常规教学中。团队中每位教师有 30％的常规教学内容通过"双课堂"整合的教学模式来完成，努力地让"双课堂"整合的教学模式成为教学常态。

项目团队研究构建了为期 3 学年（6 个学期）的创新式"双课堂"教学模式的课程内容。

第二阶段：实施与拓展（2009 年 3 月—2012 年 1 月）。

这一阶段是实验的攻坚阶段，在这 3 年中，项目团队教师按照既定的课程规划，主要从三个方面，以"双课堂"的形式作了细致全面的推进。在执行过程中，不断地生成新的思路与经验，不断地对项目本身进行完善和修正，使得项目的进行越来越顺畅。

一是以分析教材为核心的"双课堂"模式的语文常规教学。

无论是传统教学方式还是创新性的"双课堂"整合教学方式，教材始终都是教学进程中的重点。项目组教师在常规的现实课堂语文教学中，合理地将虚拟课堂引入，对现实课堂形成了有益的补充与延展。在项目推进过程中，教师们不断总结经验，认识到"双课堂"模式下的常规教学重点是教师问题的设定。清晰明确的问题设定，是现实课堂与虚拟课堂有效整合的首要保障（见图 5-10）。

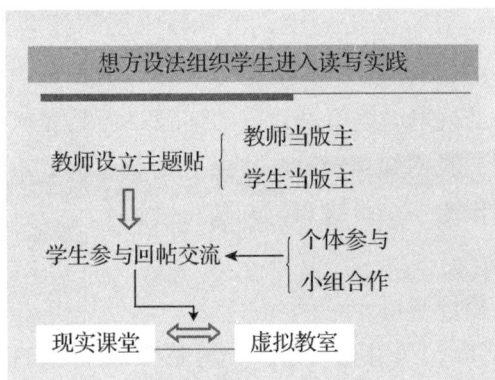

图 5-10　"双堂课"模式

在这一方面的探究中，出现了一大批优秀的教学案例。例如，《竹林的故事》《庄子寓言四则》等案例，在全市乃至全国的会议上作为经典案例做经验推介。

二是与教材内容相关的纵深延展性阅读与写作专题教学。

根据本校学生的语文学习实际水平及其发展规律，我们结合以往的教学经验，依据高中三年每个学期各自的教学重点，计划完成相匹配的不少于 5 个的大型专题读写活动。这些活动既有各自的侧重点，又有内在的关联，使我们针对高中阶段的教学设计呈现出系统化的特性。

在这三年中，多位项目教师的教学专题取得了突破性的进展。一批教学成果在国际、国家级会议上被推广示范。例如，韩露老师的"偶遇"专题，杨志刚老师的"身边的陌生人"专题，尹强老师的"《论语》研修专题"。

三是在教材之外的融入学生生活的创新性教学专题活动探究。

语文教学总是要贴近学生生命个体的，由他们最心动的感悟入手无疑是最好的教学方式。我们希望语文的学习与自然同步、与学生的生活同步，我们也希望"交流与回顾"在学生走出校园时还能成为他们的一种需要与习惯。于是，项目教师利用虚拟教室这一平台设计了一些融入学生生活的语文活动。

在这一方面的研究中，"留住春天"这一生活化创新教学专题在北京市乃至全国的会议上被专门推荐介绍。"我的 20××"这一创新写作专题深受学生们的喜爱，甚至他们在毕业后仍然保留着年终梳理回顾的习惯。

第三阶段：总结与反思(2012 年 3 月—2013 年 7 月)。

在这个阶段中，我们主要从两个角度进行总结与反思。

第一，项目教师依托虚拟课堂的记录优势，引领学生对过去近三年的学习情况进行梳理。通过对以往读书写作的回顾反思，温故知新，凝定读写素材，生发新见新知，体会成长中的复杂情感，深化对事物的理解与体验，保持写作的热情。帮助学生整理优秀的文章，汇编成一系列能体现学生个性发展、人文素养提升的作品成果。

第二，项目教师通过多次项目会议对过去 3 年的项目进程进行梳理与总结，反思项目中存在的问题，并提出解决方案，准备在今后的教学实践中进行完善。项目教师整理有价值的教学成果，并集结成册，为下一阶段的教学实践做好充足的准备。

4. 主要成果例说

我们以举例的方式对本课题研究成果加以说明。

(1)明确了以转变教学方式培养自主学习能力的教学改革目标。

传统教学多以教师教、学生学为主要方式，这样不仅会使语文学科丧失"趣味性"的特质，更难以培养学生自主、合作、探究式的学习能力。本课题的目标就是针对上述教学现状而提出的，通过"双课堂"整合实验探究，取得了很好的效果。

试以"第一人称版《鸿门宴》"教学设计为例：

《鸿门宴》是一篇篇幅较长、故事性较强的文言文，为了带动学生自主阅读、思考、表达，我们在"虚拟课堂"中设计了一个论题：《鸿门宴》第一人称叙述版。

具体要求：请选择《鸿门宴》中的一个主要人物(如项羽、刘邦、项伯、张良、樊哙、项庄)，从他的角度，用第一人称，重新讲述"鸿门宴"的故事。

学生们为了这次创作积极研读课文，互相提供背景资料，提交的作业大大超出了我们的预想，异彩纷呈。他们的作品叙述视角多样，甚至有了曹无伤版、樊哙版。其中，韩冬同学以"楚汉战争老兵回忆录，楚老兵回忆鸿门往事"的角度讲述故事，用倒叙的方式将故事的时空拉开，有历史的回望，也符合第一人称的要求，可谓匠心独运，行文中模拟的评书的语气，颇为传神。我们认为，这一项作业有价值，它改变了传统的教学方式，激发了学生的创造力，培养了学生的自主学习能力。

(2)搭建了以信息化为依托突出学生主体地位的创新教学平台。

以信息化为依托而建立的虚拟课堂能够提供一个新型的教学平台。在这个平台上，针对同一次教学活动，教师可以发布多元的可供不同层次学生选择的题目，学生则可以根据自身的实际完成学习任务。

试以"《庄子》赏读"结题设计为例，见表5-3：

表5-3 "《庄子》赏读"结题设计

类型	备选选题	备选导语	学生实际题目
创作型题目	昨夜，梦见了庄子	你遇见了庄子，和庄子有怎样的"故事"发生；还是别人遇见了庄子，你是个旁观者？你要写的是散文还是小说抑或剧本呢？	《蝶恋花》 按：该文以蝴蝶和花对话的童话形式，传达了庄子追求心灵自由的思想。

续表

类型	备选选题	备选导语	学生实际题目
创作型题目	庄子的日记	庄子如果也写日记的话，应该是什么样的呢？	《庄子妻子的日记》 按：对导语有突破，以"庄子妻子"为叙述视角。
	我与庄子论"逍遥"	《逍遥游》是《庄子》的名篇，也是表达其主要思想的重要部分。《庄子》逍遥义究竟所指为何？郭象和支道林等后人又是怎样理解的？你自己是怎样为"逍遥"下定义的？你的逍遥观又是什么？	《逍遥一曲游天下》 按：该文简述了对《逍遥游》的理解。 《逍遥的庄子》
	《庄子》笔下的孔子	孔子在《庄子》中的出镜率非常高，其形象却与《论语》等儒家著作中巍峨高大的至圣先师大相径庭，他滑稽、执拗，仿佛成了庄子表达自己思想的传声筒。"这一个"孔子大概是你从没领略过的了，找出《庄子》中与孔子相关的语（段），谈谈你的认识。	《遥对的两座奇峰：庄子与孔子》； 《圣人 or 盗丘？——浅谈庄批孔》
自拟题目		如果上述论题你都不感兴趣，请自拟题目。	《智之魂》 按：该设计是关于庄子的一首诗歌。

上面备选的题目是从原有的 19 个题目中节选的。"创作型题目"有一定的难度，适合感性思维发达的学生选择；"研究型题目"难度最大，适合理性思维较强的学生选择；"自拟题目"是最宽泛的题目，也是难度最低的。三类题目，留给学生很大的选择空间，且题目难度不在同一水平线上，充分体现了信息化虚拟教室平台的优势。在这次教学活动中，学生真正成为学习的主体。

（3）践行了通过虚拟课堂整合现实课堂的"双课堂"教学模式。

虚拟课堂不能代替现实课堂，而是现实课堂的有益补充与深度延展。虚拟课堂与现实课堂的整合，可以极大地弥补现实课堂时间及容量的不足，可以随时记录下学生的学习轨迹。

试以《祝福》教学设计为例：

第一，利用虚拟课堂完成预习内容（见表5-4）。

表5-4　虚拟课堂中的预习任务

姓名：尹强 昵称：头狼 星值：7742 级别：冥王星 主题：42 回帖：17	请同学们梳理一下文章结构，根据文章内容，整理一份祥林嫂年表。 主要内容结构包括：时间、地点、发生事件、我的点评。 注意： 1.仔细抓文章细节。 2.在前面同学的基础上，补充细节。 3.与其他同学最大的不同就是你的精彩点评，不要放过。
	[楼主]Posted：2011-05-28　24：44：03

第二，利用现实课堂进行深度的课程解读。

课堂探究的核心问题：到底是什么杀死了祥林嫂？

第三，利用虚拟课堂进行文本的延伸解读（见表5-5）。

表5-5　虚拟课堂中的文本延伸解读任务

姓名：尹强 昵称：头狼 星值：7742 级别：冥王星 主题：42 回帖：17	有人说鲁迅的作品是灵魂教科书，每一个人的灵魂都在他的作品中有所诠释。他最好的作品之一《祝福》，为我们展现了一个灵魂修罗场。请在用心读过文章后，找出文章中一处最触动你灵魂的文字细节，谈谈你的感触。 注意： 1.标明课文内容与个人感悟。 2.用心读，用心写。 3.尊重自己的话语权，最好地展现自己的思考与才华。
	[楼主]Posted：2011-05-28　24：42：45

《祝福》是一篇很长的文章，由于虚拟课堂的介入，很好地支持了学生们的预习活动。学生通过这样的预习，较好地整理了文章的内容与结构，使得接下来的现实课堂中的核心问题探究进行更加顺畅，而之后的虚拟课堂中的延伸性探究，则可以锤炼学生思维，使之更加深刻。

(4)实施了突出语文学科特点和重视学生学习过程的评价机制。

传统语文教学中的评价机制大多是以成绩为核心构成的。而语文学科"读""写"为主的特色很难用分数来进行科学客观的衡量。开展虚拟课堂与现实课堂整合的实践研究，依托虚拟课堂可以极大地丰富和完善语文学科的评价机制，既能够实现过程性评价，也可以实现多样性评价。

例如，韩露老师的"偶遇"案例，就很好地体现了"双课堂"教学方式下的"过程性"与"多样性"评价。

教师引导学生依托"双课堂"整合开展了为期45天的写作专题"我和某某的一次偶遇"训练，有以下7个主要步骤：

第一，虚拟课堂中详细解读本次活动的理念要求。引导学生选定偶遇研究对象。

第二，要求学生研究偶遇对象，大量阅读相关的文章作品，完成一篇高质量的阅读笔记。

第三，结合读书笔记，完成本次专题写作，教师进行个性化点评与指导。

第四，虚拟课堂上引导学生欣赏同学的作品，并进行评论。

第五，要求学生结合上述阅读写作经历写一篇后记。

第六，要求学生自主组建评奖委员会进行"最偶遇"评奖。

第七，要求学生举办"最偶遇"颁奖典礼。

相比于传统作文教学教师打分评语的评价方式，本次"双课堂"写作专题从第二个步骤开始有评价机制介入，一直持续到专题的最后一项活动。评价方式也一改教师一人独揽话语权的方式，变成了教师评价、同学评价、自我评价、集体奖励评价等多元化的评价方式。此外，评价过程本身又是学习过程的一个组成部分。这样的评价机制极大地调动了学生学习的积极性，锤炼了学生的创造性思维。

(5)进一步完善了覆盖高中三年的可持续发展的创新教学规划。

我们的创新教学规划如表5-6所示：

表 5-6　创新教学规划

实施阶段	教学推荐课程	专题教学推荐课程
高一第一学期	1.《范爱农》 2.《游侠列传》 3.《断魂枪》 4.《唐诗八首》 5.《宋词五首》 6.《项链》 7.《窦娥冤》 以上课程选自北京市高中课改实验版语文教材必修一、必修二	"千古酬唱" 注：结合常规教学唐宋诗词单元开展的诗词鉴赏写作课程。
高一第二学期	1.《祝福》 2.《聂小倩》 3.《在马克思墓前的讲话》 4.《书信三则》 5.《外国诗歌三首》 6.《前赤壁赋》 7.《茶馆》 8.《竹林的故事》 以上课程选自北京市高中课改实验版语文教材必修三、必修四	"留住春天" 注：3、4 月间要求学生选定一株植物观察并记录。培养学生观察、写作、审美能力的专题活动。
高二第一学期	1.《归去来兮辞》 2.《逍遥游》 3.《套中人》 4.《铸剑》 5.《变形记》 6.《西西弗的神话》 7.《鸿门宴》 8.《信陵君窃符救赵》 以上课程选自北京市高中课改实验版语文教材必修五、选修一	1."身边的陌生人" 注：结合选修一报告文学单元，组织学生开展的报告文学专题写作活动。 2."史传单元"研修专题 注：结合选修一史传文学课程开展的拓展阅读的课程专题。 按：2 选 1

续表

实施阶段	教学推荐课程	专题教学推荐课程
高二第二学期	1.《子路、曾皙、冉有、公西华侍座》 2.《庄子寓言四则》 3.《呼兰河传》 4.《〈呐喊〉自序》 5.《鲁迅诗歌》 6.《兰亭集序》 7.《堂吉诃德》 8.《寂寞》 以上课程选自北京市高中课改实验版语文教材选修二、选修三	1."偶遇" 注：持续 2 个月，以"我和某某的一次偶遇"为核心，以拓展阅读为基础，开展的写作专题课程。 2."《庄子》选读专题" 注：结合选修二《庄子》散文内容，开展的拓展阅读与深化写作的课程专题。 3."《论语》研修专题" 注：结合选修二《论语》篇目开展的拓展深化阅读与深度写作的课程专题。 按：3 选 1
高三第一学期	1.《赤壁之战》 2.《林海雪原》 3."文言实词小站" 4."文言虚词小站" 5."重点字音字形分享" 以上课程选自北京市高中课改实验版语文教材选修四与高中语文备考指导	1."读书漂流" 注：学生以小组为单位，在同一部文学作品中先后留下文字批注与读后感悟，共享交流。阅读与写作课程专题。 2."七种武器 ——古诗鉴赏" 注：以虚拟课堂为依托的古典诗词鉴赏课程专题。 按：2 选 1
高三第二学期	1.《过年》 2.《云致秋行状》 3."成语擂台" 4."美文鉴赏" 以上课程选自北京市高中课改实验版语文教材选修四与高中语文备考指导	1."时事快评" 注：结合新闻时事进行的锤炼写作思维与语言的课程专题。 2."师生共读与回顾反思" 注：以梳理学生三年学习成果为主体的阅读与写作、感悟与反思的课程实践。

(6)刊印了体现促进学生个性发展人文素养提升的系列作品集。

我们认为，促进学生个性发展人文素养提升，需要有物化形态来记录与保留。所以，我们在很多教学活动结束后都刊印了文集，主要文集书影见图 5-11。

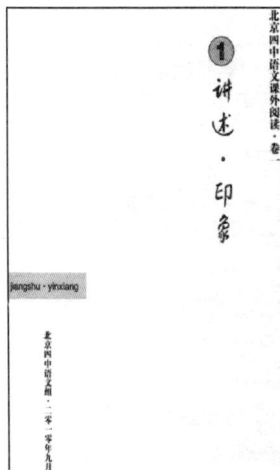

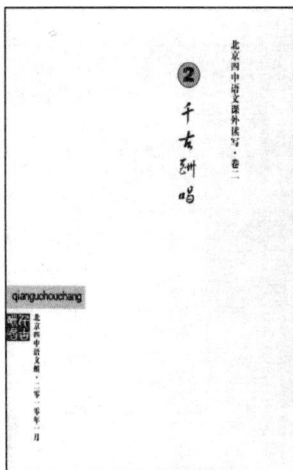

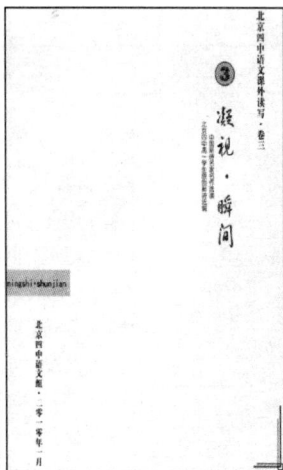

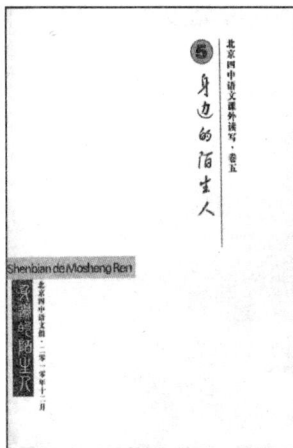

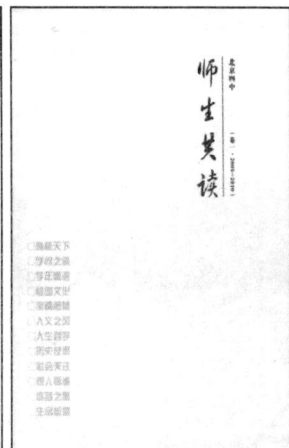

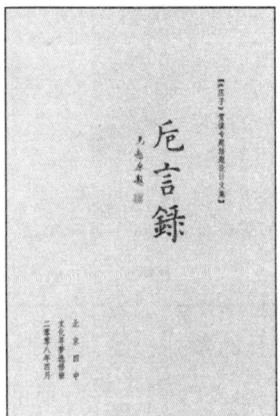

图 5-11 文集书影

(7)研究成果在本校得到广泛应用。

在课题组成员的带动下，我校语文组高中三个年级所有的教师都积极参与到研究中来，从有丰富教学经验的老教师到刚刚入职的新教师，都积极参与，互相启发学习，形成了风气，形成了规模。

最终形成了覆盖高中三年的大型专题语文读写活动 9 个，日常教学中的常态化活动 400 多个，融入学生生活的教学设计 50 多个。

(8)研究成果多次在北京市、全国，乃至国外得到推广。

课题组成员在各个级别各种场合做过多场关于本课题的报告，主要有：

2008 年 4 月，尹强老师在北京市"信息技术与语文课程整合研讨会"上做主题发言，北京市 200 多位语文教师与会，在北京市起到了示范作用。

2008 年 5 月，尹强老师、刘葵老师在"全国信息化与学科教学整合研讨会"上做专题发言，500 多位不同学科教师与会，在全国起到了示范作用。

2008 年 6 月，韩露、黄春、刘葵老师在北京市西城区教师进修活动中介绍"双课堂"实践。

2010 年 4 月，刘葵老师在中欧教育论坛发言，介绍北京四中的"双课堂"教学模式，本项目开始在国际教育中有了一定的影响。

2011 年 11 月，韩露老师在教育部组织的"基于网络的双课堂教学应用试点示范项目"启动大会上做主题发言，300多位不同学科的教师与会，在全国起到了示范作用。

2012年6月，尹强老师在首都师范大学组织的"基于网络的双课堂教学应用"课题大会上做主题发言，100多位不同学科的教师与会，反响热烈。

2012年4月，尹强老师课题组成员在北京市朝阳区教研中心组织的研讨会上做主题发言，150多位语文教师与会，反响热烈。

课题组成员尹强老师、杨志刚老师在清华同方教育研究院组织的"信息技术与语文课程整合"项目会上多次面向不同地区的教师做经验介绍。

2012年7月，课题组成员为新加坡、马来西亚学生开设中国传统文化专题讲座。

研究成果融入北京实验版语文教材教学参考用书的有：

韩露老师、王楚达老师的选修四"中外戏剧"单元设计；

杨志刚老师、李博老师的必修四《哈姆莱特》教学设计；

杨志刚老师的选修四《云致秋行状》课文参读；

尹强老师的选修三《荷塘月色》教学设计、选修四《过年》课文参读；

刘葵老师的必修一"写人记事文"单元设计；

课题组成员全体为主要撰写人的选修教材《新诗百年》教参。

(9)研究成果得到国家领导、行内专家、国外教育团体、媒体的高度评价。

2009年10月，尹强老师在四川省北川中学支教期间开展课题活动，温家宝同志亲临课堂，听课指导。

2008年至2012年，本课题一直得到语文教育专家特级教师顾德希先生的指导与高度评价。

2010年4月，课题组向新加坡教育部部长率领的教育考察团介绍"双课堂"教学模式，获得高度认可。

2010年5月，《南方周末》在教育版以《作文可以这样写，语文可以这样教——北京四中一场奢侈的教育改革》为题，专版报道了北京四中语文组利用信息技术实施语文教学改革的相关情况。

2011年12月，国家教育部授予北京四中"全国语文教改示范校"称号。

(二)数学学科

1. 实践中交流，交流中学习，学习中实践

新课标的实践过程，就是教师在实践中不断学习，在学习中不断实践的过程。因此，我们格外注意在实践过程中通过各种不同层次与不同方式的内外交流，有效促进我们的教育教学理念进一步提升，教育教学目标与方式进一步和谐，教育教学效果进一步优化。

(1)加强集体备课，加强组内交流。

与原教学大纲相比，新课标在教学目标、教学内容、教学顺序上都有很多新的改变。我们在教学过程中，对这些改变格外重视，并随时交流"应变"体会。

就一些"传统"内容而言，新课标的教学目标有所改变，我们以集体备课方式，仔细研读新课标，研究已实施新课标的省市的高考命题，把握适合于北京四中的教学要求。加强备课组的教学实践经验交流，每个备课组都认真总结一年来的新课程教学实践，把其中感受颇深的教学理解与实践与所有老师分享，并对感觉实施起来不太顺利的教学环节进行研讨，以帮助其他备课组在"前人"的基础上进一步提高教育教学效果。

就新课标的新增内容而言，我们也首先以备课组为单位，回归新增内容的数学体系反复研讨，力求体会其数学实质，再根据新课标要求，把握教学目标。我们的基本观念是：由于教学要求相对较浅(如新增内容定积分、条件概率等)，我们无法完全在教学过程中讲清这些数学内容的来龙去脉，那么我们可以不讲"透"，但不能讲"错"。

在之前的新课程教学过程中，我们认为市区规定的教学顺序，会造成教学过程松紧不一。结合学生学法指导，我们建议针对下一个年级的教学，将必修一、四、五、二、三的顺序调整为一、四、五、三、二。实践证明，这样的安排更有利于落实教学要求，我们这样安排教学有三年之多。但现在有备课组提出新建议，可以试行一、三、四、五、二的教学顺序，这个建议也得到了北京市西城区一些示范高中的复议，我们准备在下一学年试行。

(2)加强与兄弟学校交流，加强与专家交流。

我们通过多种形式加强与兄弟学校、校外专家的交流。

第一，积极参加市、区教研活动。数位教师成为北京市西城区兼职教研员，多次主讲教师培训讲座，介绍我们在教学中的好经验和典型课例，启发大家共同思考。其中，谷丹、杨凤文、安东明、苗金利、吕宝珠等老师多次为其他省市高中数学老师做新课程教学培训工作。积极参加市区教研活动，数次以备课组为单位，参加外校公开课或教学研讨会。

第二，将教研与开设各类公开课工作相结合，与校外专家及兄弟学校同行交流。我们在六年内，共开设了60余节区、市、国家级公开课。我们选择的公开课内容，大多数为新课标新增内容，或是与校本教研课题密切相关的内容。公开课也往往与研讨会融为一体设计。

第三，扩展教育教学研究合作范围，深化教学研究。新课标实施以来，我们更为关注常态课教育教学效果的优化。为此，我们进行了"十一五"市重点课题"中学全面数学教育观指导下的学习研究"和"十二五"区重点课题"中学全面数学教育观指导下的教材研究"。我们还参与了北京师范大学主持的国际教育研究课题"中学课堂学习研究"，其中，贾凤羽、高姗姗老师各录制了十节研究课，并与北京师范大学师生就研究内容进行数次研讨。

2. 关注学生学习过程，与学生共同学习

新课标的基本理念，就是要关注学生学习能力的不断提高，基本素质的不断优化。在新课标实施过程中，我们特别关注学生的常态学习过程，帮助、指导学生提高自主、自控学习的能力，并把不断优化学生学习心理品质作为教育教学的重点。

(1)关注学生学习过程，重视学习方法指导。

在教育教学过程中，我们非常关注对学生学习方法的指导。我们教学的核心理念就是"讲数学，重认知，求发展"。

第一，关注对学生每个学习环节的指导。我们关注对学生预习、听课、及时复习、完成作业、总结与反思，特别是复习、总结环节的指导。每次重要考试后，我们一般会要求学生填写一份本学习阶段的总结，并根据学生的总结情况，面批或书面回复，给予学生有针对性的具体建议与指导。曾有数位教师在一次总结后，为学生写下累计上万字的批复。

第二，分层次指导学生提高学习能力和一般素质。我们对不同年级提出了不同的学习能力目标；同一年级，根据学生的发展意愿与学业水平，亦有不同的教学要求。例如，对于高一、高二年级，我们更多地希望学生多角度多层次认识学习内容，简称"一题多解"。对于高三年级，我们更希望学生从系统上、整体上把握学习内容，简称"多题一解"。再如，对于高一、高二年级的教学，我们更关心引导学生体验知识的发生发展应用过程，所以，更多讲来源、变化和应用。对于高三年级的教学，我们更关心学生对知识方法的整合和灵活应用，更多指导学生关注对数学知识方法"程序、系统、自检"的把握。又如，在坚持我校传统的分层次教学组织形式的基础上，不断根据学生的学业情况，尝试不同的分班组织方式，以便进一步提高教学效率。

结合新课标实施与四中生源情况的变化，重视加强对学生各级各类课外学习的指导与教学，并在各级各类的竞赛活动中取得优良成绩。

第三，重视学生的学习心理和心理健康教育。在教育教学过程中，尊重学生，守望学生成长，设想以学生之身处学生之地，与学生肩并肩面对我们的发展任务，适时适当地帮助、指导学生解决学习与发展中的心理问题，提高学生心理健康水平。在课堂教学中，关注学生在学习中的表现，并适时肯定与鼓励、启发与引导；培养学生的倾听能力与对问题理解的表述能力；引导学生对知识和科学给予尊重，对老师和同学给予尊重。

(2)贯彻新课标理念，在课堂教学中给予学生更为广阔的发展空间。

在新课标实施过程中，我们也在不断尝试各种不同的教学方式，以给予学生更多的表现空间。例如，在学习完圆锥曲线椭圆、双曲线部分后，由学生主讲抛物线部分。再如，结合学生研究性学习，由学生以汇报、答辩的方式，展示研究成果，而教师和同学可以根据教学内容(统计调查、框图等)质疑或评点汇报、答辩内容，进而理解与掌握教学内容。

3. 教学内容与教学方式的校本化实践与研究

新课标实施过程中，我们也根据四中的实际情况，将新课标的要求与校本教研、实践相结合，在教学内容、教学方式方面做了一些新的尝试。

(1)与计算机组合作讲算法。

算法，是新课标课程中新增内容。我们的高一、高二数学组与计算机组通力合作，由数学老师讲算法原理与框图，由计算机老师讲程序语言和程序设计，指导学生上机操作，合作完成教学要求。

（2）开设各类选修课程。

新课标实施以前，数学组有不少颇有特色的校本选修课程。新课标实施以来，我们结合新课标规定的非必选课程，开设了如"数学史选讲""风险投资""数论选讲""不等式选讲"等数门课程。在讲课过程中，我们根据学生情况和教师专业能力，对推荐教材进行裁减改编，进一步增强了教学内容的可接受性与实效性。

除此之外，我们还开设了一些有特色的选修课，丰富了学生的视野，提升了学生的数学素养，提高了学生运用数学解决问题的能力。

第一，"数学建模"课程。当今，数学科学已经从传统的自然科学和工程技术基础的幕后直接走到台前，在经济发展和社会进步的第一线发挥它的作用。新的问题需要创新思维，需要猜想、顿悟、合情推理等新的思维体验，而中学数学教育才只完成知识方法的学习巩固，对于新问题、新思维却不曾碰触。为培养学生创新能力，我们开设了数学建模选修课，从文化说起，从游戏说起，从身边的问题说起，从体会先贤顿悟式的创造说起，从我们的猜想说起，将所学的知识有效地发挥作用，引导学生不断去应用、摸索及创新。我们的学生积极参与了北京市应用数学竞赛，多人次参加最终的论文答辩，取得了优异成绩。

第二，"大学先修课程"。为了提高学生数学素养和能力，我们开设了大学先修课程"微积分"，经过精心设计教学内容，针对高中学生实际水平和认知水平，任课教师采取了具体——抽象——具体的原则，尽可能多地通过具象化的实例帮助学生理解核心概念和定理，并辅以详细精当的例题和习题加以训练，以确保教学效果。对过繁过难的知识进行合理组织和适当调整，始终激励学生们的学习积极性和信心。通过这门选修课的教学，学生们逐渐感受到了课程魅力，越来越喜欢上了这门课程。参与这门课程学习的主要是实验班和具有数理化学科竞赛背景的学生，也有部分平行的学生。第一批学生经过近一年的学习，通过了北京大学组织的"大学先修课程"的考试，取得了优异成绩。

第三，"数学兴趣与能力培养"课程。这类课程是针对在数学竞赛方面有兴趣的学生开设的，由竞赛教练老师按照数学竞赛的考查知识制订教学计划。经过这类课程的学习，学生提高了数学解题能力，提高了数学视野，在全国数学联赛、西部奥赛、女子奥赛、东南奥赛、菲律宾国际数学邀请赛、MCM美国数学建模比赛、新加坡国际数学挑战赛、联盟杯数学竞赛中都取得了优异成绩。

（3）开设"科学与创新思维"课程。

新课程的一个突出特点是突出学生的主体地位。针对学生动手能力弱的特点，我们专门安排时间，为实验班的学生设置了"科学与创新思维"课程，主要是指导学生利用所学的知识，把理论应用于实践。经过课程培训后，我们对学生进行分组，以"小组"为单位完成一项"测量"任务，其中涉及测量目标选择、测量方法、测量工具、测量方案、测量误差及分析、测量结果等环节，最终以报告形式提交作品，通过汇报展示和答辩，由教师团队评出分数。这样的课程共开设了两年，深受学生的喜欢，也得到了学生家长的支持，效果很好。

（4）指导学生进行研究性学习。

在新课标实施过程中，数学组的教师们积极参与对四中学生研究性学习的帮助、指导。教师们认真履行指导教师职责，对学生的研究选题、调查问卷的设计、调查报告或研究报告的撰写与修改等研究性学习过程中各环节都给予有效与细致的指导帮助，其中，多位被指导学生的研究性学习论文获奖。

新课程的教学实践，既是一个探索、调整和适应新课程的过程，又是一个不断丰富教材、整合教学内容的过程；既是一个"教什么、怎么教""学什么、怎么学"的不断提升教法学法的探究过程，又是一个人文情怀深入培养的过程。我们始终行进在新课程改革的大路上。

（三）英语学科：与时俱进，建设有"四中特色"的外语组

《普通高中英语课程标准》对语言技能、语言知识、情感态度、学习策略和文化意识五个方面均提出了相应的内容标准。因此，在新课改大背景之下，英语课堂早已不是人们传统印象中学习单词、语法、句子的单纯语言知识技能操练课堂，而是一个话题为先的、立体的、生活的、包罗万象的人文世界。为了适应新课改的要求，实现外语课堂的多维教学目标，并更好地满足四中的教育教学理念，外语组的各位同仁们一直在课内课外不懈地努力探索，分别在课程建设、活动组织及教科研方面有一定的收获和成果。

1. 课程建设

(1)集体合作力量大。

外语组一直坚持集体备课的做法，集众人智慧，享众家之长。每学期开学伊始，备课组长在充分研究本年级特点、课本结构以及整合课外内容的基础上，精确到每课时制订出详尽的教学计划，下发给各位教师。同时将组内的教师按照各自特点分成若干合作小组，并在教学计划中排列出每个单元主备小组。每周固定集体备课时间由该小组成员就教学重难点、教材使用、课时安排、课上教学内容及补充材料等方面提出建议，同时分享课件、练习等材料供大家参考使用。除了小组内部的合作，不同年级的备课组也将资源整合分享，使得优秀的经验和做法得到了传承，集体的智慧与力量发挥到了最大，个人的能力也得到了很好的锻炼和发展。

(2)课内改革观念新。

课堂是教师的第一阵地，上好每一节课也是外语组教师们的坚持与共识。近些年来，我们充分利用小组会议和集体备课时间，请专家介绍最新的教育教学理念，请参加比赛和观摩大赛的教师谈收获与体会。教师们在交流与探讨中更新了教育教学观点，并逐步形成了统一的思路和步伐。我们在摸索课内教学改革时，一直秉承着两种核心观念，即以学生为主体和充分尊重学生的个性化。

第一，以学生为课堂主体。

freetalk(课前演讲)是我们一直坚持的传统项目。每天课上，教师会安排学生进行课前演讲。在不断的摸索中，我们逐渐形成了统一的要求。第一，仔细选题，确保观众们能听懂。第二，不要带稿，甚至提纲也不要带。第三，不要用课件，让观众集中精力在你的演讲中。第四，注意时间掌控，3~5分钟。第五，内容可多样，但要想尽办法吸引观众。第六，吐字清晰，抑扬顿挫。第七，要有演讲者的风范，身体挺直，目视前方，面带微笑。在学生演讲结束后，教师会邀请班上的其他同学进行点评，然后再针对学生的台上礼仪、语言表达、演讲内容等方面进行总结，并提出自己的建议。同时，教师也会对台下的学生提出做文明观众的要求。对于大多数学生来说，当众用英语演讲是少有的经历，这个活动锻炼了他们的当众演讲能力和语言表达能力，也是他们最喜欢的课堂环节之一。

Presentation（小组展示）也是教师在课堂上为学生创设的一个表达自我、互相交流的平台。开学伊始，教师会将全班学生分成不同小组，并罗列出本学期课本不同话题，供小组选择并提前准备。在每个单元最后的课时，组员们站在台上用本组特有的方式展示对单元话题的理解和补充。他们可以进行演讲、对话，也可以进行情景短剧表演等。台下观众将从内容、趣味性、合作以及互动四个方面为每个组的表现打分，并选出一个明星演员。小组展示的成绩也作为形成性评价的成绩之一，占学生平时成绩的 20%，并计入到期末成绩中。

教师们不仅在课堂环节上尽可能地为学生创设机会，提供展示的舞台；而且在各种不同课型的改革中，也充分还原学生在课堂上的主体地位，改变以教师为中心的做法。例如，词汇课上，教师们尝试改变传统的教师讲解词汇、提供例句，学生操练的做法，训练学生自己使用工具书，利用资源，进行自主学习，并在课上用小组讨论的方式相互学习。词汇课前，教师要求学生利用字典对课上所讲重点词汇进行预习并且选取典型例句，课上先在小组内部讨论，让组内成员就所讲词汇的不同意思及例句等进行交流、相互讲解，最后在全班范围内教师适时介入，进行总结。这使得传统词汇课上单一的教师中心的做法有所改变，并且让学生无形中重视了外语学习工具书的使用，达到了从"授之以鱼"到"授之以渔"的转变。再如，教师们对作文的批改方式也进行了一些改革。有些教师坚持面批，即利用答疑和休息的时间对每个学生的作文进行当面点评并提出修改意见；有些教师组织学生们充当"阅卷人"，在对作文题目进行分析讲解，给出评分建议和优秀作文范例之后，组织学生分成不同的小组，并分给每个小组一定数量的文章，让小组成员们分别打分，并讨论给分的原因，分析每篇文章的优劣。"阅卷人"的身份使学生们能从读者的角度更好地体会一名优秀的作者应该具备的素质。也有的教师坚持作文双批，即每次布置作文时提出作文着重练习的重点，如结构、主题句等，并根据这些重点对作文进行"首批"，即仅仅给出 A、B、C、D 不同的等级，并不批出分数。首次批改时将学生作文中的问题画出，而不修改。在随后的作文讲评课上针对全班的共性问题进行讲解，提出修改意见，并且展示学生优秀作品。课后要求学生对文章进行相应修改，根据修改后的作文最后定夺分数。这种做法给予了学生们作文成绩提升的空间，因此很好地激发了他们修改作文的积极性。

第二，尊重个性化学习。

针对学生水平能力的差异、个性特点的不同，外语组的教师们还在教学中积极地探索个性化的学习方式，尽量使得语言学习能够符合每个学生自身的水平与特点。

高一年级外语组教师与首都师范大学刘北利教授合作，使用并不断完善"计算机辅助英语阅读能力测评练习系统"。该系统最大的特点在于其"机适性原则"，即后面阅读段落及题目的难易程度由前面阅读题目的对错决定，因此学生总体练习的难度是由其自身水平决定的。在所有练习完成之后，系统会给出分数并且对题目进行解析，并对学生的各种阅读能力予以分析，让学生更好地了解自身的长处及不足。在课堂上，学生完全能够个性化、自主地进行学习，教师则起到辅助作用。在一段时间以后，系统会对每个班级的情况进行分析，教师则通过分析结果有针对性地对个别阅读题目进行讲解和点拨。

小说阅读是我们一直坚持的做法。为了扩大学生的阅读量，开阔他们的视野，让他们能够更多地了解异域文化并接触到地道的语言，每学期伊始各年级均会布置小说阅读的任务。而在文本的选择上，教师们则充分尊重学生的意愿，只是列出推荐书单和最低的阅读量标准，具体的书目由学生自己选择。教师们还倡导学生自愿结成阅读小组，兴趣相近的学生选择相同的小说，以便交流讨论和相互督促。在检查方式上，教师要求学生每周撰写读书报告，汇报阅读进度，摘抄美句，并谈阅读感想。也有的年级将小说阅读和戏剧表演结合在一起，在学期末让学生们选取小说中经典片段改编成短剧并以小组为单位演出，在全年级进行评比颁奖，取得了很好的效果，也受到了学生们的欢迎。

(3)开设选修思路广。

近年来，教师们不仅在必修课的讲台上摸索创新，而且开拓思路、发挥特长，开设了各式各样的外语选修课。

方芳老师多年来开设的选修课"英语聊天室"，成为四中最受学生欢迎的选修课之一。2009年，这一课程面向北京四中网校全体网员开设，同样备受推崇(见图 5-12)。此课程主要侧重于对美国文化的介绍和日常英语的训练。取名为"英语聊天室"的目的是希望每一个学生在课上都能够积极参与，在一个轻松的氛围中聊一聊大家感兴趣的事情。选择美国不仅因为它是一个年轻却成就非凡的发达国家，更是因为近年来美国教育的发达吸引了越来越多的中国学生去深造。因此，在学生踏上留学之路之前，开设这样一门课程，可以帮助他们做好充足的准备，顺利地完成留学生涯。与此课程配套的北京四中第一本选修课校本教材《带你去美国留学》已于 2012 年 6 月出版(见图 5-13)。

图 5-12　方芳老师在北京四中网校的
高清课堂

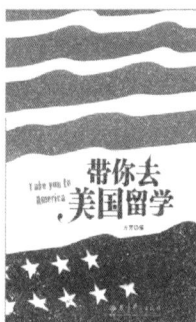

图 5-13　北京四中
第一本校本教材

　　余波老师开设了名为"北京历史名胜和旅游"的选修课，课程的开设目的在于提高学生使用英语介绍北京重要历史名胜的语言能力，开拓学生的知识面，为学生将来从事外事接待工作打基础。课程的主要内容以北京五大名胜古迹为主线，以北京特色文化为核心。采用自学和讨论以及理论联系实际的教学方法，使学生在实践中增长知识，提高能力。课程具体特色在于：第一，景点的实地讲解。安排学生在故宫与颐和园进行实地英文讲解，其中包括给公园里的外国游客做义务导游员。第二，学习方法多样性。首先教师设计问题，安排任务给学生；然后学生通过网络查阅相关内容，进行小组讨论和互助学习；最后利用课堂展示来检测学生的学习效果。第三，教学的趣味性。通过趣味性问题的提问，如为什么故宫的内广场里不种树，故宫的广场方砖下隐藏了什么秘密等，来吸引学生自主寻找答案，解开谜团。第四，全英文授课。利用选修课的机会，提高学生的英语听说读写能力。学生的讨论和展示都要利用英语作为媒介来完成。

　　"英语广播站"是孙玲老师与北京外语广播电台联合开办，以校内英语新闻基本功训练和广播电台录制节目相结合方式开设的。在高二上学期录制了英文访谈、英语新闻播报、英文电影模仿、英语辩论会等节目。高二下学期结合专业英语进行了法律英语、服务业英语、政府英语等更深入的话题讨论，师生前往北京市中级人民法院和国家发改委国际培训班等进行现场观摩学习，为录制节目奠定实践经验。选修课报名踊跃，学生中更涌现出多位优秀语言学习者，多次单独前往北京广播电台作为客座嘉宾主播英语美文赏析等节目，得到外语广播电台领导高度评价并获得社会实践证明。（见图5-14、图5-15）

图5-14　国家发改委
国际培训班观摩

图5-15　学生在演播室
录制视频电台节目

　　刘京闽老师开设了选修课"听新闻学英语"。选材本着这样的原则：选择与生活相关的、学生可能感兴趣的或者适合讨论的新闻话题；尽量兼顾政治、经济、文化、科技、生活等不同方面；以学生生活为主。该课程的特点是：第一，材料新。选择当周或近期的新闻报道。第二，贴近学生生活，引导学生思考生活中的一些问题及解决办法。例如，对比中国的绿领巾的报道和美国给学生发不同颜色的学生卡的报道；引导学生对手机使用、安全驾驶等问题进行讨论。第三，励志。例如，对美国学生的科学探究活动的报道。第四，增加知识面。例如，对麦加朝圣、夏时制、国家信用评级等的报道。第五，在增加词汇的同时，注重培养学生的批判性思维。第六，锻炼能力。要求学生自主播报校园新闻。

　　吴琼和王晓宁老师均曾开设"看电影，学英语"的选修课，课程旨在通过欣赏英文原版经典影片（全片/半片），把学生带入一个真实的英语语言环境中，从而不仅帮助他们了解关于电影的基础知识，了解西方文化及其思维方式、生活习惯和社会习俗等，更重要的是帮助他们加强对英语学习的热爱以及全面提高英语的听说能力。此外，还将定期进行与电影相关的知识的普及，如电影译名、电影分级制度、电影节等，让学生们能够全面了解电影。课程的特色之一就是采用充分展现学生个性的多样评价方式，如配音比赛、模仿表演、英文歌唱比赛等。

王晓宁、高洁和游晓霞老师分别在不同年级开设了英语短剧表演选修课。通过一系列循序渐进的课程，学生们在各种活动中提高了英语听说能力，获得了戏剧知识，提高了动手能力。在第一学期的课程中，学生们阅读英文故事，自己改编或编写故事，并公开讲演。同时还有电影配音等活动，使学生们扎实了语言和对白功底。第二学期，老师进一步在课程当中渗透莎士比亚等戏剧知识，使学生对戏剧演出有了更深刻的认识。在此基础上老师指导学生们自创剧本，自备道具、服装等，排演短剧，学生们在学期末均有精彩的汇报演出。课程之余，游晓霞老师还带领学生和家长一起前往北京大学百年大讲堂观看莎士比亚的戏剧《奥赛罗》和王尔德的戏剧《坎特维尔城堡的幽灵》，让学生和家长一起欣赏经典戏剧表演，体验英语文化。

李伟清老师开设了选修课"德语入门"，目的在于让学生们初步了解德语语言的特点和德国的文化。课上具体做法：第一，从语音入手向词汇和简单交际用语逐步推进。第二，与英语教学相对比，用对比法让学生们发现其中规律，将两种语言学习相融合。第三，通过小组对话、学唱德语歌曲以及观看德语短片来丰富德语教学，刺激学生们学习德语的兴趣。

外语组先后有多位教师参与了学校开设的 SDP(Skill Development Program)选修课程。剑桥大学技能拓展课程是四中引进的特色课程，旨在通过三个话题(转基因工程、网络对生活的影响和世界各国女性地位的转变)的不同任务设置锻炼学生的团队合作、批判性思维、项目设计等综合能力。教师们协助外教完成课堂教学任务，并对分组学生进行指导及观察。教师们还要召开新生宣讲会，参与学生选拔，进行课堂日常管理，批改学生日志等。2012 年，张力老师带领四中 5 名学生参加了与北京 101 中学联合举行的 SDP 证书授予仪式，我校两组学生在最终成绩评比中分别获得了北京市第一、第二名的好成绩。

周艳老师从 2010 年开始，开设了"趣味英语拼词游戏"的选修课。英语拼词游戏是可供 2～4 人同时参与的新型智力游戏，又叫英语棋。参加者在拼字盘上用分值不同的字母块拼出纵横交错互相连锁的许多英语单词。他们要充分利用手中字母的分值和棋盘上的奖励格，争取最高得分。每一局游戏的总分为 300～900，得分高低取决于游戏参加者的水平与技巧。当然，也有运气的因素。学会游戏十分容易，但深入进去则奥妙无穷。英语拼词游戏的独特之处在于，其运用富有竞技性和趣味性的活动形式和规则，寓英语学习尤其是词汇的积累于娱乐之中，帮助学生记忆、复习和巩固已学过的英语单词，培养创造力，丰富联想力。通过游戏的方式激发学生学习英语的兴趣，扩大学生的词汇量，演练和熟悉英语词汇的各种构成和变化形式。

（4）校本教材研发精。

针对四中学生的情况，教师们还对课内教材进行了有益的补充，精心地选择和开发了一些校本教材，从而更加满足学生学习的需要，使课堂更为充实。在我们的课程中，会把英美网站、广告、演讲、电影、原版小说等中的内容选入教材，满足学生语言习得和文化熏陶的多维度教学目标。

例如，王晓宁老师任教的七年级 A 班，每周阅读并翻译一篇纪伯伦或泰戈尔的散文诗，还要在课堂上进行交流和评比。任务非常具有挑战性，而学生们做得非常积极踊跃。每周一次的阅读交流也热闹非凡。学生们凭自己的理解，运用自己的中文基础，对这些名著级别的哲理诗歌做了非常精彩的翻译，有时甚至会有点"不知天高地厚"地觉得自己比那些翻译家做得还好。这样的活动极大地激发了学生们语言学习的兴趣及语言潜能，也使他们在互相的争论交流中开始对语言的意境表达有所意识。在日积月累的训练中，班级中有学生在八年级就开始写英文诗，并在一些国家级杂志报纸上发表。

胡欲晓老师任教的八年级 A 班阅读课引入英文原版小说的阅读。在小说的选择上，教师精心选择了在美国获得儿童文学金奖 Newbery Medal（美国儿童文学最高奖）的小说，它们也是很多美国中学 6～8 年级推荐书目中出现频率最高的小说。这些小说中有深受学生喜爱和敬佩的人物，有跌宕起伏和充满悬念的情节，还有生动诙谐的语言。小说的题材也是各式各样：探险、侦探、幻想、幽默、历史、传记。它们让小读者们产生更多的情感共鸣，领悟更丰富的人生哲理。

各备课组都会在课本之外补充美文阅读的内容，提高学生对文字的鉴赏力，提升学生们的阅读素养。新高一备课组在邵红香老师的组织下利用假期时间完成了美文赏析集。这样做的目的一是避免因一个单元一个单元地发放阅读材料而使学生弄丢；二是每篇美文后都配有习题，这样操作起来更加方便，系统性更强。练习类型有词汇、理解、写作等，能充分锻炼学生的语言学习能力。

2. 活动组织

除了课内的教学内容，外语组还积极配合学校的工作，精心组织了一些别开生面的课外活动。

在北京四中一年一度的科技节中，外语组的活动总是场场爆满，深受学生们的欢迎。在这些活动中，外语组的老师们希望给学生们搭建一个展示自我风采的舞台，享受英语带来的乐趣。在 2011 年主题为"EXTRAVAGANZA"的活动中，猜词义环节竞争激烈，难分伯仲；文化历史题目环环相扣；绕口令比赛中学生们利索的嘴皮子实在令人叹为观止。在活动结束的时候，学生们说道："这样的活动实在是太好了！真希望学校每年都会有这样的活动！"

组内先后有不同年级的备课组精心策划了学校英语戏剧节的活动。老师们在学期初便对活动进行精心谋划，商定日期，并很早布置给学生。随后进行分工，明确任务，排练并最终演出(见图 5-16)。老师们设计了评价量表，根据学生在台上的语音语调、语言流利程度、舞台表现力等因素给他们打分，选出优秀的小组和个人进行奖励。英语短剧表演对学生的语言表达、行为举止、团队精神、创新精神、责任意识、勇敢自信等方面进行了全方位的塑造和培养，为学生提供了一个展现自我才华的平台。这样，不仅可以弥补传统课堂教学中教学环境较呆板的不足，还可以激发学生对英语的学习兴趣，并逐渐形成持久的学习动机、有效的学习策略，为每个学生提供自主选择的机会，使学生在选择中提高规划人生的能力，为他们以后的发展奠定基础。

2012 年 8 月 20 日至 25 日，"2012 年中小学生暑期模拟联合国国际青少年峰会(MMUN)代表选拔活动"在外语教学与研究出版社举办。外语组郭静老师带领七年级的两名学生参加了比赛。模拟联合国活动要求

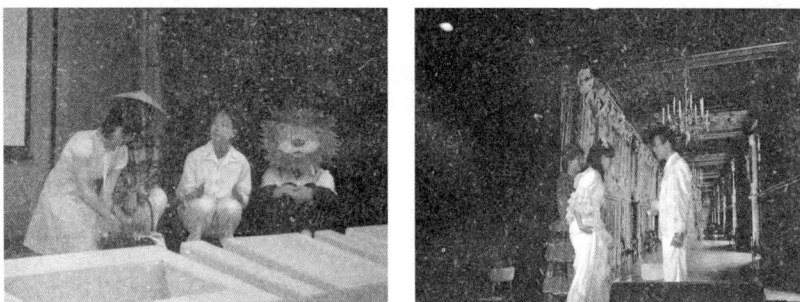

图 5-16　学生们的演出照

参与者有良好的英语素养，包括听说读写各个方面，同时需要有很好的思辨能力。针对选拔比赛的项目，郭静老师有针对性地对学生进行了训练和指导，演练了学生的英语即兴演讲能力，组织学生就英国议会制进行辩论，最后是实战演练，让学生扮演正反方中的一方，然后由老师扮演另一方，训练两位学生的合作意识。通过真实演练，锻炼学生们的临场应变能力。通过精心的赛前准备和出色的临场发挥，最终我校以遥遥领先的分数获得了此次比赛的冠军。

3. 科研成果

在组内，我们一直倡导教师们不能满足于做"教书匠"，而应该争当"教育家"。在大量日常的教育教学实践中，总有很多鲜活的有研究价值的问题和课题，教师们也积极地在授课之余，进行教育教学研究，并取得了一定成果。

原高一组（2010—2011 学年）在方芳老师的带领下开展了"使用计算机'英语阅读能力测评练习系统'提高和评价高中学生英语阅读综合能力的实践研究"。该课题研究利用网络信息化平台在数据收集、呈现、分析方面的优势，通过使用"英语阅读能力测评练习系统"提高高一学生英语阅读综合能力，并发挥网络信息化平台本身的信息分析优势达成对学生阅读水平的形成性评价，从而不仅为学生发现和解决英语阅读中的问题提供了便利，更为教师的课堂英语阅读教学提出了重要的反馈意见。

胡秋明老师撰写了论文《"情"系英语教学——关于在中学英语教学中渗透情感教育的实践与思考》。该论文根据高中英语新课程标准在情感态度方面的要求，针对目前高中英语教学的普遍现状以及结合教师自身的教学实践，提出了一些关于如何在中学英语教学中渗透情感教育的具体可行的做法。在该论文中，胡秋明老师还提出：作为一名英语教师，不仅要把英语教学视为一个教学过程，更要将其视为一个师生以及生生之间进行情感交流的过程。这样，不仅能够塑造学生良好的品行，而且能够让学生真正地热爱英语、热爱生活。

吴琼老师撰写了《高一英语形成性评价与自主性学习的行动研究》。论文源于她对国内英语教学现状所做的观察。她发现英语教学与评价的长期脱节现象尤为严重，集中体现在对学生的评价往往是侧重结果的终结性评价，这不仅忽略了对学生日常学习过程的关注，而且不利于学生学习兴趣和自主性的培养。近些年，不论是高中英语新课程改革还是新的英语课程标准，都对学生的自主性学习能力和形成性评价提出了很高的要求，旨在促进学生的学习兴趣和积极性，提高学生自我思考和探索的能力，从而有益于其身心健康发展，使得基础英语教学效果最大化。作为四中这样的老校名校，我们应该在对学生的评价方式上做出先锋模范作用，尊重学生的多方面个性发展。因此，她开展了为期半年的行动性研究，这对她的教学有很大的促进作用，也很好地解决了她遇到的教学问题，再次证明了教学与研究不可离分的真理！

赵悦老师撰写的论文《初级外语学习者的焦虑程度与外语成绩的相关性研究》，旨在研究焦虑对初中学生英语学习及其成绩的影响，并由此反思新课改背景下外语课堂理想的气氛。研究中采用了外语学习焦虑量化表，对量化结果与学生的学年外语成绩进行了相关分析。问卷由74 名 13～14 岁的初中学生填写。调查后，对部分学生进行访谈，深入研究焦虑对学生学习的影响。调查表明，学生焦虑情况与外语成绩存在显著负相关，这种焦虑与性别关系不大。研究结果提醒广大外语教师要对初中学生在学习中表现出的焦虑情绪给予足够的重视，并积极指导学生克服焦虑情绪，在课堂上积极构建和谐、轻松的学习气氛，使外语学习更加愉快并且高效。其另一篇论文《歧义容忍度与阅读能力的相关研究》，主要是针对歧义容忍度与初中学生的英语语言水平及各阅读能力的相关性所做的研究。研究结果表明：歧义容忍度与英语综合能力存在显著的相关，即歧义容忍度高的学生，对比歧义容忍度中等和低等的学生，在英语语言水平上（在应试成绩上）有较好的表现；而歧义容忍度中等和低等的学生在英语语言水平上（在应试成绩上）差异则更加显著。从语言水平反映到试卷上的各部分来看，歧义容忍度与阅读理解能力也存在着显著的相关关系。因此，歧义容忍度是初中英语教学中不容忽视的重要因素。

霍莹老师完成校本课题《通过合作性写作提高学生的英语语言综合运用能力》，并参与北京师范大学王蔷教授的全国课题《卡西欧词典在高中英语教学中的应用》，承担子课题《电子词典在写作教学中的应用》并成功完成结题报告。其撰写的论文《阅读心理学在高中英语教学中的应用》，从心理学的角度分析了英语阅读教学的活动，探索学生在阅读活动中的心理因素及认知规律，应用阅读心理学原理指导教学，从而寻求提高学生英语阅读能力和效率的有效途径。论文《合作性写作理论在高三写作教学中的应用》阐述了合作性写作的理论基础，以及英语合作性写作在高三年级中实施时要注意的几个问题。通过实验研究，此文论证了合作性写作的作用，即不仅有助于提高学生的书面表达能力，从长远来看它也必定有助于提高学生的外语综合运用能力和人际交往能力；并结合试验结论，就合作性写作教学中存在的问题展开论述。论文《巧用情商因素促进英语教学》剖析了情商因素在英语教学中起到的举足轻重的作用，分析探讨了利用情商因素提高英语教学效果的策略。

教科研工作，一方面体现出外语组老师在日常教学中对工作的深入思考，另一方面又给未来的工作以更深的启示，是外语组未来一直会坚持不懈并不断加强的工作。

以上便是对外语组近年来创新性工作的总结，我们在未来的工作中会不断探索新的做法，不断完善自己，与时俱进，继续建设有"四中特色"的教研组。

(四)历史学科

北京四中历史组是一个以"醉心读书""理性思考""全面育人"为共同特征的群体；一个人人有特点、个个有专长的群体；一个时时让人感到充实、充满信心，但又常会有被超越的危机感，催人莫停息、要奋进的团体。

目前教研组由 12 位教师组成，包括德高望重的特级教师李明赞、北京市学科带头人赵利剑、北京市优秀人才资助获得者徐雁、西城区学科带头人王小琼、西城区骨干教师石国鹏，以及王磊、魏鑫、唐艳、申欢欢、高耀敏、王冉、张凯等生机勃勃的青年教师。

在教育教学实践中，历史组形成了自己的教育教学观，具体如下。

教育观：熔铸民族精神，培育国民意识。

课程观：有生命力课堂，有人文情学习。

教学观：深入历史之中，超然历史之外。

教师观：以人品促学品，求专业化发展。

学习观：以参与求体验，以创新求发展。

学生观：自主合作创新，感悟历史智慧。

评价观：史法——多元；史评——得心；史鉴——人生。

历史组在北京四中这"群芳荟萃"的地方大放异彩：在学校组织的学生评教活动中，历史组的平均分连续 7 年居全校第一，这是学生对四中历史组的高度肯定。近年来，北京四中在"以人育人，共同发展"的教育理念下，着力构建有北京四中特色课程体系。历史组的同仁积极响应学校的号召，在校本课程开发、选修课程开设和学生社团建设方面形成了新的工作亮点。目前，组内几乎每位教师都具备开设选修课的能力，大部分教师都开设了选修课，有的教师还负责学生社团的工作。这其中包括：

1. 学生社团——考古社

2008 年 9 月，徐雁老师与部分学生在北京四中成立北京大学文物爱好者协会北京四中分会，又称北京四中考古社。考古社社标见图 5-17。

该社团以"唤醒记忆，传承文明"为宗旨，以增强学生的文物保护意识和文化传承意识，宣传普及文物保护和考古学知识，提升学生科学素养、人文底蕴为目标。

图 5-17 考古社社标

社员们通过本社团的章程，设计了自己的社标，开展了校内外的多种活动。自成立以来，指导老师带领社团成员基本保持了每周一次校内活动(寒暑假除外)、每月一次外出活动的频率，每年假期都有社员参加北京大学考古夏令营。社员以其优秀素质受到了北京大学考古文博学院师生的高度赞扬，每届夏令营都有我校考古社成员被评为优秀营员。

2010 年社团指导老师徐雁申请的课题"依托北京四中考古社培养学生科学精神、提升学生人文素养"获得北京市优秀人才培养 D 类项目资助。

该社团的主要特点有：

第一，填补中学课程设置的一个空白点。现有的中学课程体系里，无论是初中还是高中都没有考古学课程来满足学生对相关知识的需求。

第二，促使学生对人类文明、传统文化产生更强烈的热爱，更自觉地生成守望、传承传统文化的责任。

第三，培养学生的探索精神和科学素养。考古学是涉及天文学、古生物学等大量其他学科的交叉学科，文科学生和理科学生都能在这里找到兴趣点。

第四，探索中学依托大专院校的资源，生成新的课程资源。北京四中考古社与北京大学考古文博学院等高校教师建立了较为密切的联系。高校教师不仅乐于来四中开设讲座，普及相关知识，而且愿意指导四中考古社的具体活动。

该社团的主要业绩有：

第一，指导教师徐雁于 2009 年 11 月参加北京大学"人类遗产的诠释——共享与传播"国际会议，并作发言。

第二，社团成员出版《文物小报》。

第三，创造条件使学生接触了田野考古，如考古社于 2010 年参加河北定窑考古现场活动时，社团成员接受了当地媒体的采访，宣传了四中的课程理念及社团活动。

第四，考古社被评为 2011 年北京四中优秀社团。

2. 校本选修——"北京历史上的尘封岁月"

北京是伟大祖国的首都，是一座历史悠久、人文荟萃的美丽城市。北京的学生应该了解北京，知道北京先民们生息繁衍的这块故土，能够讲述北京的过去、现在的一些故事，描绘北京明天更加美好的未来。

为了使学生增进对北京历史、地理和人文的了解，加深爱故土、爱北京的情感，李明赞老师创设了这门选修课，魏鑫、唐艳老师随后也担任主讲教师。该选修课以介绍古代北京历史文化为主，兼及近代民国时期一些有关北京市的内容。

关于北京的历史，本课程分为两个系统。一是按时间线索，分时期叙述远古北京至民国北京的历史发展状况。二是按专题线索，介绍"北京的皇城""北京的城门与城墙""北京的街巷胡同""北京的四合院""老北京的缩影——什刹海""皇家园林典范——北海公园今昔""老北京的社会生活"等。

该选修课突出活动性、实践性。授课期间，教师曾带领学生参观考察湖广会馆、爨底下村、什刹海、北海公园等处。

3. 校本选修——"看生活变迁　品京味文化"

该选修课由王小琼老师开设。该课程的教学目标是：进一步实现历史教育大众化、生活化的价值目标，弥补教科书的不足，加深学生对北京市民近代以来物质生活变迁的了解，从而使学生了解时代的进步、社会的发展，感知、认同丰富多彩、包罗万象的京味文化，提升自己的人文素养。在此基础上，加深热爱家乡、建设家乡的情感。该课程的主要教学内容详见表5-7。

表 5-7　"看生活变迁　品京味文化"校本课程主要内容

主题	具体课题
服饰潮流的急剧变化	第 1 课　令人目眩的近代北京服饰（1840—1949 年）
	第 2 课　新中国的服饰理念与样式
饮食文化的缓慢演变	第 1 课　百味杂陈，雅俗兼备——老北京的饮食
	第 2 课　贵贱咸宜、乡土气息浓郁的北京小吃
	第 3 课　新中国成立以来北京饮食的演变
居住条件的逐步改善	第 1 课　街坊胡同四合院——老北京的居住
	第 2 课　杂院与洋楼——老北京近代居住的变化
	第 3 课　新中国居住条件的普遍改善
公共交通的更新换代	第 1 课　各式交通工具并存的老北京出行
	第 2 课　火车、汽车、电车——老北京交通工具的近代化
	第 3 课　新中国北京交通事业的发展

除了课上讲述，还有家长访谈、小组合作外出考察等拓展活动，以及课上展示交流。总课时为 20 课时。这门课程以学生的发展需求为基础，立足于国家课程的现有教科书，增加内容，进一步开发和深化。通

过两年的实践、完善，编写的讲义已由学校出资印刷成书，成为学生学习的教学材料(见图 5-18)。

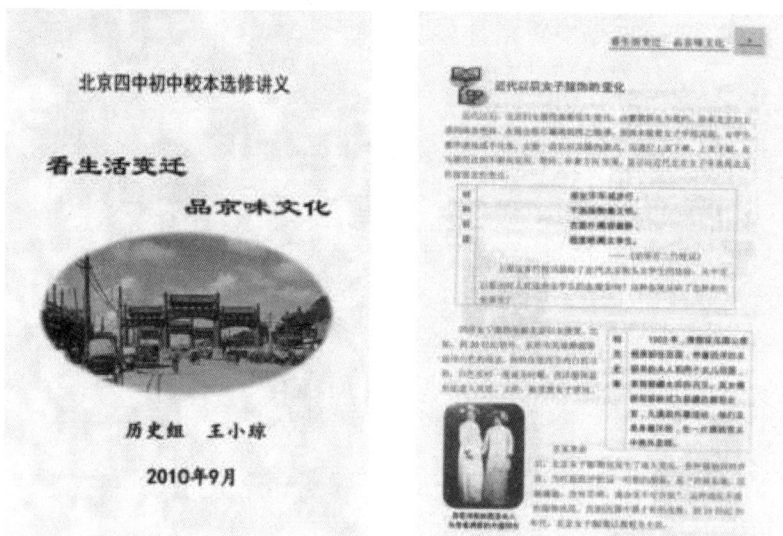

图 5-18　"看生活变迁　品京味文化"校本选修讲义封面及正文第 9 页

4. 校本选修——"口述历史"

口述历史的开展源于 2008 届学生"听老人讲故事"的青年志愿者活动，他们在活动过程中萌发了把这些听到的往事记录下来的冲动。于是，在石国鹏老师的指导下，把这个活动与口述历史的研究方法相结合，开始了最初的探索。2008 年 9 月，石老师在高一年级开设了口述历史的选修课，系统讲授口述史的发展历程、理论及实践操作方法，并带领 13 名学生完成了从选题到筹备、采访直至最终成稿的过程。2009 年至 2011 年，主要将口述历史研究与研究性学习课程相结合。自 2011 年 8 月起，成立了四中口述历史课题组，主要由一些有口述历史实践经验的往届校友，同在校学生共同完成口述历史的学习和研究。在此期间，课题组举办了口述研讨会，邀请相关专家与学生共同交流。2011 年底，课题组还与首都师范大学第二附属中学的师生就校友口述的目的和方法进行了相关探讨。

迄今为止，有近二十个口述课题小组开展了各自不同的口述历史研究。其中，比较有特色的是对四中校友的采访，受访人包括在校生、四中特级教师、老校长等，目前这一项目还在持续开展中。项目曾获得北京四中校友会及西城区优秀人才培养专项经费的资助，购置了一批书籍资料及录音设备。

5. 校本选修——"日本史"

从历史到现实，从政治、经济到文化，从民族感情到国际局势，日本，几乎从所有维度来说，都是中国人情感上不愿面对，但又不得不面对的国家。近代以来，中国饱受苦难，曾遭到很多国家的侵略，包括日本。但如今面对日本，国人却诡异地出现了大面积的极端崇拜和极端仇恨这两种完全相反的态度。对日本究竟是崇拜、敬仰、学习，还是痛恨、仇视、报复？百年以来，无数国人都曾经陷入对这一问题的沉思，其中不乏如孙中山、毛泽东、邓小平等伟人。

没有情感，世界就是一片灰暗；而没有理性，就没有智慧可言。无论你最后的态度是什么，客观的了解都是第一步。例如，今天绝大多数国人都知道我们能看懂一部分日语是因为汉语曾经对日语有很大的影响，又有几人知道另外一个重要原因是近代以来日语常用词汇大面积地进入了中文？

王磊老师开设的选修课"日本史"，立足于对日本历史的较为全面的扫描，通过对古代日本史、战国时代日本史、中日近代化进程比较、抗日战争、"二战"后日本的崛起、当代日本等重要问题的介绍与剖析，重点发掘这个民族独一无二的特性及其与中国的恩怨情仇。

6. 校本选修——"二十世纪的战争与和平"

该选修课由赵利剑老师开设。当前，高中历史教科书采用专题模块式编写方式，在一定程度上影响了知识的时序性和完整性，导致很多重大历史现象和历史事件不能被容纳，如国际政治、战争与和平等重要问题。本选修课的开设正好可以弥补现行课程体系的不足。

该选修课在一年的周期内，通过对两次世界大战、凡尔赛—华盛顿体系、雅尔塔体系、战后局部战争等重要内容的剖析，可使学生拓展知识，提高对当代重大国际问题的理解、分析能力，增强珍爱和平、热爱生命的人文情怀。该课程自开设以来，深受学生的欢迎。

7. 校本选修——"影视作品中的历史真相"

有人说，"伟大国家的史记有三份：功绩史记、文学史记及艺术史记，想对该国历史融会贯通，三部史记缺一不可。但最值得信任的是最后一部"。

历史是宏阔的背景知识，而电影是一门反映时代和生活的具体艺术。要想更好地了解欣赏一部电影，首先必须了解它所相关的历史背景方面的知识。

电影也是历史史料中的一个有机组成部分。历史不仅仅是背景知识，更是包罗万象的综合体，要想更好地认识历史，必须多角度地搜集史料。历史研究不仅需要大量的历史文献，随着时代的进步，而且要扩大史料的范畴，其中，记录人们生活百态的电影就是历史史料不可或缺的部分。

魏鑫老师开设的这门令人兴趣盎然的选修课，以电影为历史学习的媒介，通过生动的影片欣赏，以及教师讲解、师生互动座谈评析，使学生们认识一些电影中所反映的世界历史内容，学会欣赏优秀影片的方法，加深对人类文明进程的国际理解，更从中感悟人性的真、善、美，树立起健康、积极、向上的人生观、价值观。

该课的学习内容包括：

主题一：失落的埃及文明——《木乃伊》三部曲。

主题二：英雄的传说和真实——《亚历山大大帝》《阿育王》《亚瑟王》。

主题三：揭开宗教的面纱——《达·芬奇的密码》《天使与魔鬼》。

主题四：名著背后的时代秘密——《威尼斯商人》。

主题五：走进历史博物馆——《博物馆奇妙夜》（Ⅰ、Ⅱ）。

主题六：建国者的艰辛——《国家宝藏》（Ⅰ、Ⅱ）。

主题七：不自由，毋宁死——《勇敢的心》《爱国者》。

主题八：幻想与现实——《指环王》三部曲、《阿凡达》。

主题九：我们共同的家园——《家园》。

8. 校本必修——初中国学课

国学包含着中国灿烂的传统文化和深厚的传统人文精神。近代以来，学生的国学素养令人担忧。近年来，受西方文化的强烈冲击，学生的人生观、价值观和世界观偏于物质、偏于个人、偏于西方，他们对中国传统文化知之甚少。因此，在学生中间开展国学教育，提升学生的思想素养，促进学生的全面发展，便显得尤为重要。从"培养杰出的中国人"这一点出发，北京四中在初中阶段为学生开设了国学必修课。希望通过国学教育，培养学生对传统文化的兴趣，培养学生强烈的民族自豪感，培养学生看问题、做事情的正确态度，培养学生做人的高尚境界。

申欢欢老师是初中部国学课教师之一，和其他教师一起为国学教育付出了辛劳。他们针对不同年级学生的特点，开设了内容各异的国学课程。八年级的国学课内容是《大学》以及一些专题性讲座；七年级的国学课内容是《弟子规》《三字经》。

他们希望学生能体会国学的浩瀚。他们更希望通过这样的国学教育，陶冶学生的情操，启迪学生的智慧，发展学生的个性，净化学生的灵魂。

以上，就是历史组在构建有四中特色的课程体系过程中所做的一些工作。但我们远未停步，还有自己的追求，下面是历史组教师关于历史教学的感言：

李明赞：享教学一方净土，还学生一片蓝天。

赵利剑：历史——人文关怀、科学精神、公民意识。

王小琼：家国往事，百味人生；温情师生，激情岁月。

石国鹏：真实是历史教学的生命，理性是历史思维的核心。我的追求是与学生一起理性地反思历史的真实。

徐雁：走进历史，尊重历史，理解历史，知行合一。

王磊：培养学生终生学习的能力和兴趣。

魏鑫：尘封岁月，百态人生，自由读行，精彩感悟。

唐艳：拉进历史与现实的距离，使学生走进历史，感悟历史，提升修养。

申欢欢：探寻悠久岁月，洞察百态人生；积累古今智慧，思悟人类命运。

高耀敏：教学相长，共同探寻历史学的魅力。

这些追求，鼓舞着四中历史组的全体教师在中学历史教学的道路上继续不懈前行。

（五）地理学科

1. 理论学习与认识

新课程相对于旧课程，首先是理念上的调整，进而走向实践印证，直至进入良性循环的教育新轨道。此过程的第一步，便是从理性上认识新课程。对地理学科新课程而言，本次课改的突出特点是教学以课标为纲，教材为辅助学习材料，实行一纲多本。课标的核心理念是：让学生充分体验学习过程，学会自主学习，学以致用。知识则更以载体的功能支持学生学习能力的增长。因此，教材的编写融入了大量活动、探究性材料，同时大力度地打破学科知识体系，构建能力为核心的能力体系。具体分析如下。

(1)理念定位"育人"价值。

地理新课程"新"在理念。五个基本理念是课改专家站在世界及人类未来发展的高度对地理课程进行的功能定位(包括地理学价值、社会对地理教育的需求、学生健康心理对地理教育的需求等方面)。同时，它通过比较研究国际、我国港台地区高中地理课程的设置、目标、内容体系的差异，结合国情，最终确定形成。因此，课程理念是新课程的支撑性构成要素。

新课程形成的五个基本理念，源头是地理课程教育价值的功能定位，核心是育人价值的定位(提高国民素质是世界各国提升人力资源水平、增强国家综合实力的基本策略)。

地理学科在育人方面有哪些价值呢？具体表现在：第一，科学价值——地理课程作为一门科学课程承担着科学教育的责任，包括传承科学知识，形成科学思想，训练科学方法，培养科学品质、科学精神。第二，学科价值(一定程度体现在学科发展上)——地理学科以全球为对象，研究人地关系及可持续发展战略。第三，社会需求价值——地理学是一门应用性较强的科学，可持续发展观、全球性问题、世界与社会趋同和多样并存的特征、区域经济格局、智力资源、精神文化层面、"天人合一"以及"3S"技术应用等地理学知识都有重要的贡献。第四，学生健康心理形成价值——保护环境，合理利用空间与位置的生存需要，节约资源，热爱家乡、祖国，尊重自然、人文的多样性，人与自然和谐共处等健康心理的形成，地理学科也要承担重要的责任。

因此，地理新课程定位的五个基本理念，深刻揭示出地理学科的重要育人价值，对高中阶段地理教育的不可替代性做出了诠释。

(2)目标引导过程实施。

"高位"的理念，如果没有具体指导性标准，将会成为"空中楼阁"。新课程以新理念为指导思想，形成了3个必修模块、7个选修模块的课程标准。要以课程标准为底线，指导地理教师实施新课程的新理念。

课程标准毕竟是纲领性文件，地理教师必须有能力将抽象、宏观的课程目标转化为微观可操作的课时目标，然后将课时目标系统转化为课堂教学系统，最后转化为练习体系。这样才可能与学生的学习过程接轨。这些转化过程需要媒介，媒介就是教材。课标组配合新课程标准，编写了一纲多本的新课程教材，这既是教师转化课程标准的素材，又是学生可以参考的学习材料。教材怎么用？新课程倡导：用教材教，但不教教材。事实上，这并不是一个绝对怎样的过程，要用教材教，也要教教材，你中有我、我中有你这种辩证的逻辑关系，是有效运用教材的方法。关键要取舍有据。因为学生手头的核心学习材料就是教材，依据课标的基本要求选择教材的内容教是必要的。但教的目标不应仅为教会教材内容，更应该是以教材内容为载体，帮助学生建立起新课程理念支持下的发展观。这就叫课程目标引导教学过程实施。

(3)"多元"评价过程结果。

新课程关注过程评价，五条理念之一是：注重学习过程评价和学习结果评价的结合。为了实现这样一个理想，新课程在目标设定和教材编写中设计了很多活动建议和探究活动。教师可以根据自己学生的实际情况，有选择性地组织学生展开实践性学习，教师在实践中观察学生的全方位智力与非智力能力。这是个复杂的过程，操作起来难度很大，但确实是非常好的想法，是新课程很希望有所突破的大胆尝试。

2. 实践与探索过程

有了理性上的思考和认识，走进实践就清晰了很多。三年体验，潜心探索，我们经历了"研究课标、立足课堂、拓展思路"的逐步推进的实践过程，对新课程有了具体的第一手实践材料，为日后对新课程的深入探索和研究奠定了基础。我们的实践与探索过程从以下三个方面展开。

(1)研究新课标，有的放矢入门。

新课程特别强调：课标是魂，教材是载体，探究是重要方向，育人是终极目的。因此，进入新课程教育教学体系的第一步就是研究新课标。这样可以使教学的切入点有的放矢。新课程把课标置于首位是因为课程标准展示了新的教育理念，新课程要求教育过程由先进的理念引领，在育人的主流方向上保持一致。要实现这个理想，就需要教师认真研究课标的内涵思想。

怎么能深入理解课标？关键要对课标进行教学转化，即教师要能够把宏观、抽象的标准条目解读成微观、具体、可操作的课时教学目标，并且充分考虑学生的认知心理过程，建构起能够达成目标的有效教学系统。

基于这样的认识，进入新课程的第一年，我们的重点工作放在解读课程标准上，根据课标内容进行课时设计，并进一步对课标进行课时教学目标的转化，最后根据具体的课时教学目标进行教学设计。

怎么实际操作呢？课程标准的具体转化，要从地理教学本质入手考虑，主要包括四个方面，即学科核心知识、学生认知水平、教师有效的教学方法、社会背景知识。围绕这四个方面进行课时教学目标的转化，就可以把教学落到实处，实现学以致用，关注情感态度价值观提升的教育了。下面是朱海燕老师的一节课例。

我们周围的资源——气候资源的开发利用

乡土地理课程标准表述：举例介绍家乡在开发、利用和保护自然资源方面的情况。目的是帮助学生认识学校所在地区的生活环境，引导学生学以致用。乡土地理的学习能够培养学生的实践能力，使其树立可持续发展的观念，增强爱国、爱家乡的情感。

如何把握这些宏观要求？首先要将课程标准转化为课时教学目标。那么自然资源这部分的核心知识是什么？——什么是自然资源？它有哪些主要类型？北京市资源开发利用的成功经验有哪些？这些问题还是太大，对于七年级学生来说，有些遥远。这需要教师首先找到一个显微镜，所以我把视野缩小，选择其中与学生生活关系密切的气候资源进行深入剖析，选取贴近学生实际的校园生活为案例，把离学生生活较远的事物拉到他们眼前，分析校园气候资源的开发利用现实状况，落实课标对乡土地理教学的基本要求。这符合近体性原则，通过对校园生活有影响的主要气候要素的分析，使学生对校园生活环境有深入的科学认识，并且学以致用，增强热爱校园的情感，逐步树立可持续发展观念。由此确定了课堂教学目标。知识技能方面的目标有三点：第一，举例说出什么是自然资源及自然资源所包括的类型。第二，通过分析主要气候要素对校园生活的影响，初步学会用简单示意图解读气候资源的方法。第三，通过绘制简单的示意图阐述自己的观点。情感态度价值观方面的目标包括：学以致用，解决身边的实际问题，为学校进一步有效开发利用气候资源提供参考。

选择身边生活中的案例，就是基于学生的社会生活背景进行课时目标设计。核心知识是学科知识教学落脚点，还要进一步考虑学生的认知水平（学生易对易错的知识）和教学方法的选用。

本节课在学生学习了北京市自然地理环境特点之后，在地理教学中渗透人地关系的传统经典内容，应用性强，与实际联系紧密。在教学中需要结合正反两方面事例进行分析，渗透"处理人地关系时，要遵循客观规律"的思想，为学生树立正确人地观奠定基础，帮助学生树立科学环境观、因地制宜思想观。七年级学生的思维建立在形象基础上，因此教学需要提供充分的视像支持；由于是新生，对校园环境不是十分熟悉，但又热切盼望了解，因此选取教学案例，就从对校园生活环境有影响的主要气候要素分析入手，这恰恰弥补了教材的不足，把课本知识转变为校本教材，从学生生活中常见的现象出发，把案例问题化，缩小切入口，层层递进，引导学生形成科学认识。这符合七年级学生实际认识水平，并且由小见大，逐步提升学生的知识运用能力和知识迁移能力。通过绘制简单的示意图阐述自己的观点，对七年级学生来说稍有难度。教学选取的案例和视角符合学生认知实际，学生有兴趣；而学生容易在平面图三要素的表达上出现疏漏，在光照表示上出现放射状光线和直射光线，容易对身边的事物视而不见，因此谈不上应用。有效的策略是什么？第一，案例选取和呈现能够引起注意、激发兴趣、组织引导和建立联系。从学生生活实际中寻找问题，借助问题牵引学生思维，引出探讨话题。所以，本课选取了影响校园生活的气候要素进行案例分析，收到较好效果。第二，突出地理知识、技能、方法的策略。通过图像教学，在大尺度、慢变量、差异大的地理事物与学习者之间建立起更直观的联系。所以，本课选用了能够充分发挥肢体语言功能的板图，通过示意图的绘制和分析，切入学生的认识活动和思维活动。科学认识绝不是靠简单地传授正确概念就可以形成的。通过画图，帮助学生建构牢固的心理视像和图景，虽然很费时，但这正是学生学习的真实过程。让学生尝试错误，调整心理情绪，检验知识漏洞，在问题面前暴露自己的幼稚想法，找到问题症结并进行矫正，这正是心智技能训练的重要策略。第三，掌握地理规律，形成地理观念的策略。引导学生从地理视角出发解析案例，进而分析地理规律和原理，引导学生辩证看待人类活动，正确解释人类生产、生活活动与地理环境的关系，引导学生思考如何建立和谐的人地发展关系，使学生初步形成人地和谐发展的地理观念。本课重点就是结合校园生活实际，初步学会用简单示意图分析气候资源开发利用的方法，进而达到学以致用，切实为学校进一步有效开发利用气候资源，提供地理学参考。

从这个课例设计可以看出，由于教师用心研究了课标的本质理念，使教学设计和实施充分反映出新课程的思路，即学以致用，能力落脚。我们在高中的教学中，也是按照这样的思路，在进入新课程的第一年，我们的着力点就是研究课程标准和进行课时目标转化的教学设计。

（2）立足常态课，稳步实践调整。

课时目标制定是教学的基础，在此基础上，进行有效的教学设计，就可以达到常态课的扎实落实和新课程理念的整体实现了。

立足常态课，进行实践调整，是指关注每节课的教学设计是否有效进入了新课程背景；关注教学中继承了哪些旧课程精华，呈现了哪些新课程理念。

我们的实践过程是：第一年研究课标，形成新课程教学思路；第二年强化、巩固；第三年拓展实践。这其中涉及教案的规范程度，教学的扎实程度，不追花样的形式，热闹的课堂，不把表面的肢体参与看作学生思维的参与，教学抓本质等。下面是几节教案。

北京四中地理教案一

地理 科　七 年级　第 14 周　第 2 课时　2007 年 11 月 30 日

课题	2.4　北京市的农业
教师	赵丽娟
教学目标	1. 根据调查和生活经验，在地图上贴出生活中食物的主要产地。 2. 运用已贴出的食物产地分布图、北京市地形图和案例，分析影响北京农业发展的主要地理因素及其变化。 3. 根据自贴图和北京市地形图，说出北京市的三个农业区和主要农产品。 4. 通过讨论和资料，认识北京农业未来的发展方向。 5. 通过课前调查、课上讨论，体会学习生活中的地理和合作学习的快乐。

教学重点	影响北京农业发展的主要地理因素，北京市的农业区划。
教学难点	探讨北京市未来发展方向。
设计思路	通过课前调查，引导学生在课上运用所调查的资料发现规律，结合已学的北京市气候、地形特点等知识，分析影响农业的自然因素；结合学生的生活体验和资料，分析影响农业的人文因素及其变化。根据影响因素尝试进行北京农业区划，获得有关北京三个农业区的认识。通过讨论，探讨北京农业未来发展思路，总结概括北京农业发展的出路，帮助学生建立都市农业和区域农业可持续发展观。
教具准备	手绘纸质北京市政区图、各种农产品彩图，多媒体投影北京市政区图、北京市地形图、中国政区图。

教学内容和过程

阶段目标	教师活动	学生活动
总结展示调查结果，导入农业话题。	组织学生贴图。	在地图上贴各种农作物图片，呈现自己课前调查的生活中食物的产地分布。
运用贴图及地形图，分析影响北京农业发展的主要自然地理因素。	对话交流，引导学生逐层分析影响北京农业生产的自然地理因素。	观察贴图及地形图中农作物的分布规律，分析影响北京农业生产的自然因素。
根据作物分布图及生活经验，分析影响北京农业发展的主要人文地理因素。	提问、引导学生分析影响北京农业发展的主要人文地理因素。	观察作物分布图，依据生活经验，分析影响北京农业生产的人文因素。
运用自贴图和北京市地形图，说出北京市的三个农业区。	据图引导学生发现农作物的分布规律并进行三大农业区概括，引导学生对照教材中的理论农业区划进行评价反思，认识北京农业发展的过去和现在。	观察说出北京市的三个农业区，对照实际区划反思总结。
讨论北京农业未来发展方向。	提出问题情境：北京作为首都不能完全依靠农业，也不能没有农业。如果我们是北京某农村的村主任，请设想我们这个村未来的发展走向。	根据自己对"首都农业"的初步认识及生活经验，小组讨论，探讨首都农业发展思路。

作业	预习有关北京市的工业和商业的内容。
板书设计	第四节　北京市的农业 自然因素　气候 地形…… 〉 农业 — 市场 ↑ 运输 ↑ 科技…… 人为因素 ↓ 北京 { 远郊山区 远郊平原区 近郊平原区 } 发展→ { 生态农业 观光农业 }

北京四中地理教案二

课题	地域文化对城市的影响	时间	2008 年 10 月 11 日
教师	秦福来	年级	高一
课程标准	举例说明地域文化对城市的影响。		
教学目标	1. 阅读"书"中展示的北京、上海等城市建筑景观，试述地域文化差异对城市建筑景观的影响。 2. 观察北京城市南北轴线上的古建筑景观，试推断历史上北京城市职能的定位。 3. 通过"虚拟行走"中轴线，说出中轴线上的古建筑是怎样凸显"皇权至上"和"皇权神授"的皇权文化城市建设思想的。 4. 观察鸟巢和水立方建筑景观图，试述文化融合对北京未来建设的影响。 5. 讨论文化多元性保护，帮助学生建立"尊重和保护地域文化多样性"的观念。		
教学重点	1. 能说明皇权文化对城市建筑格局的具体影响，并体验运用地理剖面认识地域文化特征的方法。 2. 能说地域文化融合和趋同对城市发展的影响。		
教学难点	帮助学生建立"尊重和保护地域文化多样性"的观念，增强"文化可持续发展"意识。		
教学媒体	自制多媒体课件		

设计思路
本课从城市景观的地域差异引入，让学生感知不同城市的发展是各城市地域文化差异的结果。以北京城市为例，通过引导学生沿时间线索和空间剖面感受北京中轴线的建筑布局形态及建筑风格，认识北京地域文化(皇权文化及现代国际大都会文化)对北京城市发展的深刻影响。最后从城市发展的视角体会地域文化融合一方面带来城市的经济繁荣与发展，另一方面带来文化趋同及文化多样性减少，引发学生思考"地域文化可持续发展"的现实问题。

教学流程				
目标	教师活动	学生活动	媒体	设计意图
1. 展示各种"城市书"，感受地域文化差异对城市建设的影响。	呈现多本"城市书"。	感受地域文化差异对城市的影响。	多媒体课件	通过对比不同城市建筑景观"书"，感知地域文化的差异性。
2. 展示中轴线上的古建筑图，推断历史上北京的功能定位。	借助示意图介绍北京都城职能定位的地理环境背景。	认识北京地理环境背景决定下的北京都城职能定位，及其影响下的北京都城文化。	多媒体课件	让学生知道地理环境决定城市职能定位，城市职能定位又是城市建设的基础。
3. 通过"行走"北京中轴线，体验"皇权至上"思想的建筑景观表现。	创设情境让学生感受从永定门到故宫沿线建筑格局的变化。	通过建筑格局感知"皇权至上"的北京古代地域文化特色。	多媒体课件	创设情境，让学生从城市空间格局的轴线上，感知地域文化对城市建筑格局的影响，体验"阅读"城市文化的地理方法。
4. 分析北京天坛的建筑格局，感受"皇权神授"思想的建筑表现。	借助图片让学生感受天坛的建筑风格。	通过建筑风格感知"皇权神授"的北京古代地域文化特色。	多媒体课件	创设情境让学生感知文化对城市建筑结构的影响，体验"阅读"城市文化的地理方法。
5. 观察鸟巢、水立方建筑特色，探讨文化融合对北京未来建设的影响。	出示鸟巢、水立方图片。	认识文化融合给城市发展带来的变化。	图片	从发展的轴线上，让学生感受现代都市文化对城市的影响。

6. 通过探讨文化多样性保护问题，帮助学生建立尊重和保护地域文化多样性的观念，增强文化可持续发展的意识。	出示多张现代城市建筑景观及文化多样性图片。	探讨文化趋同与文化多样性保护问题。	图片	让学生感受文化融合带来的文化发展及文化趋同，增强保护地域文化多样性及文化可持续发展的意识。

板书设计

北京四中地理教案三

高二年级　　　　第 11 周　　　　第 2 课时　　　　2009 年 11 月 12 日

课题	美国田纳西河流域的治理
教师	曹彤
教学目标	1. 读田纳西河流域生活场景图，归纳本流域开发之前存在的主要问题。 2. 读图，说出田纳西河流域的地形、气候特征，推断水文、植被特征，并依据地理条件推断本流域存在的主要问题及成因。 3. 按上、中、下游分组讨论如何治理流域不同位置的问题，如何开发流域不同位置的资源。 4. 总结流域治理与开发的一般思路。 5. 对比中国怒江流域和美国田纳西河流域自然地理条件的异同，说出怒江开发过程中可以向田纳西河流域的治理借鉴的方面。 6. 通过认识国际性河流开发的注意事项，学生感受大国的责任意识、国家之间的合作意识。

教学重点	1. 读图说出田纳西河流域的地形、气候特征，推断水文、植被特征。 2. 依据地理条件，推断田纳西河流域存在的主要问题及成因。 3. 总结流域治理与开发的一般思路。
教学难点	1. 依据地理条件，分析田纳西河流域存在的主要问题的成因。 2. 总结流域治理与开发的一般思路。 3. 说出怒江开发过程中可以向田纳西河流域治理借鉴的方面。 4. 通过认识国际性河流开发的注意事项，学生感受大国的责任意识、国家之间的合作意识。
教学媒体	多媒体设备

授课过程

目标	教师活动	学生活动	设计意图
以中国怒江流域开发与否的争议引出流域开发的课题。	(出示)三江并流的图片。 (提出疑问)这里三条大江并肩流淌，呈现出壮丽的三江并流的景象。有哪三条江？哪一条是怒江？	学生回答，并指出怒江在图片中的位置。	以社会上存在争议的热点问题导入，提高学生的参与度。
	(出示)怒江流域的贫困状况的材料。 (提出疑问)给子孙留一条原生态的河流还是给怒江人民一条生路？ (讲述)既要保护生态环境又要开发利用，这样才能社会稳定、人民安康，这是可持续发展的思想。这已经是我们现在的共识了，但身在其中的怒江人民认识不到这一点，在自己的温饱问题没有解决时不会考虑给子孙后代保留原生态河流的。因此开发水能寻找经济的出路，成为当地人民的选择。于是就有了13级大坝工程上马。这么大工程上马势必影响生态环境，能不能一举两得呢？既让这里的人们有经济出路又使这条河流尽量保持原生态的面貌。 (过渡)我们希望有成功的示范作为借鉴？有没有呢？ 我们今天要学习的便是这样的例子——田纳西河流域的开发治理。	学生思考回答。	

田纳西河流域开发前存在的主要问题。	（出示图片）田纳西河流域人们的生活场景。 人们的生存状态如何？ 这里有没有可以支持其发展的资源？ 有这么多资源，为何这里还是如此的贫穷？ 我们看看他们利用资源干的是什么事？采掘、砍伐、加工木炭、做棉被，当地发展的是初级加工，没有深度加工，只能靠扩大开矿面积、增加森林砍伐量来获取更多的钱，这样下去容易带来什么问题？ 破坏植被、破坏土壤、水土流失、滑坡。 也就是破坏了土壤圈和生物圈，土壤贫瘠，水土流失严重。这种生态破坏会使得他们越来越穷。 这里还有没有使他们穷的原因？老闹天灾也穷。 这里有没有天灾？洪涝灾害。 这里要想致富得发展资源的深度加工，这里有没有可能发展，能发展什么样的工业？我们得研究这里的地理背景，知道了背景我们才能知道怎样致富。	学生回答。 贫困、不安全（灾害频发）。 森林、水资源、棉花、矿产资源。 资源利用的不合理。 开矿、砍树。 洪涝、灾害。 过度开矿和过度砍伐。	为之后的分析作知识铺垫。
分析田纳西河流域的自然地理环境。	教师出示位置图。请学生确定经纬度位置和海陆位置，说出位置特征，推断气候类型和气候特征。 （出示）气温降水图，说出降水的季节分布特征。 （通过提问造成学生的思维冲突）为何亚热带季风气候下冬春多雨，而不是夏秋多雨？ 那么一定是除了大气环流之外还要考虑别的因素，还可能是什么因素影响这里的气候呢？	读图回答。 地形。	重点知识落实，强化各知识点之间的逻辑联系。

	出示地形图，说出上下游的地形特征。能否解释一下地形是如何影响这里的气候，造成冬春多雨的？	回答。冬季时处在迎风坡，夏季时处在背风坡。	
	请你根据气候和地形特征推断水文特征。这些特征里哪些是导致该流域发洪水的因素？发洪水得有两个条件，即来的多，去的少，河道装不了才会洪水泛滥。（流量大，来水速度快，季节变化大，河道弯曲度大，地势低平排水不畅）	推断河流的流速、流量、结冰期、汛期等。回答，造成洪水的因素。	
分析田纳西河流域的自然地理环境。	我们刚才还知道每年的10月份这里是棉花收获的季节，这里适合种棉花吗？（出示）棉花生长条件资料。棉花生长季光照充足，但夏季降水不足，需引水灌溉，而夏季又是河流的枯水期，所以出现一个问题，即生长季缺水灌溉。这种问题会出现在流域的哪个位置？下游平原地区。怎么解决呢？可以调节河流的水量，让它冬春季的水存留在河道中，等到夏季时灌溉用。怎么让水存住，这个问题大家留着待会儿讨论。这里要发展工业，产品、材料得能运出去才行，这里交通便利不便利？陆运还是水运便利？哪里便利，哪里不便利？	学生回答。棉花生长季光照充足。上游水陆运输都不便利；中游陆运不便；下游陆运便利，水运不便（河道浅）。	重点知识落实，强化各知识点之间的逻辑联系。
	我们都能看到问题，如这里哪些是可开发利用的有利条件，矿产资源丰富能干什么，适不适合采矿，利用矿产发展什么工业等。这些问题也留着大家待会儿讨论。还有什么资源丰富？水能资源怎么利用？这也留着大家待会儿讨论。	矿产资源丰富。水能资源。	

针对田纳西河流域的自然地理背景和人类活动背景，提出治理和开发措施(分组讨论)。	水土流失属于生态环境问题，生活贫困属于经济发展问题。根据可持续发展的理念，生态环境问题是基础，把基础打好了，才能发展经济。于是本地最急需治理的是洪涝灾害问题。如何治理？在治理的过程中要考虑到整个流域的可持续发展，所以既要治理问题又要开发有利条件，让全流域人受益。		
	出示流域地形图，将流域划分为山区、丘陵区和平原区。将学生分为三组，分别讨论三个区域如何治理和开发。	相近组合、分配角色、讨论、设计台词、模拟对话。	
	(出示)田纳西河流域治理和开发的一系列图片。 (总结)梯级开发是整个治理和开发的核心，围绕着这个核心，这里发展了一系列的产业，获取经济效益的同时又保护了环境。		
总结流域开发治理的一般思路。	我们回顾一下我们是如何治理和开发田纳西河流域的。 我们先看到了该流域在发展过程中出现了很多亟待解决的问题，想找寻问题的解决方案，就要先分析自然条件，针对自然条件的利和弊，制定治理和开发方案。 所以我们得到了这样一套思路，不仅田纳西河流域适用，其他流域进行治理和开发时也得遵循这样一套思路。其实我们是在遵循自然规律，利用自然规律，因地制宜，扬长补短。我们最终要走上可持续发展的道路。	回答。	

对比怒江流域和田纳西河流域，分析这两处自然环境和人类活动的异同，归纳怒江流域开发过程中可以借鉴田纳西河流域治理的地方。	出示怒江流域的位置图片。 (提问)怒江流域和田纳西河流域的自然地理环境有无相似性？ 同样处在亚热带，为季风气候，降水变率大，地形崎岖，高差大，水量丰富，季节变化大。但是怒江流域有没有像田纳西河流域的洪涝灾害呢？(提示：每年我们通过电视、网络等看到的新闻里有关于怒江流域的报道吗？) 为什么没有？(不是中下游)上游地区是国家级自然保护区，植被破坏问题不严重。但是这里和田纳西河流域共同的问题是什么？贫穷。 我们可不可以借鉴一下美国的经验来开发这条河流呢？可以怎样开发？ 发展旅游业(这里发展旅游业最大的限制条件是什么？无铁路，无飞机场，盘山公路沿悬崖峭壁修建。)可以借鉴田纳西河流域梯级开发水电，但同时在上游利用廉价水电发展冶金工业，发展旅游业。利用多山的特点因地制宜发展立体农业。	读图，回答。	
课堂总结(流域开发治理的可持续发展思想)。	这种因地制宜、扬长补短的方法，不仅治理了流域内的问题而且综合开发了各种资源，获取生态效益的同时获得了经济效益，自然而然地实现了社会安定。于是可持续发展的三个目标都实现了，我们可以说这样走的就是一条可持续发展的道路。这是我们地理学对人类发展的重大贡献，也是我们这整册书的核心。	课题小结。	

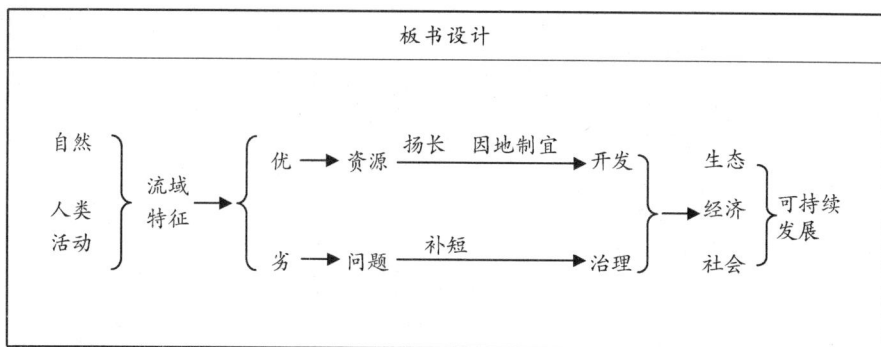

板书设计

从教案中可以看出，教师们对教育教学理念理解的逐步深入和实践探索过程。

（3）拓展新思路，把握育人方向。

新思路指区别于落实知识教学，在能力立意的教学思路上不断思考、开拓，从地理视角培养对未来社会发展有用的人才。

我们的做法是，根据不同年级教育特点，因时制宜，有效选择策略方法。高一年级以落实基本概念和原理为主，加强对学生地理学习习惯的培养与学习态度的评价，强化学生对区域差异意识和可持续发展意识、环境意识的渗透，理解地理之于日常生活的意义，对学生的态度情感价值观进行有效引导，为做人打好基础。高二年级以全面提升学生对地理原理规律的掌握和应用分析能力为基础，强化读图用图意识和理论联系实际的意识，建立综合、系统分析地理问题的思维习惯，树立地理之于区域发展的意义，提高学生的思维能力、学以致用能力。高三年级以全面落实北京高考考试说明为出发点，组织好一轮的知识全面复习、二轮的专题复习和每次模拟考试后的查漏补缺工作，重点指导学生养成严谨的地理思维习惯并训练其科学准确的表达能力。经过对高中地理的系统学习，帮助学生建立地理视角，使其在未来发展中多一个解读世界的视角，立足社会，长真本领。

新课程要求教师"高视角、低起点、近生活"，教学生关心身边的世界和生活，引学生发现、思考和解决现实问题，促学生关注人类未来的发展。

伴随实践的深入，关注点日益明朗，聚焦在：加强致用，深化探究，重视技术，研究评价，关注学生发展。

学生成长首先建立在教师成长的基础上，因此，在促进教师发展上我们选择了如下方法。

教研研修法——借助学科专家的引领；在新课程实践中，除了让教师们积极参加每周的区教研活动外，我们还利用教研组学习的时间，外请学科专家对新课程的理念和课例实践进行指导、开设讲座。例如，首都师范大学林培英教授，北京师范大学邱维理教授，特级教师王能智老师，北京教育学院何妮妮教授、张素娟教授等，极大地提升了地理组教师对地理新课程改革的认识和实践水平。

集体备课法——发挥老教师和骨干教师的中坚作用，使其经验在新课程实践中得到传承和发扬。地理组加大了集体备课的时间和力度，由组内经验较丰富的老教师和骨干教师分别担任各年级的备课组长，通过细致地分析课标，整合教学内容，注重对地理问题的探究，大胆创新教学方法和教学形式（如引入地理信息技术软件、校外实践课等），以满足不同学生的学习需求。

研究课——通过积极开设市、区、校级研究课，促进我组青年教师对新课程标准理念理解和教学能力的提升，加快青年教师的成长，提高教研组整体的教育教学水平。

新思路还体现在建设校园实践基地与吸引校外社会资源上。

3. 问题与反思

（1）问题。

有三个问题是近年来实践过程中日益凸显的，即如何有效落实研究性学习，如何在新课程背景下提高教师专业化水平，如何利用巨大的拓展空间因地制宜进行校本研究。这些问题是我们在接下来的实践中积极关注并着手解决的。

（2）反思。

怎样能够有效地落实新课程的基本思想理念呢？我们在不断实践新课程的过程中最核心的关注点是什么？怎么能够做到扎实有效？

第一，关注科学素质培养。

地理新课程的第一理念是：培养现代公民必备的地理素养。地理素养是一个人由训练和实践获得的地理知识、地理技能、地理能力、地理意识、地理情感等的有机构成与综合反映。它有显性、隐性之分。隐性的地理素养包括：欣赏能力、社会责任感、科学思想、科学方法、科学品质、空间意识、全球意识、环境意识、审美意识等。显性的地理素养包括：规划设计能力、判断能力、预测能力、决策能力、获取信息能力、处理信息能力、研究问题能力、实践能力、生存能力等。培养这些地理素养的目的是什么呢？就是提升学生的科学素养。科学素养的提升决定着一个人的科学思维能力，是开发其创造潜能的基础。地理教学中怎样实现这种理想呢？

办法一，有效地取舍教材。例如，《宇宙中的地球》一课教学，首先帮助学生建立科学的概念。教材中对天体、宇宙等概念描述含混，且对概念的形成过程解释不清楚，而人类对宇宙的认识是一个漫长的科学探索的过程。因此，在处理教材时，教师以科学史为线索，沿着时间轴线，与学生一起追溯科学家的足迹，认识人类探索宇宙、认识地球的充满艰辛和智慧的挑战过程。这样取舍和安排的教学设计，既符合学生探索未知的认知思维结构，又使学生获得了态度情感的震撼与教育。

办法二，引入前沿科研成果。例如，《人口迁移》一课，在分析人口迁移原因的环节中，引入了一些人口学者的研究成果来进行分析。引导学生根据研究成果中的真实数据图表，分析得出结论的体验，这样的过程属于"仿真"的科研过程，是课堂有效延伸科学视野的尝试。

办法三，创设情境，带学生步入真实的研究过程。例如，研究地壳运动，通过呈现珠峰脚下的菊石化石标本，设问"生活在距今几亿年前的浅海生物怎么爬上数千米高山"的问题，引导学生沿着时间线索步步推断过程，得出结论。同时，用橡皮泥做教具模拟地质工作者的工作场景，让学生在模拟实践中获得真实的科学认识。

第二，挖掘地理学科本质知识。

新课程标准没有以知识点的形式呈现教学要求，而是以标准呈现，其内含的思想是，要求教师根据标准挖掘学科的本质知识，进一步以知识为载体教学科本质。

地理学科的研究对象是地球表面人类的生存环境(家园)。其研究的核心内容包括地理环境组成要素的特征及成因分析、相互作用及相互关系分析(包括人地关系分析)、空间分异分析、动态演化时间分析。其研究的作用在于帮助人类认识自然，合理利用资源，改善生存环境(预测未来，方向决策）。地理学科的研究方法包括：利用不同的时空尺度视角对世界进行动态观察和综合定性分析；借助数学、物理学等研究方法建立模型定量研究。研究的手段包括：实地观察、勘察、采样，以及遥感、地理信息系统等现代化技术手段。地理学的发展越来越关注环境过程的空间格局、预测未来环境变化、多学科的广泛合作及参与决策咨询等方向。

在地理教学实践中，地理学科知识的本质可以概括为四个核心方面：时间视角、空间视角、相互作用和持续发展。时间视角和空间视角是地理研究方法的切入点；相互作用是地理研究内容的根本；可持续发展是地理学科应用价值的核心体现，也是地理学科的"魂"。这四个方面就是中学地理知识传授的"根本"，无论教材知识多么繁杂，只要"教什么"的主导思想明确，千变万化的知识就只是承载思想的载体，万变不离其宗。学生只要经历了核心思想的思维训练，就会拥有从地理视角应对未来世界的本领。

学科本质知识是能够解决现实问题的方法性知识，是能够唤醒人的生活动力的价值性知识。这样的知识是真正有用的知识，是对发展起支撑作用的具有增值作用的知识。挖掘学科本质知识并将其作为教学落脚点，就是在帮助学生形成独特的学科视角。

第三，加强探索实践训练。

新课程相对于旧课程，更关注的点是，提高学生实践能力，满足学生全方位发展的各种需求；目的是培养出有学科素养、有服务能力、发展全面的创新型人才。事实上，培养全面发展的优秀公民一直是我国教育方针的核心，只是从长期的教育发展看，暴露出的教育缺陷是实践能力不足，因此，新课程更加突出地强调了这一点。

如何加强学生的实践探索能力？新课程给出了一些可操作策略，如选修模块的设定、必修教材中的探究活动设计、研究性学习的开设等，引导教师从课内外不同渠道促进学生实践能力的发展，且给学生足够的自主选择的空间，以满足其兴趣发展的需求。

怎么实践能够使新课程这种设计落到实处？

办法一，课下实践，课上探究。例如，太阳高度角的变化规律，与生活息息相关，但人们很少每天、每时通过感受太阳高度的变化去认识地球所获得的太阳辐射能量的变化。于是，引导学生每天定时定点实际观察并记录太阳高度的变化数据，并将其应用于课堂探究，学生就可以感受到理论与实际结合的乐趣了。由于探究活动多，课时有限，可以分不同小组，让学生自选实践课题，并根据教学进度安排学生的数据应用情况。

办法二，走进社会大课堂。与社会博物馆等社会资源结合，如通过选修课的形式与地质博物馆结合，落脚博物馆上课，带领学生在真实的社会课堂学习，使学生了解岩石、矿物、矿产、宝石、古生物等，体会自主选择学习的过程，发觉兴趣方向，学做解说员，体会服务社会的快乐。

办法三，开设校园内的实践基地。例如，耕作一块土地观察并管理作物的生长过程；建设综合自然地理实验室。

办法四，聘请校外专家进校园，辅助教师提高专业本底，帮助教育专业硕士生在四中实习。

总之，设计并增加学生课外实践的过程，充实课内学习材料，目的是让学生感受到身边的生活是学习的最好素材，学习任何学科的终极目的都是解决现实问题，发现未知问题，服务社会，推动人类社会发展。

反思三年来新课程的实践经历，越来越清晰了新时代的学科教育教学育人方向，对下一步的深入探索有了更明确的目标，我们会不断努力。

(六)政治学科

自北京市启动新课程改革以来，我校政治组教师尽情体会着新课改带来的变化。这其中有困惑和迷茫，也有解决问题后的欣喜，更有收获和挫折教训。

1. 政治学科课程理论的研究情况

2007年秋季，北京市正式开始政治新课程改革。我校政治组教师首先在思想上积极接受上级部门和学校布置的培训，力争先从理论和认识上学习和适应新教学理念，以积极适应新课改的要求。近年来，在教研培训和学校领导多次讲话中，在同组教师不断地一线实践探索中，基本上对新课改理念达成共识，越来越深刻地认识到新课改首要的是教师教学观念的转变。没有教师观念的转变，无异于"穿新鞋走老路"，就没有新课改实质的改变。新课程的基本理念主要有：坚持马克思主义基本观点教育与把握时代特征相统一，加强思想政治方向的引导与注重学生成长的特点相结合，构建以生活为基础、以学科知识为支撑的课程模块，强调课程实施的实践性和开放性，建立促进发展的课程评价机制。

2. 政治组教师发展状况和在帮助学生成长方面的探索

（1）政治课教学是为人服务的，不是为书本服务的。

自教改以来，我们认识到新一轮政治基础教育课程改革不是简单的修修补补，而是以新的理念、新的模式、新的方法整体性地实现我国基础教育课程结构的根本性改变。新课程改革把教育目标确立为要促进每个学生的发展，以培养学生创新精神和实践能力为重点，强调基础教育要满足每个学生终身发展的需要，培养学生终身学习的愿望和能力。而受过去大的应试教育环境的影响，以往教育理念也确实存在应试成分，课堂中有更多偏重如何教知识、如何应对高考等问题，这实质上是以书育人的僵化。这几年中刘长铭校长听完政治组教师的课后，曾多次表达这样一种观点：教育是为人服务的，不是为书本服务的。这恰恰与新课改理念是一致的。正如《普通高中思想政治课程标准（实验）》指出，高中思想政治课进行马克思主义的基本观点教育，引导学生紧密结合与自己息息相关的经济、政治、文化生活，经历探究学习和社会实践的过程，切实提高参与现代社会生活的能力，逐步树立建设中国特色社会主义的共同理想，初步形成正确的世界观、人生观、价值观，为学生终身发展奠定思想政治素质基础。政治课要为学生终身发展奠定思想政治素质基础，在这一点上政治组教师在近年教改中空前达成思想一致，并无论在常态课还是公开课、研究课实践中都能积极贯彻探索这一理念。例如，近年来，政治组教师何石明、徐加胜等在讲述知识的同时渗透关于做人做事方面的教育，这一点在学生评教中得到了高度肯定；四中很多学生对政治课越来越喜欢。

（2）坚持马克思主义基本观点教育与把握时代特征相统一。

政治课要讲述的是马克思主义的基本观点，它的目的和性质、地位和作用、内容和方法都具有真理性，因为它符合中国国情。这是政治课的科学性来源，但是在当前社会环境下有一部分不好的社会风气质疑它，过多强调政治课是为国家意志服务的，忽略甚至抹杀它的科学性，致使有些学生对政治课本上的观点甚至持抵触态度。此外，影响政治课科学性的一个重要原因是教学中有时确实存在枯燥说教的现象，有说大话空话的情况。针对这样的问题，我们坚持马克思主义基本观点教育与把握时代特征相统一的原则，就是要求政治组教师在教改中既要坚持方向性、科学性，不放弃原则，又要避免以往政治教学中的枯燥说教。近年来，政治组教师在教学中总是能不断把课本理论与我国社会主义现代化建设的实际紧密联系，与时俱进地充实和调整教学内容。这样，政治课才能既有科学性又有吸引力。自教改以来，理论联系实际已是政治组教师的授课共同特色，几乎任何一节政治课，都能感受到师生对当下时政的关注。

（3）坚持德育和智育的统一。

过去传统课堂教学过分强调认知性目标，知识与技能成为课堂教学关注的中心，却把对人的生命存在及其发展的整体关怀放在了次要地位。而新课程教学要求进行价值本位的转移，即由以知识为本位转向以发展为本位，教学目标要真正体现知识、能力、态度三个方面的有机整合，使之符合素质教育的要求。为此，新课改以来政治组教师在传授知识的同时，也更加重视政治课德育功能的发挥。与过去相比，在政治课上我们除了注意发挥政治方向引领的作用，也特别注意对学生进行生活教育、职业教育、公民教育和生命教育。自教改以来，以下几个方面尤其是政治组教师在不同年级中着力渗透于知识传授过程中的一些德育目标：理解发展社会主义市场经济、社会主义民主政治、社会主义先进文化的意义；理解当代中国的公民道德建设和法制建设的基本要求；提高用马克思主义立场、观点和方法面对实际问题，做出正确的价值判断和行为选择的能力；提高在社会生活中正确处理竞争与合作关系的能力；增强依法办事的能力；树立热爱祖国，热爱人民，关心祖国命运，为实现中华民族伟大复兴而奋斗的志向；树立公民意识，关注社会发展，积极参加社会实践，诚实守信，增强社会责任感和民主法制观念；培养热爱集体、奉献社会、关心他人、乐于助人、团结友善的精神；培养乐于学习、尊重科学、追求真理的品质，具有科学态度和创新精神；培养热爱和平，尊重世界各民族的优秀文化，关注全人类的共同利益的世界眼光。

（4）坚持"三贴近"原则，构建以生活为基础的课堂教学。

过去传统政治课堂教学中的一个特点是"重结果轻过程"。教师在传统教学中，过分重视知识的结论，忽略知识的来龙去脉；而课程改革强调"重过程"，强调学生探索新知的经历和获得新知的体验。教师在教学中把重点放在揭示知识形成的过程上，让学生通过"感知—概括—应用"的思维过程去发现真理，掌握规律。为此在新课改中，政治组教师积极建构"以学生为学习的主体，发展的主体，教师在教学过程中处于主导地位，起着关键作用"的新型学生观和教师观。这要求坚持政治教学"三贴近"原则：贴近时代、贴近生活、贴近学生。也就是说，政治课改要立足于学生现实的生活经验，着眼于学生的发展需求，把理论观点的阐述寓于社会生活的主题之中，引领学生在认识社会、适应社会、融入社会的学习中，感受经济、政治、文化各个领域应用知识的价值和理性思考的意义，构建学科知识与生活现象有机结合的深受学生欢迎的政治课堂。坚持"三贴近"原则，能够使政治课具有生动性，使教学具有趣味性、活泼性、形象性和思考性。政治组教师近年来所做的一些有影响的课，如夏鹏老师的《尊严》、朱勇老师的《维护国家安全》、王凯老师的《身边的侵害和保护》、冀通宇老师的《民族精神》等市区级公开课，都很好地运用了这一特点，体现了这一特点，并获得了好评。

（5）强调课程实施的民主性和开放性，尝试建立促进学生发展的多样评价机制。

新课改教育理念表明学生不是被动接受知识的容器，而是一个个有自己思想的"人"。新课改以来，政治组教师在课堂教学中非常注重倡导开放互动的民主教学方式与合作探究的学习方式，积极关注学生的情感、态度和行为表现，使学生在充满教学民主的过程中提高主动学习和发展的能力。民主在这里指的是，教师从心灵深处做到与学生平等相处。从人际关系来看，教师是先生，学生是弟子，先生对弟子，教师对学生，在真理面前应以平等的思想为指导，认真地传授真理，学习真理，追求真理。在思想政治课教学中必须坚持"群言堂"，不能搞"一言堂"。要使学生感到自己是学习的主人，不是旁观者，要认真听取学生的各种看法和意见。近年来，政治课民主氛围浓厚在政治组不少教师课堂上都有体现。

在课程评价方面，新课程提出要"建立促进学生素质全面发展的评价体系"。新课改以来，我校政治课也在不断尝试建立促进学生发展的多样评价机制，如通过课前演讲、课堂学习表现、调查报告改变过去过分注重知识性的单一的纸笔测验的评价方式。在考试中，政治组教师在试卷命制中大胆创新，越来越通过设计一些如"设计一个黑板报，对企业宣传低碳理念"的开放性试题等，期望既考评学生掌握和运用相关知识的水平和能力，又考查他们的思想发生积极变化的过程，采用多种方式，全面反映学生思想政治素质的发展状况。

（6）积极打造具有四中特色的优秀校本课程。

在新课程背景下，校本课程建设是学校课程体系中很重要的一部分，有着重要意义：对于学校教育来说，校本课程可以丰富和完善课程体系，很好地弥补国家和地方课程中某些单一的地方。对于学生来说，有利于充分挖掘他们的个性潜能优势，促进他们的个性全面和谐发展。对于教师来说，校本课程开发也能够从多元智能的角度来定位教师，构建教师的发展道路，从而促进教师综合素质的提高。

为了实现上述的意义，政治组在最近几年陆续开设了"模拟联合国""西方经济学常识""青年投资与理财""西方哲学史""JA 经济学与MESE""蓝调口琴""吉他入门""书法艺术""国际风云"等一系列选修课程，并参与开设了"国学"校本必修课程。其中，"模拟联合国""西方经济学常识""青年投资与理财""西方哲学史""JA 经济学与 MESE""国际风云"等课程的开设主要着眼于学生的发展和四中的教育目标。四中的教育目标是培养杰出的中国人。杰出的中国人应该有全面而丰富的学养，应该有对现实生活的关注以及关注后的初步实践，应该有立足中国、放眼世界的国际视野。所以，我们希望通过我们的课程，使学生对西方哲学和经济学有比较全面的把握，从而能够更好地了解西方，进而更加了解中国。当然，我们希望学生能够拥有本民族的文化传统，这既能够使学生有一种稳定的归属感，又能够使学生在关注西方时有稳定的坐标从而获得更清晰的认识。通过政治领域和经济领域的模拟训练，学生在进入社会后不再有陌生、紧张和疏离感。实践证明，通过上述课程的学习，学生获得了长足的进步。尤其值得一提的是，四中的"模拟联合国"课程。该课程在北京四中起步较早，近年来，在何石明、王欣老师的带领下北京四中的模拟联合国代表团先后参加了 2005、2006、2007、2008、2009、2010 年度的北京大学中学生模拟联合国大会，并先后获得最佳代表、最佳礼仪风度等奖项；除此之外，四中的代表团还参加了 2006 年在印度新德里举行的国际中学生模拟联合国大会，获最佳代表和最佳立场文件奖；2006、2008 年复旦大学举办的国际中学生模拟联合国大会上，获最受欢迎代表和最佳立场文件奖；2008、2009、2010 年赴美国耶鲁大学参加模拟联合国大会，获得了宝贵经验；并成功举办了五届校内的模拟联合国大会，受到了师生的好评。在一系列选修课程中进步的不仅仅是学生，我们教师同样受益匪浅，因为其中的一些课程，作为教师的我们也是和学生一起接触、一起学习的。"蓝调口琴""吉他入门"这两门课程是政治组的张晓松老师开设的。张老师是国内蓝调口琴领域的领袖人物，也是蓝调口琴推广的先行者，所以四中的学生自然是近水楼台先得月。政治组的冯伟老师自幼学习书法，尤其在行书方面颇有造诣，尤为难得的是，他能够从美学的高度去俯瞰和分析中国的书法艺术，所以他开设的书法课使学生感受到的不仅仅是一种书法技艺，更是一种书道。政治组的夏鹏老师和徐加胜老师热爱传统文化，为四中的校本必修课程"国学"做出了很大的贡献。他们在北京市的国学研讨会上为兄弟学校的教师做示范课，进行主题培训若干次。夏鹏老师因此获得 2009 年北京市优秀地方课程与校本课程征集活动一等奖。在 2009 年 7 月，由中国教育学会、成都市教育局主办，青羊区教育局承办的全国中小学国学教育研究成都市青羊区现场会上，徐加胜老师上了一节现场示范课，赢得了来自全国各地的教育专家及一线国学教师的好评。

（7）更加重视教科研。

教育教学和科研活动是北京四中教育活动的两驾马车，两者相互渗透，共同成长，并最终落实在教育教学活动中。北京四中政治组具有重视科研的优良传统。尤其是新课程改革以来，政治组的教师更是在新课程实施中不断总结、反思，探索适合四中模式的政治课教学模式。在实践中研究，在研究中实践。

政治组的教师在教育科研中以教学对象为出发点。只有立足教育对象的研究，才能具有更好的针对性。新课程实施之前，政治组的教师就十分注重从教育对象出发，研究适合教育对象生理心理特点的教学方式。兴趣是最好的老师，只有尊重教育对象，适合教育对象，激发教育对象兴趣的教学，才是有效的教学。政治组的冀通宇老师对此进行了系列的研究，从《浅谈思想政治课学习兴趣的激发》到《浅谈政治教学中的"以人为本"》，都在不断探索适合学生的教学。王欣老师的《乐学的创建——培养学生政治课兴趣的尝试》《让"亮点"照亮学生的个性发展——选修课开设初探》也都体现了这一点。王凯老师的《新课程改革的教师观与学生观》和《用发展的观点评价每位学生——思想政治课发展性评价问题初探》，以及张晓松老师的《彼此尊重，教学互长》，以课堂教学为阵地，以教育理论为指导，理论联系实际，对新课程下的课堂模式、课堂教学方法等进行探究，寻找适合四中教学特点的教育教学的一般规律。谷红梅老师的《谈课堂设问的艺术》《新课程背景下政治课堂有效教学策略探析》、冯伟老师的《浅谈民主课堂模式的建构》、何石明老师的《政治课互动教学模式的有效实施》，都体现了立足课堂，探究新课程下的新方向、新尝试的过程。高三年级面临高考的任务，探寻有效地提升高三教学效率，提升学生解决和回答问题能力的教学策略是十分重要的。彭艳老师结合高三的教学经验，细致地开展了"细节决定成败——文科普通班政治答题基本规范训练探究"和"能知，亦能行"的研究，指导教学实践，取得了很好的效果。新课程背景下，政治课新教材有不少新变化，徐加胜老师立足教学实践，对新课程的教材进行了梳理和整合，撰写了《高中思想政治课〈文化生活〉教学与〈生活与哲学〉教学的有效整合初探》的论文，使教学中如何更好地利用教材的问题得到很好的关注。关注新知识、新理论，为政治课堂提供新的生机。如何利用好新的理论、工具，提升学生对政治课的兴趣，提高学生的能力，为政治课带来生机？朱勇老师结合教学经验进行了大胆的尝试，结合尝试的结果，进行深入研究，撰写了《"泰坦尼克"——在思想品德课引入生态体验式教学》《关于在哲学教学中引入电脑游戏的尝试》等论文。近年来，政治组教师结合新课程的研究多次获奖，其中冀通宇老师的《一次规则教育》获得了国家一等奖、彭艳老师的《拥有一颗西齐弗的心灵》《高三政治课差异教学中学习型集体建设初探》和谷红梅老师的《谈生活化思想政治课堂的构建》获得了北京市一等奖，谷红梅老师的《新课程背景下政治课堂有效教学策略浅析》获得北京市二等奖、国家二等奖，其他老师也多次获得市、区的奖励。

(8)加强学科组资源库建设。

课程资源是课程设计、编制、实施和评价等整个课程发展过程中可资利用的一切人力、物力的总和。政治组特别指派了朱勇、冯伟两位老师分别负责初中、高中电子资源库的建设。在每次集体备课中要求一位教师主备，必须有课件，其他教师补充，集备课组全体之力尽力形成一节完善的课，并全组共享，在此过程中政治组特别注意了文字与音像资源的积累，如涉及经济、政治、文化、哲学等各类社会科学，以及时事政治等方面的报刊、书籍、图片、录音、录像、影视作品等；也注意积累人力资源，如学生是学习的主体，学生的课前演讲也是重要的课程资源；信息化资源，如利用信息技术和网络技术，收集网上资源，包括文字资料、多媒体资料、教学课件等；还希望将来积极积累实践活动资源（暂未成行），如到农村去，出国交流，课堂外的其他参观、调查、访谈等。博物馆、纪念馆、文化馆、自然和人文景观、教育基地等，都是实践活动课程资源的一部分。

(9)加强教师队伍建设。

四中政治组是一支年轻而又充满朝气的队伍，组里有着良好和谐互助的氛围，各位教师有着乐学好学、爱岗敬业的良好风气。政治组的建设在徐加胜老师的带领下得到了校领导的多次指导，政治组也先后聘请了张伯华、苏建等教育名家做顾问。近年来，政治组教师都进步很大，他们认真学习新课改精神和不断拓宽教学专业知识面，在日常教学中强调集体备课、相互听课和评课，积极承担区里教学任务。政治组教师在全校评教中也进步很大，特别是夏鹏、朱勇老师在初中评教中名列前茅。夏鹏老师在 2007 年北京四中青年教师基本功大赛中获一等奖，夏鹏、朱勇老师在 2010 年北京市西城区思想政治学科说课比赛中获一等奖，朱勇老师 2010 年 4 月承担市级公开课《维护国家安全》并获北京市教学设计评比一等奖。政治组还积极鼓励该组教师担任班主任、年级组长，教学教育双肩挑。不少政治教师在年级组长、班主任工作中表现非常出色。

3. 政治学科在操作上存在的问题及解决对策

新课改中遇到的问题及解决对策如下。

（1）问题。

随着政治新课程实践的不断深入，也出现了一些教学中的新问题，突出表现为如下几点。

第一，政治新课程教学内容和教学量增大，教学时间紧张。教师在实践中普遍感到课程量多与课时不足的矛盾突出；探究活动过多难以展开；现行教学的物质条件对教材内容展示有制约；有不少教学内容以压缩式饼干呈现，文字量少了，但内容没有减少，实际教学内容反有增加。

第二，新课程过于看重感悟和活动，淡化了知识间的完整体系和逻辑联系。新教材用大量的材料来说明观点，以贴近学生生活，提高学生发现性、研究性学习的能力，但基本知识、基本观点的阐述缺乏严密性，部分章节内容给人一种什么都想讲又什么都讲不清、讲不透的感觉。例如，在谈到分配时，"提高两个'比重'"作为重要内容出现，但对其涉及的多个知识概念却没有任何讲解，学生难以理解，需要教师做大量补充。在教学中，教师都感觉到课时不够用，知识逻辑联系零乱，如果不充分让学生了解，那就只是走过场，流于形式；如果充分理解，那么时间难以把握，课时不够，教学进度无法完成。

第三，教学中存在流于热闹形式的特点，而过后缺乏知识收获。在教学中坚持"三贴近"原则，很能调动学生学习积极性，但有时课堂上存在流于热闹形式的情况，而缺乏知识上的严谨有体系的收获，特别不利于有志学习文科的学生对知识的准确全面把握。

（2）解决对策。

第一，树立新课程观，加强教师对政治新课改实施的认识，促使其不断升华。理念是实践的先导，也是课改的灵魂。终究有一些教学改革的困难其实来自旧的教育观念的束缚。因此，要不断加强对教学理念的学习理解，不断地提高自身的综合能力，通过写教学后记、案例分析、观摩他人的教学成果、交流与探讨、与学生进行反馈教学等方式不断地改进教学过程，要考虑教学的实效并以此作为课改的支点。这样才会使解决问题有新思路、新视角，促使教师不断升华。

第二，既要以学生为本，又要提高政治讲授内容的思想性、逻辑性、现实性。在政治课兴趣调动上，坚持"三贴近"原则调动学生学习积极性是正确的，但要注意课堂热闹的并不一定全是好课，教学不是主要展现有趣事例。真正能够调动学生兴趣的，其实是课本原理，是课本原理与现实的紧密结合，是知识的运用，是知识能为学生的成长提供些什么样的借鉴，即兴趣在政治课的思想性、逻辑性和现实性，是教以致用。所以，真正调动学生兴趣的关键应是寻找原理与现实的结合点，即针对教学内容，学生可能会有什么已知知识和经验，教师应通过一定问题或情境激发学生利用已有知识或生活经验参与学习的积极性，让学生感到知识就在身边；学生对这样的知识有话说，但又说不好，就愿意聆听、接受，探究，这样学生学习政治的兴趣就会被调动起来。只要贴近学生，找到结合点，即使只是平凡简单的事例，也能很好地吸引学生；这好比好厨师，白菜豆腐也能做出上乘美味，而非处处寻找稀奇材料。所以，政治课教改要避免走形式，好课不全在热闹。

第三，提高课堂教学效率，解决课时不足问题。课时不足的问题其实从某一方面对政治组教师提出了更高的要求。在全市统一的课时内，没有加课、补课而较好地完成教学任务，就是要求我们要更好地向40分钟课堂要效率。我们的政治课堂有进步，但也还有很大潜力可挖。例如，课堂上使知识容量更加提高，教学节奏更加紧凑，教学思路更加清晰，高屋建瓴，这是今后政治组要继续不断提高教学水平的重要环节，也是当下解决课时不足的重要举措。

迈步在新课程改革这条路上，政治组教师有收获也有问题，可能没全在这里表达出来，也知这条路任重道远，但我们有战胜困难、勇于创新的勇气，为此敬请教育界同仁给我们提出宝贵意见。

(七)物理学科

新课程改革以来，物理组全体教师热情、认真地参与其中，从认真研究教材入手，体会新课程教育理念；以课堂教学为突破口，实施新课程教育目标；对学生学习过程记录、评价，反思新课程实施效果。

1. 新课程实施过程

(1)研究教材，研究知识。

首先，新课程的教育目标、教育理念都具体地融合到新教材中。通过新课程培训，与专家交流讨论，再到课堂实践，我们意识到，要想"教好"学生，教师首先得有扎实的业务功底。所以，在备课过程中，教师们争论最多的，就是对知识、概念的理解。在每年上交的教学论文中，有很多篇写的都是对物理知识、概念的理解和教学中的体会。四中张子锷先生曾说："要给学生一杯水，老师要有一桶水。"在新课程中，我们达成共识，不仅要有一"桶"水，更要有一"缸"水，再具体一点就是，教高中学生，教师们的知识不能只停留在高中层面上，要上升到普通物理，甚至是理论物理水平。

其次，"教教材"与"用教材教"的区别。近年来，我们在市、区教研中，纠结、争论最多的莫过于教材的"问题"，纠结于知识的呈现方式的不同，争论于知识安排的合理性。但在学校给教师们发的《教什么知识》一书中，提到了"教教材"和"用教材教"的观点："教教材"反映了传统或者说狭隘的教学目的——为了教知识而教；"用教材教"反映了新课程的教学目的——促进学生的发展（不仅仅是为了知识传承）。看到这一点，我们也有所悟：其实我们教师的"纠结"或是"争论"，可能基于我们教育教学的观点大多时候仍停留在"教教材"的阶段……

再引用陈理宣老师《对知识内涵与教学任务的反思》一文中关于知识的理解：知识是教学用于培养人的内容，它形成学生理解人生、世界意义的心智框架，教学过程中知识内涵的丰富程度某种程度上决定人化的程度。因此，反思知识与人的意义关系，寻求知识"本真"形态以及"本真"意义，是教学必须解决的问题。

所以，研究教材的更高阶段，应该是"对知识教学客观可以揭示或者说可以侧显什么样的情感态度价值观和方法，进行深入而充分的研究"。看到这一点，令人想起四中教科室正在筹备出版的《让心灵醒着》一书（主要内容：学科教学中渗透四中价值体系教育中"生命教育、生活教育、职业教育、公民教育"四类）。这一点与新课程的理念不谋而合，如下进行举例说明。

（岳鹏老师）记得在讲"温度"这一概念时，我曾向学生介绍过诺贝尔奖获得者朱棣文的工作"激光冷却原子"，在谈到"冷却"的含义即降低原子热运动的剧烈程度时，学生们好像突然发现了自己所学的基础知识居然离高精尖的科研工作如此之近，领会了"高楼万丈平地起"的含义。又如，在学习"带电粒子在磁场中的运动"时，我向学生们介绍了 α 磁谱仪，当我说到这是用于探测宇宙空间的反物质时，学生们很兴奋；当我说到这是由丁肇中主持的研究工作时，他们更兴奋了；当我再说到其中的强磁体是由中科院电工所研制时，他们"哇"了起来。显然，他们的兴奋既有对自己所学基础知识在高科技领域应用的"没想到"，也有为中国人在其中的贡献的自豪感。再如，讲到能量守恒定律时，我曾把物理中的能量守恒、自然界中的守恒以及社会生活中的"得与失"相联系。我发现，学生们对这样的"联系"很感兴趣，因为他们从中体会到了"守恒定律"真乃自然界的"大"规律也！另外，这也对学生建立普遍联系的观点非常重要。我认为，当学生对基础知识的认识不再浮于表面时，自觉学好基础知识、掌握基本技能就很自然地成了他们自己想做、乐意做的事情，而且，他们的学习重心也不会再偏到"题海"中去，理解概念和规律会成为他们自觉的思维习惯。

（2）研究教学。

第一，学生学习能力的培养阶段。

结合新课程的教育理念，培养学生终身学习能力是教育的终极目标。我们将学生学习能力的培养过程分为两个阶段：爱学、会学。

阶段一：爱学。近年来，我们共同认识到，"兴趣是最好的老师"，所以小到一节课上，我们坚持"以创设物理情境为切入点"的教学方法，激发学生学习的兴趣，大到整个教学过程，努力使教学要求与学生的实际学习能力相适应。教学循序渐进，教学内容由简到繁，由易到难，由部分到整体，由片断到系统，逐步引导学生深入理解，使学生跟得上，可以独立完成作业，考试可以取得好成绩，然后逐步引导学生进行有深度的思考，运用分析、综合、比较、对照、归纳、演绎、对称、守恒等方法，逐步揭露事物的本质和规律，从而产生学习物理的兴趣。

阶段二：会学。"知识不是老师给学生讲明白的，而是在老师的指导下，通过学生自己的钻研弄明白的。"这是新课程中"以人为本"的核心思想，也是新课程关注学生终身发展的必然要求。我们从高一开始就实施的物理"免修"制度，就是对学生自学能力的最佳褒奖。每年都有学生通过自学达到要求，得到"不上物理课，可以去自习室自学"的待遇。这样的学生，我们不担心他们的物理成绩。其他的学生，我们也是不断地创造条件让其学会自我学习。在高一、高二课堂上留下学生自学的空间，搭建学生自学的平台，对重点难点知识进行详细讲解，对多数学生能理解的知识进行简要讲解，对学生完全可以看懂的以及应该让他们自己思考的内容就不作讲解。逐步使学生会阅读课文，会提出问题，然后带着问题议论，查阅参考资料，完成课后的习题，并对习题进行分类、归纳与总结。对高三阶段的学生，更加重视培养其自主学习能力。例如，高三第二学期，我们针对新课程的六本书中一页一页的内容设计了一个一个的问题，发给学生，让他们带着问题去读书；再如试卷讲评，试卷批阅后立即下发，让学生自查、纠正。对于试卷中未能解决的问题先在同学间讨论，若仍有疑难，留到讲评课上重点研讨。对于出错率较高且学生课下讨论后仍有疑问的题目，讲评课前让在这道题上出错的学生进行准备，在讲评课上讲解。

通过实践，我们认识到，"给学生一杯水"，重要的在于如何将自身的这"桶"水给学生，而更重要的是如何让学生有自我获取这"杯"水的能力。

第二，物理教学的思想教育功能。

提到教学，我们就不得不提到物理教学的思想教育功能。我想，这也是新课程关注学生发展的重要方面。

方面一：通过物理教学，对学生进行辩证唯物主义教育。

物理教学能够使学生逐步体会人类对事物的认识不断深化的过程；使学生克服形而上学观点和绝对化的思想，逐渐树立辩证观点；有意识地向学生渗透"各种运动的形式，相互依存，相互转化"的思想；引导学生注意事物的共性和个性；渗透"具体情况具体分析"的思想，分析事物的内在矛盾，克服片面性和表面性。

方面二：通过物理教学，对学生进行爱国主义教育和民族自豪感教育。

方面三：通过物理教学，促使学生"用科学""信科学"。

第三，物理课堂教学的特征。

研究物理教学最重要的方面，就是总结物理课堂教学的基本特征和一般规律。在北京市新课程实施过程中，陶昌宏先生提出的四点，最概括、最深刻地反映出物理教学的特征，也得到了大家比较一致的认同：以创设物理情景为切入点；以观察实验（事实）为基础；以培养学生的思维能力为核心；以提升学生的科学探究能力为重点。

2. 新课程实施的影响和阶段性成果

（1）青年教师的成长和对校外物理教育的支持。

正是伴随这样不断的反思和实践，我们的教师不断成长，在胜任四中物理教学工作的同时，也积极地参与市、区的物理新课程教学活动。四中物理教师中有市区校级学科带头人共7名。在区教研活动中，几乎每个年级每学期都有物理教师承担两到三次教材分析；区练习题、模拟试卷的设计研究，都有我们的物理教师的参加。几年里，物理组教师举行过区开放日，每学期每个年级至少开设两节公开课。2012年11月27日，物理组召开了"北京市新课程物理课堂教学《主题》现场会"，全面展示了我们在新课程实施以来的一些成果。在教学论文的撰写方面，我们每年都是西城区交得最齐、获奖最多、水平最高的学校之一。李靖老师积极参加第八届全国中学物理教师现场教学大赛交流课；李德胜老师代表北京市参加第五届全国中学教师录像课评比，取得第一名的优异成绩；李靖老师、武凤萍老师获得第九届全国录像课教学设计一等奖；魏华老师获得了北京市高中教师基本功比赛一等奖。

在西城区创新人才培养计划中，物理组结合在日常培养优秀生方面的经验，主动承担了其中重要的培训工作。其中，有六位物理老师长期在周日参加西城区优秀生培养工作，并取得了优异的成绩。

(2)学生科学能力的培养。

结合新课程培养目标，我们提出物理教学要充分重视实验教学，强调"用现象和事实说话"，重视让学生"从观察得到的感性经验出发，逐步通过理性思维来接近事物的本质"的理念。基于这样的理念，在日常课堂教学中，除了课本和教参中介绍的分组实验和演示实验外，教研组的教师们还改进了一些教学仪器，也自行设计了一些教学仪器；教研组定时进行交流。例如，物理组教师通过讨论交流得到如下结论：超重和失重演示仪操作简便、现象明显；两用线控火箭、空气火箭可用于课堂演示，水火箭可用于课外活动，可射至3～4层楼高；改进后的日光灯示教板可以演示启动器的通、断状态的变化；改进后的电容器充放电路充放电时间得到延长，演示效果明显等。(见图5-19至图5-23)

同时，我们认识到，落实新课程，就要让学生在"做中学"。我们创造性地设计了一些分组实验，取得了很好的教学效果，如楞次定律一课中让学生自己用导线绕制线圈研究电磁感应现象；电动势一课中让学生自己制作水果电池，测量水果电池的电动势，并探究水果电池的电动势与哪些因素有关；在电容器一课中设计定量分组实验探究电容与两板间

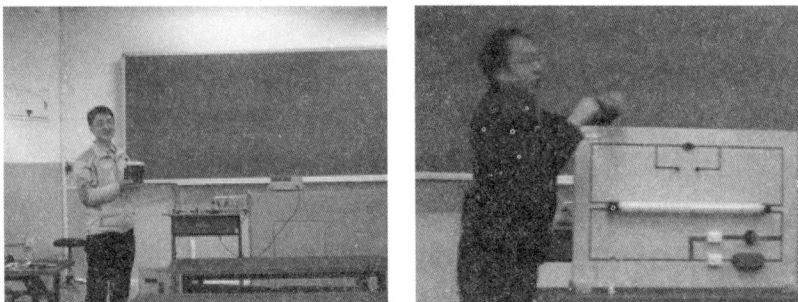

图 5-19 物理教师在交流中

图 5-20 两用线控演示用火箭

图 5-21 法拉第笼

图 5-22 电容器定量实验

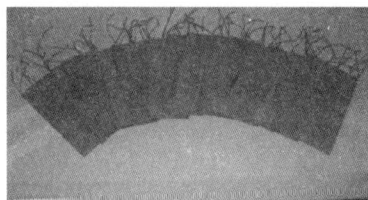

图 5-23 红光和绿光的干涉条纹对比

的距离、两板间正对面积的关系，让学生自行设计多种方法测量水的折射率；同时我们安装了朗威 DIS 实验室，利用实验室开发了非常多的可操作、可探究的实验。

我们还不断创造条件提供给学生"自主学习"的机会。第一，在学生中开展小制作评比活动，如制作杆称（见图 5-24）、时间尺（见图 5-25）、验电器（见图 5-26）、火箭模型等；第二，在学生中开展实验技能比赛，如判断黑匣子问题，电路故障的检查和排除，汶川地区地震期间用物理方法测量行政区面积，鸡蛋撞地球比赛等；第三，在教室、实验室外设计布置一些实验装置供学生们玩耍和研究，如最速降线（见图 5-27）、电磁阻尼（见图 5-28）、傅科摆等；第四，重视物理小组的辅导。学生积极参加全国中学生物理竞赛并取得了较好的成绩。这里就不一一罗列。

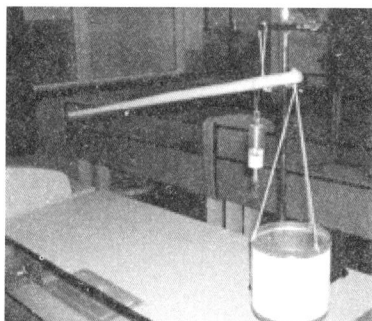

图 5-24　学生制作的杆秤

图 5-25　学生制作的时间尺　　　　图 5-26　学生制作的验电器

图 5-27　楼道中的最速降线　　　　图 5-28　楼道中的电磁阻尼

总之，对于参加的教师而言，新课程是一次洗礼，只有深入其中，才深深体会到新课程对我们的教学、对我们教师提出了怎样的要求。我们也只有不断学习和实践，才能真正体会到和落实好新课程教育理念。

(八)化学学科："过程教学"的继承与发展

1."过程教学"的核心思想

"过程教学"的核心思想主要体现在如下两点。

第一，充分展现学生的思维过程。

以知识为思维的载体，以发展学生思维为主线展开教学活动。把提出问题、研究问题、解决问题贯穿于整个教学活动，克服传统教学中教师思维代替学生思维、限制学生思维的弊端。

第二，突出问题的研究过程。

在教学过程中，让学生发现问题，提出假说，收集资料，分析信息，实验验证、探索，得出结论，形成研究意识和方法。

"过程教学"是一定意义上的课堂教学中的研究性学习。在教学活动中，注重研究过程，而不仅是结果。

"过程教学"的特点包括：课题提出的问题性、学生地位的主体性、信息交流的多向性、教育对象的全面性、研究过程的动态性。

2."过程教学"的实施阶段

我们实施的"过程教学"，目前可分为如下三个阶段。

第一阶段：在"过程教学"指导下单堂课教学实践活动。

《原电池》教学实践

《原电池》一节的教学过程表现为，发现问题—提出假说—设计实验—实施实验—得出结论—提出新问题进行再实践再认识，环节清楚明白。

近年来，我们在新课程精神指导下开设的研究课有："离子反应和离子方程式""气体摩尔体积""氯水的成分""氯气的实验室制法""钠的性质""二氧化硫的性质""酸雨的形成与防治""海水资源综合利用""元素周期律""化学键""氢氧化铝的性质""亚铁离子与铁离子间的相互转化""化学反应速率""化学平衡""如何证明醋酸是弱电解质""盐的水解""原电池""酯化反应""有机序言""苯""乙醇"等。

第二阶段：在"过程教学"指导下进行一章教材分析和教学实践。

《气体摩尔体积》教材分析和教学实践

在《物质的量》教学引入环节提出两个问题：一是两种物质能恰好反应的本质原因是什么，二是在实验室中如何量取一定数目的微粒（质量——天平，体积——量筒）。教学结束时学生已经能运用天平称取一定物质的量的某微粒，进而会对能否通过量筒量取一定物质的量的某微粒感兴趣，适时提出问题：影响 1 mol 某微粒体积的因素有哪些？教师要求学生查找各种物质固体、液体、气体的密度，并将这些数据计算处理以得到该密度下的体积，再上交给教师。这样，《物质的量》教学为《气体摩尔体积》教学埋下了伏笔，两个课时的教学内容之间形成了一个整体。

除此之外，我们还对《物质结构　元素周期律》进行了单元设计实践。

《物质结构　元素周期律》单元设计实践

"原子结构"：以历史年代和原子结构重要发现为线索介绍原子结构发现史，结合史实在学生面前展现经典试验方案及试验数据。

"元素周期律、元素周期表"：根据实际教学需要我们将元素周期律和元素周期表合并在一起实施。其主要教学过程如下。

教师：事先发给学生各元素的主要参数卡片。要求学生讨论找出一个合理的体系将各元素能相对地纳入体系并介绍给大家。例如，可从英文名称入手，看看从这一角度入手，我们所整理的元素有哪些规律性的现象，在介绍时，注意把握以下问题：分类的角度及发现的规律、现象有哪些？这些相关现象之间内在的联系是什么，谁是主要因素？

学生1从原子序数排序；学生2从原子量排序，有异常；学生3发现周期的起止点；学生4未发现新规律（及时评价：未发现新规律本身就是发现）；学生5按英文名称排序；学生6按中文名称排序；学生7按状态分类；学生8按原子半径分类，学生以四人为一小组进行分析讨论。

归纳结论：第一，通过分析发现规律及周期的起终点；第二，引用欧德林原话及感想过渡（周期性变化、发现周期现象）。

在讨论的基础上，设计并实施实验以验证化学性质规律，完成实验，归纳总结元素周期律（将教材中不恰当的探究性试验转化成有目的的验证性试验，使教学过程变得更加合理）。

绘制元素周期表，交流及介绍长式结构，让学生将自己的想法转化成具体的表达形式（对学生进行科学方法提升）。

"晶体"（新课程体系下处于物质结构模块）：课前，教师收集常见物质的熔点、沸点、熔化状态下导电性、物质分类及化学键类型，制成Excel表供学生研究之用。

以教师提出研究题目为引入，教师问：为什么有的物质很软，熔沸点很低？为什么有的物质很硬，熔沸点很高？造成这种差异的原因有哪些？根据老师提供的数据进行分析，看看可以得出怎样的结论？学生四人一组讨论。

学生1按沸点由低到高排序，发现沸点低的物质有一定规律：一般是气体，是由非金属—非金属元素构成，但是，非金属—非金属元素构成的物质有的具有很高沸点。

学生2运用筛选功能将离子化合物筛选出来，发现它们的熔沸点一般很高。

学生3找气态氢化物，沸点一般较低。

学生4在气态氢化物中按族筛选，发现规律，N、O、F异常，发现范德华力的变化规律及氢键，并利用Excel功能做出沸点变化折线图（见附录）。

学生5在离子化合物中，按含同一元素同一族筛选，发现离子化合物规律。

学生6发现，非金属—非金属元素构成的物质晶体不同，构成晶体的作用力不同由共价键和范德华力不同导致。

学生7发现非金属—非金属元素构成的原子晶体中的高低关系。

……

小结：物质具体四种晶体类型。每种晶体作用力不同，导致物质性质差异明显。范德华力影响因素，离子键影响因素，共价键影响因素。

本章设计意图：注重对学生科学方法的教育，在分析大量无序数据时，进行如何处理数据的科学方法教育。通过本章的学习，提高了学生分析、处理、应用数据的能力,渗透了辩证法,尤其是一般与特殊的关系(在氢键的发现过程中),另外特别注重历史方法的再现。

第三阶段:在"过程教学"指导下回归化学本质进入教学的自由王国,在教学评比和交流中获得同行的广泛认可,获得优异成绩。

醛

北京市高中基本功比赛一等奖

孟海燕

生活线索	知识线索	活动线索
情境引入	醛的结构	对比分析
甲醛检测	↓	分组实验
甲醛危害	醛的性质	师生交流
减小危害		信息检索

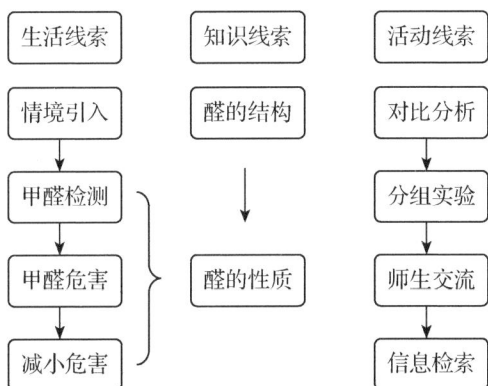

环节一:设情境,展示生活中常见的醛类物质,使学生总结出醛类分子的结构特点。

环节二:提供检验空气中甲醛的方法,并组织学生用高锰酸钾来检验甲醛。在此,结合实验现象和醛分子的结构,得出醛基可以被氧化的结论,同时继续引导学生关注醛基官能团,预测出醛类的通性,也就是说,它们既可以被氧化,也可以被还原。

环节三:验证学生预测的加成反应,并借此解释甲醛对人体具有危害性的原因。

环节四:布置任务,学生通过无线网络检索信息,寻找一些解决问题的相关方法。安排本节课的作业。

亮点一:生活融入,情境贯穿,始终推动课堂进展,成为内在驱动力。

亮点二:贯彻"结构决定性质"的化学学科思想,并以之为主线探讨未知物质的性质。突出了化学学科思想在解决具体问题时的核心位置。

亮点三:通过知识升华和课外作业,为学生创设足够开阔的平台,激发学生自主学习的欲望。不束缚学生思维,而是充分拓展学生视野,为学生利用基本学科思想解决实际问题打下坚实基础。

无机非金属材料的主角——硅(第1课时)

全国优质课评比特等奖

刘银

环节一：二氧化硅的昨天。

通过对玻璃制造原理及其成分的分析，初步建立从材料的角度学习物质性质的意识，明确课题。

环节二：二氧化硅的今天。

通过以二氧化硅为基础原料制备硅胶和水玻璃，初步形成从材料学性质出发的研究思路，建立硅的化合物的转化关系。

环节三：归纳总结。

含硅物质的转化关系，以及相应的研究思路与方法。

环节四：二氧化硅的明天。

展望以二氧化硅为核心的含硅材料在未来推动社会发展中的重要作用。

亮点一：利用二氧化硅的昨天、今天和明天将教学环节有效串联。

亮点二：将材料学习方法隐藏于教学环节之中，知识学习与方法学习同步。

亮点三：教师对教材、新课程的理解与教师本身素养完美结合。

空气(第1课时)

全国初中化学优质课(华北区)观摩评比现场课一等奖

洪云波

环节一：创设情境，明确课题。列举出生活中能证明空气存在的实例。

环节二：回顾历史，体验探究空气组成的经典过程，讲述人们对气体的认识以及科学家发现空气中存在氮气和氧气的历史。通过对"燃素说"的解读，分析定量测定没有成功的原因。解读拉瓦锡能够成功定量测量空气中氧气含量的历史背景，并组织学生从已有知识出发思考讨论定量测量的原理。

环节三：分析并模拟测定空气中氧气含量的实验——空气中氧气含量测定(从选取的反应、装置、实验操作等角度分析)。

环节四：继续体验探究空气组成的历史，解读稀有气体发现史(组织学生分析雷利发现"氩"的过程）。

亮点一：空气对学生来说是非常熟悉的，不仅因为在小学科学课中已经对空气有了一定了解，更重要的是它与人类的生活关系非常密切。本课教学符合从学生熟悉的事物入手，进行科学教育的教学原则。

亮点二：从了解拉瓦锡研究空气成分开始，到做模拟实验来测定空气里氧气的含量，再到看图片认识空气的主要用途和保护空气，深入浅出，为以后的学习提供了一个合理的思维程序。

亮点三：通过本课题的学习，带领学生体验空气研究的科学历史，让学生充分体验了科学家研究客观物质的严谨科学精神，同时产生了化学学习的浓厚兴趣。（见图 5-29）

图 5-29　洪云波老师正在上现场课

3."过程教学"的作用和待研究问题

"过程教学"的研究和实施，使教师专业素质得到了发展，满足了教师自我发展的需求。通过提高教师能力和积极性，提高了教学质量。通过课堂模式变革——创设问题情境，激发学生的内部动机，提高学生积极性从而提高教学质量，使其形成良好的学习习惯并发展分析和解决问题能力。化学组有相当部分教师具有多年的教学经验，熟悉化学学科体系，教学基本功扎实，教学设计适应学生的认知发展、效果显著。

有待进一步研究的问题：

第一，如何更加深入地了解学生的思维活动过程，如何评价。

第二，学生的知识水平易于外显，易于评价；而能力素养的发展水平如何评价则有待进一步研究。

第三，"过程教学"对学生的知识基础要求较高，要求学生有参与过程的需要和经验，这较易引起学生畏难情绪和恐惧心理。学生通过课外提前学习来克服心理危机，但会对课内学习造成冲击。

(九)生物学科：教学方法的创新

近年来初高中生物课程改革正在广泛实施和深入研讨。新课程在课程理念、知识体系、具体教学内容、知识呈现方式等方面都有非常大的变化。新课程对于教师而言，是挑战，也是教师专业化水平进一步提升的机会。北京四中生物组的教师们在继承优秀的教育教学理念和实践经验的基础上，以深化生物课程改革的研究为契机，以积极的心态潜心研讨学科教育教学，取得了丰硕的成果。

1. 富有四中特色的生物实验教学体系

(1)构建初高中生物实验教学体系，促进学生的探究式学习。

生物学是一门实验学科，北京四中初高中的生物教师们综合新课程不同版本教材和北京四中实验教学经验积累，构建了北京四中生物实验教学体系。这包括教师演示实验、学生验证性实验、探究性实验、模拟性实验、学生课下自主完成实验等。

(2)编写独具特色的实验报告。

在完善适合四中学生的实验教学体系的基础上，初高中的教师们针对新课程，精心编制了一套针对初高中课程所有实验的适合自己学生、自己课堂的教学设计和教学目标的实验报告。因为在编制实验报告时，教师关注报告对实验操作的指导性，关注学习方法和思维的导向性，关注实验能力的评价性，关注报告内容难度的递进性和层次性，关注教师的教学设计思想应蕴含于实验报告的设计中体现教师的主导作用的同时，为学生提供独立思考、充分参与实验和研讨的时间和空间，促进教师指导下学生的自主活动，因此实验报告对于实验探究教学具有很好的促进作用。这表现在：能充分调动学生学习的积极性和主动性，实现实验课堂教学的高效有序；使师生关系和谐融洽，课堂教学环节清晰、流畅，促进学生"在做科学中学科学"或"在学科学中做科学"的主动获取知识的学习方式；提供评价学生学习能力和学习表现的有效方式。

（3）总结实验教学经验，进行推广和交流。

多年来，生物组教师开设了针对不同实验教学内容的探究教学研究课，深入探讨针对不同教学内容的探究教学课堂组织的多种形式，撰写并发表多篇探究教学论文，如毕诗秀老师的《〈探究影响酶活性因素〉教学设计》《微生物的培养》，雷明老师的《细胞分化形成组织的探究式概念教学》，陈月艳老师的《矮牵牛是植物组织培养的好材料》等。

第一，高中教师编写并出版《高中生物实验教学指南》。

高中生物教师总结实验教学经验，针对高中必修和选修教材中的每一个实验，编写实验教学设计，汇集成《高中生物实验教学指导及备考指南》一书，由人民教育出版社出版，相信对广大生物教师有一定的借鉴价值。

第二，初中课题研究——"生物模拟实验教学的实践研究"。

模型实验法是生物学研究的重要方法之一，初中生物教师申请并实施了"生物模拟实验教学的实践研究"的区级课题。几年来，他们选择典型的教学案例，开设不同研究内容的研究课，如"模拟探究细胞大小与细胞物质交换效率的关系""模拟地球上生物进化的历史""模拟自然选择"等，探讨了模型实验法教学的模式、实施方法、提高学生科学思维能力等问题，对培养学生的生物学素养起到了很好的促进作用。

2. 渗透人文精神的科学史教学

自从有了人类的历史，就有了人类探索生命的历史。生命科学史的每一个篇章都闪烁着许多智者的智慧的火花，所蕴含的教育营养极其丰富。追寻科学研究发现的历史，学生以科学家的身份体验知识形成的过程，运用科学家的思维方式分析和处理资料，从而体验科学研究的一般方法，学会科学思维的过程，领悟科学精神。

近年来，生物组教师积极开设研究课，在科学史教学设计和实施过程中，主要关注以下几方面：第一，明确教学目标。思考通过相关内容的科学史教学，要让学生获得哪些知识，培养哪些能力，渗透怎样的情感、态度和价值观。第二，占有丰富的科学史料资源，根据教学目标，有效地选取资源。第三，对科学史料进行选择、加工和处理。第四，精心设计问题串，引导学生积极思维。第五，以学生为主体，突出教师的引导作用。

人类探索生命本质和生命活动规律的历史，呈现的不仅仅是不断被发现和积累的知识的进步。先人寻求真理的执着、痛失机遇的缺憾、前赴后继的探索、完美合作的结晶、划时代意义的成就，以及科学认识和认识过程本身的迷人光彩等，无不深刻地体现着人类的心灵、情感和理智对真、善、美的渴望、追求和理解。

正因为如此，通过科学史的教学，渗透人文精神教育，是科学史教学的重要价值之一。例如，北京四中肖振龙老师的"酶与新陈代谢""DNA的结构"等研究课，不仅仅呈现科学发现的历史，而且科学家之间的合作与竞争、质疑和批判的精神等表现得淋漓尽致。教师通过精心的教学设计，让科学史所富含的教育营养、理性、光辉和科学之美滋润、照耀学生的心灵。

3. 多层次的生物教学体系

(1)丰富多彩的选修课满足学生多样化的学习需求。

生物学是和人类生产生活关系非常密切的一门学科。然而，生物科学的发展日新月异，人类的生产生活中处处是问题，处处有技术，因此国家规定的课程内容往往不能满足四中学生不同层次的多样化的学习需求。近年来，生物组的教师们在继承一些优秀的传统的选修课的基础上，在学校不断改善教学条件的基础上，新开发校本选修课和课外活动课，将校内外科技活动结合，在必修课主体教学的基础上，使校本选修课、活动课互为补充，资源共享。这既为北京四中生物组积累了丰富的教学资源，把学生必修课的基础内容和选修课的拓展知识有机结合起来；又为对生物科学有着浓厚兴趣、有志于将来从事生物科学研究的学生提供了良好的科研环境和机会。目前，北京四中生物组开设了由宏观到微观的十几门选修课程，如高中的"分子生物学实验""植物组织培养""植物实验研究""动物细胞培养""动物解剖观察""生物摄影"等；初中开设的选修课着重于学生对科学的理解、生物学知识的应用、环境保护等方面，如"生活中的生物学实验""科学综合实践课""鸟类的多样性保护"等。

(2)专业工作室的成立和研究工作利于培养具有高层次学科素养的人才。

在学校的大力支持下，北京四中生物教研组主要组建了涉及生物学方面的三个专业研究室：分子生物学实验室、植物组织培养实验室、植物栽培温室。良好的实验室条件和专业化教师的指导作用吸引了众多对生物学感兴趣的学生，使他们在中学时代就有机会涉猎现代生物科技的研究领域，参与相关的科研工作。例如，分子生物学博士韩晓彬老师负责分子生物学实验室的研究工作，每学期利用选修课和课外活动时间，开展分子生物学方面的多个课题研究。

（3）课外科技活动成为学生参与科学研究和考察的舞台。

通过组织、参与北京市科学俱乐部的活动、市区的各项学生科技竞赛活动以及学生自发的课外研究活动，丰富了学生的课余生活，拓展了学生的科技视野。近年来，生物组教师参与组织和辅导的科技活动有：西双版纳热带雨林考察，南极生物考察，人类基因组研究，内蒙古草原生态研究，水稻植物转基因研究，北海公园的保护环境、保护古树的活动，北京什刹海地区家燕繁殖行为及保护现状的调查研究等。在这些活动中，师生教学相长，培养学生的学科素养的同时提高了教师的专业水平和科技教育能力。每次考察活动后，参与、组织活动的教师制作精美的课件向全体教师汇报交流活动情况和教学资源，使所有教师能把这些良好的课外资源用于自己的教学活动。

4. 新课程下的教师专业化成长

教师以促进提高学生的终身学习能力为己任，那么其首先要成为一个终身学习者，使自己的教师专业化工作能力即教育教学能力不断提高，正所谓学无止境，教无止境。近年来，除了让生物教师参与市区的专业化培训和教研活动，教研组还组织了以下活动进一步提升生物教师的教育教学水平，使他们与时俱进，适应时代发展对生物教师发展的需求。

第一，利用北京四中的优质教育资源和设备资源对生物教师进行专业培训。先后有多位高学历教师如肖振龙、张旭、韩晓彬承担讲座，韩晓彬辅导生物组的教师进行了为期两天的分子生物学实验技术如 DNA 分子杂交实验培训。这些讲座和培训针对性强，具有四中特色，同时营造了教研组良好的教学研究和科学研究氛围。

第二，教研组开展读书交流活动，拓展教师的视野。

第三，教研组开展"教学中生物学问题拓展"的讲座活动。

教师在教学中会面临一些有争议的或模糊不清的专业知识问题。这些问题有些是学生提出的，有些是教师自己的思考，具有共性。教研组指派专门教师查阅资料，开展小型讲座，共同研讨相关问题，促进教师整体专业知识水平的更新和提高。

总之，近年来，面对新课程改革的机遇和挑战，北京四中的生物教师努力做到成为新课程的建设者、实施者、经验积累和推广者。

（十）艺术学科

1. 艺术教育课程新面貌——情感、实践、创新

近年来，秉承"以人文教育为基础，以科技教育为特色"的发展方针，北京四中的艺术教育课程有了长足的发展。无论必修课还是选修课都出现了新的面貌，总结起来就是这几个字：情感、实践、创新。艺术课程是培养人们情感的课程，是以感性为基础的，没有情感教育就没有艺术教育。这个情感很丰富，当然主要是通过艺术作品的感染力让学生体会音乐与美术的艺术美，从艺术教师对艺术本身的热爱去感染身边的学生，从而提升一个人的文化素养和人格品质。情感教育又是包含在艺术实践中的，大量的音乐、美术的艺术实践活动不仅激发了学生的学习热情，而且把美好而丰富的艺术情感的种子深深地埋在了学生心中。艺术的精髓是创新，是个性的体现，因此在艺术课程中我们教学的一个重点就是培养学生的艺术创新精神、创新思维和创新方法，鼓励学生大胆地用艺术手段表现个性、表达思想情感。

音乐必修课主要进行欣赏与歌唱。在欣赏方面增加严肃音乐的欣赏比重，强调古典作品的经典性，用全世界公认的音乐名作打动学生。王海竞、邱磊、贺小加老师从专业角度分析、介绍交响乐，使每个学生具备基本的欣赏知识和音乐素养。在歌唱课上，强调让每个人动起来，让每个学生参与课堂教学活动。对音乐的感知和认知力是喜爱音乐和从事音乐工作的人们永远追求的，也是学生通过音乐课应该得到的。欣赏和歌唱是现在音乐教材中的两个组成部分。这两种学音乐的形式都建立在很好的内心听觉和律动感的基础上。

欣赏课《卡门》序曲

贺小加

1. 通过听音乐找不同恒拍。

2. 将不同的恒拍无序地排列组合，引出要做的节奏练习并做熟练。

3. 配上音乐做节奏练习。

以上的过程根据回旋曲式 ABACA 的结构重复三遍，做出三种不同的节奏型，即将回旋曲式的曲式结构通过敲击不同节奏展示出来，达到让学生切身体会、理解回旋曲式结构的目的。学生在动中学，体会音乐真正带给他们的动感。

我们在美术必修课的教学过程中加大艺术鉴赏模块的比重，通过对经典美术作品详细而深入的分析，向学生展示艺术发展的必然规律，揭示美的真谛。我们把美学教育作为人文教育的必要补充。在课程教学中强调问题串的设置要逻辑严密，符合学生实际并有较强的启发性，引导学生进行课堂讨论，落实知识点，提升学生的美学理论素养，努力提高他们的审美水平。并且，在提升学生美学理论素养的同时，多给学生提供艺术实践的机会。例如，于明老师在讲《最后的晚餐》时，让学生在教师引导下分析人物性格与艺术表现方法，然后运用戏剧表演的方式重新演绎《最后的晚餐》（见图 5-30）。这不仅加深了学生对作品的理解，而且

图 5-30 《最后的晚餐》表演

也培养了其艺术创造力。在与鉴赏模块结合的前提下，转变绘画技法传统的学习方式，力求让绘画实践更贴近学生的生活。我们这几年开设了版画课、扎染课，在强调动手实践能力的同时提升了学生的审美能力。杨萌老师利用学生最常使用的社交网络——人人网，转帖绘画资料，展示学生作品，并与学生在网络平台的交流中相互学习、相互促进（见图 5-31）。我们在此基础上强化设计模块的重要作用，运用设计模块教学

中的图形创意课程启发学生的创新思维，引导学生在从有法到无法的设计实践过程中寻找到乐趣。在初中的美术课程中，彭思思和萧云松老师力求探索一条将美术与学生的实际生活紧密结合的教学方法，从学生成长与发展的角度关注情感，关注美术基本功的学习和美术素养的形成。

图 5-31　人人网学生作品

2. 选修课的开设

选修课属于北京四中的校本课程，自由度更大，是对教师的一个全新的挑战，它更看重教师的专业素养。在开设选修课的过程中，要注意与必修课的区别，要体现出选修课的专业性，同时要考虑到现阶段中学生的特点。因此，艺术组近几年不断开设新的选修课程与艺术实践活动课。"工笔画技法实践""绘本制作"

图 5-32　九年级毕业文化衫设计展览

"雕塑设计""世界名画欣赏与创作""古典音乐欣赏""彩绘文化衫"（见图5-32）等课程都是从学生实际需要出发，在一定程度上向专业靠拢，有较强的专业性。其中，杨萌老师的"绘本制作"选修课深受学生欢迎。

选修课课例：绘本制作

杨萌

教学目标：在绘本制作中让学生了解绘本知识，学习掌握绘本的基本制作过程和方法。让学生感受用绘本这种艺术形式表达思想和情感的魅力。培养学生的动手实践能力，拓展学生的创意思考能力。

教学课时：15周。

教学过程：

1. 看好的绘本，欣赏优秀绘本，了解优秀绘本具备的要素。

2. 速写、写生、临摹优秀绘本的片断，学习绘本的表达语言。

3. 学习绘本开本制作。

4. 学习版式内容设计、字体设计、色彩设计。

5. 根据自己的爱好，设计绘本故事和插图。

6. 总结展评，相互交流。

教学材料：优秀绘本若干，如《阿比和阿宝》《几米系列》《好绘本如何好》《鼠小弟和鼠小妹》等不同风格的绘本。

制作材料：素描纸、白卡纸、水粉画笔、丙烯颜料、彩色铅笔、装订器等。

"绘本制作"选修课学生作品（见图5-33）：

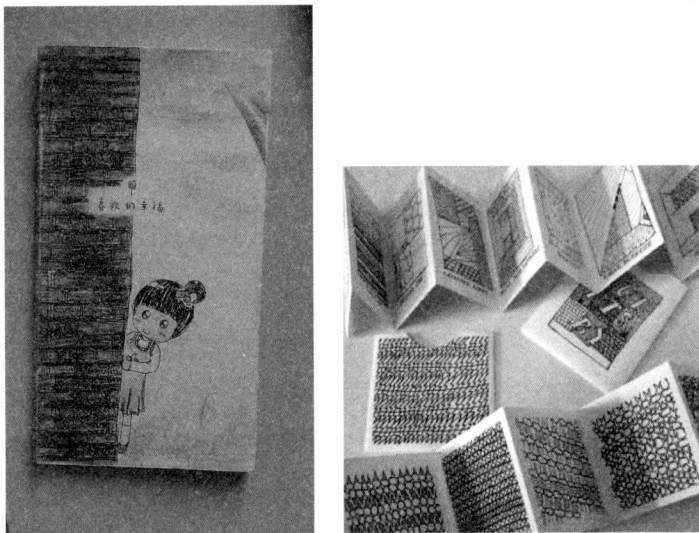

图 5-33 "绘本制作"选修课学生作品

(十一)信息技术

1. 教学理念更新

北京四中信息技术教研组早在 20 世纪 90 年代就开始了任务驱动教学模式的研究。在进行这项课题研究时，信息技术教研组各位教师就在更新自己的教学理念，因此，当新的课程标准出台时，我们并不觉得陌生。尽管如此，全组教师仍然积极参加市区的新课程培训，认真学习领会新课程的内涵，借鉴课改前沿学校的成功教学案例，形成我校的信息技术教学特色：以学生发展为本，以任务驱动、课堂研学等方法培养学生的信息素养、创新精神及信息技术学习能力；同时关注学生全面发展，做到全面育人。

2. 课程实施

创设真实性情境，使学生了解其背景知识，了解解决该问题的重要性，调动他们解决问题的欲望，从而驱动他们主动学习，并主动把知识转化为自己的认识。同时，使学生逐步形成解决实际问题的方法，培养他们使用信息技术的意识，从而真正培养他们的信息素养和创新精神。例如，在信息技术获取单元的教学中，把职业规划教育作为载体，引导学生在国内外各种大学及相关网站中有效地获取各种专业领域的信息，为他们的职业选择奠定基础。

利用任务驱动方式，培养学生的问题意识，使其逐步准确地找到解决问题的切入点，从而逐渐形成独立能力，掌握学习信息技术的方法。同时，在这种提出问题、解决问题的不断循环中，驱动学生主动地学习。例如，在信息技术处理单元的教学中，把研究性学习作为载体，既提升了学生获取信息的能力，又使学生意识到对信息进行有效加工的重要性。在研究性学习的选题与文献综述中，引导学生在获取的大量信息中进行分析、提炼，使其从中找到选题及研究的切入点。

创造开放的学习环境，使学生可以在相互讨论中分析问题、解决问题，使学生的思维过程得以展现，使学生之间的观点、方法得以交流，并使学生根据别人的观点检查自己的观点，从而促进他们智力的发展。同时，交流合作能够使学生相互尊重，相互学习，学会倾听，学会阐述自己的观点和成果，充分发挥每个学生独立研究问题的优势，使他们遇到问题时共同讨论解决的方法、途径。例如，在算法与程序的教学中，一个出租车计费问题，就引发了学生的激烈讨论，在学生调查、分析、讨论的过程中，相互之间的学习得以充分进行。

利用过程评价、激励性评价、进步幅度的评价、综合性评价等评价方式，激励、诊断、促进和引导学生的学习和多种智能的发展。例如，对不同层次的学生从学习效率上给予评价，在学生的交流过程中完成同行评价与自我评价，对学生的创意给予充分的肯定，以一个微笑给学生以鼓励，以一句玩笑化解学生的尴尬……我们坚持把各种评价以不同的形式贯穿于教学的始终。

关注学生自主学习的学习方法的指导，既可以适应信息技术高速发展的需要，同时也为学生终身学习奠定良好的基础。信息技术发展异常迅速，尤其是近几年，手机、平板电脑等的更新换代，更使得信息技术成为日常生活不可缺少的工具。对于四中的许多学生来说，他们所使用的信息技术设备及软件也在不断更新，使用的频率也在快速提高。因此，学生学会学习的重要性也就凸显出来了。例如，在信息技术处理单元的教学中，把加工处理信息的软件学习作为载体，提高学生对信息技术的学习能力，引导学生根据自己的需求选择软件，并利用各种可利用的资源(网络、书本、老师、同学……)引导学生进行软件应用的自主学习。

关注信息技术发展的动态，可以培养学生的创新意识，引领学生的超前意识，为学生的创新奠定基础。信息技术的发展水平，直接关系科学的发展水平，各领域的创新都离不开信息技术。因此，我们或以课前话题的形式，由学生主动关注新技术，并介绍给大家；或在教学的恰当时机，由教师引出各种新技术。

3. 校本课程开设

丰富的校本课程为学生兴趣发展提供了广阔的空间。信息技术教研组先后开设了"3Ds_Max 三维设计""C＋＋程序设计""PHP 动态网站""网络技术应用""创意设计与技术""VB 趣味程序开发""计算机实用技术"等校本课程。校本课程兼顾信息技术的深入学习，兼顾学生的学习兴趣以及信息技术的发展等多方面，使得学科课程更具特色。

在校本课程中，给予学生更大的发展空间。例如，在校本课程的教学中，给学生更多的自主学习空间、交流空间。从中发现学生的特长，并给予学生展示的机会。这增强了学生的自信心，培养了学生的创新意识与能力。

4. 课题研究

新课程实施以来，信息技术教研组先后进行了高中信息技术课程内容设置的研究、信息技术的双语教学的研究、构建学习支撑系统实现差异性教学的研究、基础教育阶段信息技术课程的价值及实施的研究等。课题研究更好地支持了我们的课程改革，同时为我们的课程改革提供了依据。

高中信息技术课程内容设置的研究，为我校的信息技术课程内容的设置提供了很多的理论依据，使得我校的信息技术课程具有自己的鲜明特色。

信息技术的双语教学的研究，提出和构建了中学信息技术双语教学体系，摸索出中学信息技术双语教学的方法、策略、手段和评价方法等，解决了学生在学习信息技术知识及上机操作时由于不能读懂屏幕上的英语提示而影响学习效果的问题，提高了学生的信息素养和解决问题能力，实现了使学生适应网络社会发展的目标。

构建学习支撑系统实现差异性教学的研究，通过不同形式的学案，支撑学生自主学习，帮助教师解决了学生个体差异在教学中的矛盾。

基础教育阶段信息技术课程的价值及实施的研究，可以帮助教师更好地把握信息技术教学，可以帮助教师把握信息技术教学中各种问题的处理，可以帮助教师更加科学地选择信息技术课堂上的教学内容与教学载体。

5. 资源库建设

我们的资源库有两大部分：一是学生作业、作品等的展示，这部分既为学生的学习提供了一个学习交流的平台，也为教师在教学中的讲解分析提供了资源；二是各种软件、素材等，这部分为教师提供了教学资源的准备，提高了教师的备课效率。

对于资源库，我们也在不断地进行更新，以满足教学、学习的需要。

(十二)通用技术

通用技术作为新课改的一门新课程而非常引人关注。它既不同于科学课程也不同于劳动技术课程。通用技术的教育目标是培养学生的技术素养。在课堂上所呈现出的学习过程和思维意识是非常独特的——这不仅需要学生们动脑思考命题、设计构思，还要动手加工、制作，体验从想象、创意到物化的过程。可以讲，创意设计环节既要严谨推敲又要开放想象，不仅融合了人文、科技等多方面知识和技能，更充分体现了发现意识、想象力激发，以及科学探究、技术探究的各个层次和领域。对于学生的创意意识发展，对于学生建立整体的技术世界观、技术方法认知，无疑是其他单一学科所不能比拟的。我们现在的认知是：通用技术是一门综合的、系统工程意义上的具有挑战性的课程！

为了实现高中通用技术课程标准中提出的通用技术教育的独特追求，即"培养学生技术的理解、使用、改进及决策能力；意念的表达与理念转化为操作方案的能力；知识的整合、应用及物化能力；创造性想象、批判性思维及问题解决的能力；技术文化的理解、评价及选择能力"，北京四中开设通用技术课程以来，任课教师们认真研究课程标准，以教材为依托，深入挖掘，不断尝试，实践适合学情的技术教学策略和方法，积极探索并认真实施了"以工程项目引领、任务驱动、合作学习、创意设计"的教学模式，并取得了一定的进展和成效。在教学中经历课堂实践的项目有："携瓶器""信箱来信显示装置""温室大棚模型""正方体结构模型""悬臂梁结构模型""超级链接项目""月球家园项目""月球计划项目""未来加油站计划"等一系列工程设计制作项目，且渐成体系。项目的实施既把学生带入了奇妙的技术世界，挖掘潜能，放飞梦想；又为学生创意设计、彰显个性搭建舞台，培养了学生对技术设计的兴趣、兴致，激发了学生的创意热情。四中学生曾获全国科技创新大赛一等奖、日内瓦国际发明展金奖等荣誉。

1. 课程建设回归学生的生活世界、经验世界

生活中处处是技术，技术时刻影响着我们的衣、食、住、行。因此，在设计初始课教学内容时，我们抓住学生好奇心，引导学生观察身边的生活，让学生自己发现技术是如何影响我们生活的。

第一，针对生活中的问题，我们制作了很多小教具，开发了很多生活小项目。例如，根据现代人要吃得健康的心理，引进了全国创新大赛学生的参赛作品——油勺，并制作了实物。在勺子中间多了一个空心柱，柱下方有一个小孔，柱的高度低于勺子的液面设计，改进了勺子的结构，产生了火锅撇油汤勺的效果。我们还开发了携瓶器、信箱来信显示装置、简易机械手等多个生活小项目。

第二，应用学生学科知识，开发整合工程项目系列。

在中学阶段，学生注重的是一些学科知识的学习，主要用于做题、考试。将所学知识与实际生活紧密联系，并应用于其中，这方面一直是中学阶段学生所欠缺的。我们做了大量的调研，认真分析学生的情况，考虑学生的知识储备、心理状态和兴趣点。我们认为，综合学习并运用各种知识、体验实践设计的过程可以涵盖在一个项目的实施中，这不仅可以使学生学习到很多相关的知识与技能，而且整个合作实践学习的过程对于学生来说都是新鲜的、有挑战性的，同时还具有很强的实用性。

通用技术课程开发了正方体、悬臂梁结构模型，看似简单的构件组合，却包含着深刻的理论知识，可涉及多学科的专业知识和复杂的加工技术。制作过程涉及设计过程、设计原则、材料选取、测试分析、设计优化、系统流程结构设计等多项通用技术课标要求的理论知识。学生在进行结构设计和制作的同时将物理、数学、美术等学科所学知识进行整合并应用其中。它既能承载课程中的知识体系，又能催生系列的、有梯度的思维空间。

2. 课程建设回归学生的想象世界

十七八岁的孩子富有最强大的想象力，他们的想象空间是大人所不能及的，经常会有天马行空的创意和想法。随着年龄的增长、课业负担的加重和标准化的评价方式，孩子们的想象力和创造力在弱化。

通用技术课堂是学生的想象力、创造力迸发火花的地方。"月球家园""月球计划"项目给学生们带来了无尽的想象，学生们将设计制作未来可供人类居住的月球家园模型。这个项目让学生们学习运用系统统筹思想、最优化设计思想和方法进行设计，学习应用电子控制原理设计电路，如声控电路、光控电路、流水电路等，学习掌握使用工具的方法等，同时利用废旧物品进行制作，充分发挥自身的想象力和创造力，通过集体讨论设计制定方案、制作流程并合作完成。由于这个项目开放性强，因此每个学生设计的方案各具特色，风格迥异。具体到每一个模型的制作时，遇到的问题会有不同，所以需要学生自己思考，查找资料，讨论方案，寻找材料，综合运用各学科知识，自己解决问题。所以，这种开放性项目不仅培养学生知识的整合、应用及物化能力，而且使学生在合作学习、时间管理等方面得到了锻炼。

"未来加油站计划"以现有加油站为基础，充分发挥学生想象力，畅想在 20 年之后的加油站如何实现智能加油，减少人力、物力，让人们的生活更便捷。该项目将"三维立体打印机""激光雕刻机""简易机器人"三门选修课进行了整合，设计了未来加油站模式，并制作了未来加油站模型。

"超级链接"组合创意设计制作项目在完成了悬臂梁结构模型的制作后，能够通过基本承重的测试，改变最初的组队形式。以抽签的方法确定链接对象，组成新的挑战队，由选手自由选择确定预设目标，然后进行悬臂梁结构模型作品的链接组合创意设计，现场制作完成一个新的作品。要求按规则完成各项任务、目标内容，教师根据预设目标达成度以及任务完成情况确定学生最终成绩。

3. 课程建设引导学生在角色体验中参与社会，学会合作，增强责任感

在课堂上，学生的主要学习方式是小组合作学习，为了让学生们了解社会中人们的工作方式，培养他们的领导力，我们模拟企业，把每个小组称为项目组，采取了模拟项目经理竞聘的方式，让学生竞争各组的项目经理。项目经理负责整个组的人员安排、工作进调等。

4. 课程建设发扬民族传统，增强学生的民族传统技术保护意识

京绣是北京市级非物质文化遗产，曾经的宫廷宠物，为"燕京八绝"之一，在清朝达到登峰造极的高度。而目前人们对京绣了解得越来越少，能够传承京绣的人更是寥寥无几。为了帮助学生们建立民族传统保护意识，保护我们的民族精华不被丢弃，我们聘请了京绣传人来为学生们开设京绣选修课。京绣老师打破了传统的收徒模式，一步一步，毫无保留地教授学生们传统的京绣制作方法，学生们在京绣课程中，从针线、构图、造型、设色等方面完整地感受了京绣的魅力。

古代建筑是中华民族灿烂历史上颇为浓墨重彩的一笔，但随着高楼大厦的兴建，中国的古建筑、古城镇却遭受到毁灭性的拆除，不少珍贵的古建筑被毁坏而从大地上消失了。斗拱起源于汉代，是中国传统木构架体系建筑中独特的关键性支撑构件。它在横梁和立柱之间挑出以承重，将屋檐的荷载经斗拱传递到立柱。实践证明，这种构造方式具有较强的抗震性能。斗拱又有一定的装饰作用，因此在中国传统建筑中把斗拱的功能与艺术很好地融为一体，是中国传统建筑的一个重要符号。由于其严格的规制、严谨的结构、严肃的文化内涵，对其进行个人专题研究的人比较少，斗拱的制作技术也面临失传。我们请制作了 20 年斗拱的北京非物质文化遗产传承人袁益中先生指导我们的学生，认识中国古代建筑，传承古代建筑。我们请清华大学建筑系专门研究中国古代建筑结构的四中校友作为指导教师，定期组织学生参观北京市古建筑，实施指导古建筑的设计与斗拱制作。

5. 引进先进技术设备，帮助学生了解科技前沿

三维立体打印是近期迅速发展起来的一种先进制造技术，我们学校引进了一台进口的粉末彩色立体打印机，9 台国产塑料单色立体打印机，让高科技走进课堂，让学生亲身体验科技。我们还积极尝试针对前沿科技从开设选修课程发展到开设必修课程。我们还邀请云基地 CEO 走进校园，为学生们讲述云数据在未来信息社会中的应用，用以激发学生们的未来意识及创新意识。

6. 发挥课程建设的辐射带动作用

悬臂梁结构模型项目已经成为北京四中通用技术课堂教学的品牌项目，学生在进行结构设计和制作的同时将物理、数学课所学知识进行整合并应用。它从课堂走向赛场，从校内走向全市，已成为北京市高中学生的一个科技竞赛项目，激发学生的参与热情，培养学生的创造力以及团队合作能力，同时具有较强的辐射作用。现今，北京市部分兄弟学校已经将悬臂梁结构项目应用到通用技术课堂教学中。该项目受到专家的好评，实现了课堂教学与科技竞赛相结合、校内教育与校外活动相结合的教育理念，为学生搭建了一个创新设计、展现自我的平台，提高了学生的技术素养和综合能力，同时对通用技术课程发展起到了积极促进作用。

在通用技术教研组教师们的共同努力下，其课程研究成果影响力不断扩大，《北京四中通用技术项目教学实践研究》荣获了北京市科研成果一等奖，论文获得全国二等奖，同时得到了课标组专家的重视。通用技术教研组教师多次为北京、山东、河北、江苏、四川、新疆等地通用技术教师做培训。在承担"国培计划(2012)"全国一线骨干教师培训任务之后，又在"国培计划(2013)"中对通用技术学科教研员进行了示范性集中培训。

当然，面对通用技术这门新型课程，为了让更多的学生关注、真心喜爱，通用技术组的教师们在课堂内外不断地与学生沟通交流，进行了多项目且有机组合的教学尝试，在项目学习和活动中积极贯彻新课程的理念，创设技术探究认知层面和独立的学科意识。我们相信，通过所有教师的努力，通过一届又一届学生的成长，通用技术学科的发展一定越来越坚实，我们也愿为技术教育的明天而不断拼搏。

（十三）体育学科

四中始终把学校体育工作放在十分重要的位置来抓，把体育工作的落实与学校办学目标紧密结合，在学校规划、办学方向、学生应具备的素质等方面，学校都有具体的安排和标准。在学校的各级各层工作中，校领导不断宣传体育工作在素质教育中的重要地位，统一全校教职工的认识和思想，确保体育工作的稳步提高。

学校领导班子十分重视贯彻落实《学校体育工作条例》、中央七号文件精神、北京市有关体育的六号文件精神，组成了以校长和书记为领导的学校体育工作组。小组成员有副校长两名，主管体育卫生工作的主任、总务主任、学生处主任、体育教研组组长各一名。

校长在制订学期总体工作计划时，根据学校的实际，把学校体育工作作为重要工作进行布置，并在全校大会上宣读。

期末总结时，对照计划，倾听工作总结，逐条落实，表扬突出成果，提出不足和改进意见。根据学校工作的改革，指出学校体育工作的改革方向和发展计划。严格按照教育部门的要求，计算工作量，发足体育服装费和课时费，与其他科目同工同酬。

多年来，对于体育工作，做到每学期初有工作计划、每学期中有汇报、每学期末有总结。校领导每学期至少召开1～2次校级体育工作会，研究学校体育工作的发展，亲自参加体育竞赛颁奖会、冬锻动员会、课间操评比大会等群众性体育活动。领导的带头作用和对体育工作的积极支持，极大地鼓舞了学生及体育教师的热情，使我校的体育工作开展得生动、活泼，学生的体育活动能力和身体素质得到全面提高。

1. 四中体育教育教学坚持

第一，坚持一个目的，三个落实。

以全面提高学生身心健康为目的，坚持落实"健康第一"的指导思想，坚持落实面向全体学生的教育目标，坚持落实体育育体、育心、育德的"三育"教育观（培育健壮的体魄，让学生养成自觉锻炼的习惯；培育健康的心理，以适应社会发展的需要；培育优秀的品质，塑造高尚的人格）。

第二，坚持三个结合，一个特色。

三个结合：把发展学生个性与激发学生学习锻炼兴趣相结合，把培养学生自觉锻炼的习惯和体育实践能力相结合，把学习和掌握体育技术技能与培养终身体育意识相结合。

一个特色：在校园内把体育教学、群体活动和课余训练合为一体，以形成群体竞赛为热点，以多种形式体育课为推进点，以学生课余体育协会为支撑点，以课余训练和比赛为激励点的多层多点的立体有序的校园体育模式。

第三，明确目标，坚持教学改革。

学校明确提出体育教学的"四个人人，四个具有"的教学目标。

四个人人：人人参加课间操，人人体育争优，人人学会游泳，人人选择1～2项体育项目进行终身学习。

四个具有：具有良好的体质、体能；具有良好的卫生习惯和自觉锻炼习惯；具有持久力、耐受力；具有坚毅的品质和团队精神。

第四，选修课在全面锻炼学生身体的基础上，培养学生的专项爱好，提高学生1～2项技术水平，发展学生的个性特长，让学生养成坚持锻炼的习惯。

我们目前开设了田径、体操、篮球、足球、排球、游泳、武术、乒乓球、棒球、击剑、健美操、围棋、桥牌、五子棋、交谊舞等多门选修课，坚持以学生自愿为主，教师根据学生实际情况分类指导。

第五，活动课采取锻炼小组形式，以学生为课堂主体，学生在课堂上逐步学会自己设计、自己组织、自己评价的学习和练习方法。

教师做到课前审批锻炼计划和运动量安排，检查安全措施，布置场地。得到教师批准后，组长可以实施计划。让学生轮流做组长，以培养学生的组织能力和科学设计锻炼内容的能力。保证学生每天有1小时的体育锻炼时间。我校学生在形态机能方面，80％评为优秀，体育课的合格率达到99.7％。

坚持面向全体学生，让所有的学生参与竞赛活动，学校定期举办爱祖国田径运动会，班级足球、篮球联赛，冬锻长跑冠军赛，普及水上救生知识和技能，游泳比赛，身体素质达标赛等群众性体育活动。参加各种班级竞赛活动的学生人数达到85%，200米深水游泳合格的人数达到95%。

2000年、2002年四中被国家教育部评为"全国学校体育工作先进单位"；连续19年被北京市体育委员会评为"达到《国家体育锻炼标准》先进单位"；连续两届被评为北京市百所课间操优秀校、北京市贯彻《学校体育工作条例》先进校。

学生全员参加课间操，每天坚持25分钟的课间操。除规定操外，还有《四中部位操》《武术操》《青春健力操》《快乐24步》《素质操》等适合我校学生完成的特色操。

第六，课余训练成绩显著，广泛宣传，激励进步。

我校现有：男、女篮球队，游泳队，田径队，足球队，乒乓球队，武术队，健美操队，跆拳道队，跳绳踢毽队等多支体育项目代表队和俱乐部代表队。我校因男子篮球而被国家教育部批准为"高水平篮球试点校"之后又被评为奥林匹克后备人才培养基地，因游泳项目而成为市级传统校；因田径成为区级传统项目学校。学校领导给予代表队很高的重视，规定每周训练4～5次，每次时间不少于一个半小时，并制定了《教练员岗位职责》《优秀运动员评选标准》。各支校级代表队和俱乐部乃至临时组建的代表队在各级的体育竞赛中都取得了优异的成绩。

第七，突破课程设置，保证学生每天锻炼1小时。

为落实明确的教学目标，四中要求学生每天坚持做好课间操，每周每班4节体育课。课的形式以"三课一体"（学科类课、体育选修课、体育活动课）的课程体系出现。

各年级实施2节学科类课、2节选修课和1节活动课的教学体系。学科类课完成落实教学大纲规定的内容，传授基本技术、基本技能、基本知识，培养能力，发展素质，进行思想品德教育。体育课合格率达到99.7%。

第八，体育与德育结合，努力实践"完善人格，首在体育"的方向。

坚持体育育体、育心、育德的"三育"教育观，以培育健康的心理，培育优秀的品质，培育高尚的人格，全面提高学生的身心健康为目的。

在锻炼的过程中突出了教育的实质。突出团结协作和集体荣誉感教育。这些思想和品德的培养，深深渗透于体育教育中，对班集体建设和良好校风的形成，起到了推动作用。

2. 面对新课改，我们的具体思路和做法

第一，具体安排。

每周5节课，其中，2节必修课，即田径、体操；2节选修课，即篮球（男女）、排球（男女）、足球（男）、田径（男女）、游泳（男女）、乒乓球（男女）、健美操（男女）、武术（男女）、跆拳道（男女）、棒球（男）；1节体育活动课。

第二，师资配备情况。

体育组共有专职体育教师：高中部12人，初中部10人，初中分部4人。

外聘教师共有3人（跆拳道、击剑、棒球等）。

教师的专项特点：篮球（8人）、排球（1人）、足球（1人）、田径（5人）、游泳（1人）、武术（2人）、健美操（3人）、乒乓球（2人）、体操（3人）。

第三，运动场地及器材配备情况。

田径场（400米）1个、足球场1个、篮球场6个、篮球馆1个、排球场3个、乒乓球房1个、力量房1个、形体房2个、健身房1个、游泳池（50米×18米）6个，场地总面积为16900平方米，人均11.3平方米。

第四，模块设置。

我们设置了如下模块：田径、健康教育和与体育有关的专题讲座（运动损伤和心理健康教育等）、体操、武术、健美操、游泳、跆拳道。

此外，还有球类，包括：篮球、排球、足球、乒乓球、棒球。

第五，课程特色。

必修：田径（体育健康教育）。

必选：体操（基本体操、队列队形、单杠、双杠、支跳）。

共修：武术、游泳（为我校的传统教学特色）。

选修：篮球、排球、足球、乒乓球、棒球、跆拳道、武术、健身操。

游泳课上学生需进一步拓展提高的是：游泳运动中自救和水上救生的基本技术、技能，以及现场急救技术。

第六，学习评价及学分认定。

评价包括：过程—终结评价、定性—定量评价、自评—互评—师评。

学分认定：体育组、体育教师、学生代表共同认定。

另外，校俱乐部队员的课余训练可另加学分。

第七，选修模块授课的组织形式。

打破年级界限进行选项编班授课。

注：我校有 10 年的打破同年级教学班进行选项编班的组织和教学经验。

关于田径的模块，我校计划 3 年安排 3 个模块。

课型分为：必修（田径、体操、体育健康知识），选修（篮球、排球、足球、乒乓球、棒球、跆拳道、武术、健身操），共修（武术、游泳）。

第八，正在研讨和研究制定体育课外作业的布置、实施和检查之方案。

第九，考核内容及标准。

见各项模块中的考核内容及标准。

第十，学校把对体育工作的重视落实于对人、财、物的大力支持上。

在体育竞赛颁奖、创建学生体育笔记本等方面，学校给予资金上的支持。对于体育教学应购置的教具、录像、挂图书籍，学校总是有求必应。学校积极订阅与学校体育教育有关的书籍、期刊等。所有的体育竞赛，学校出资奖励。在体育上的投入远远超过学校办学经费的 1%。近年来，学校为改善体育教学环境，请求各级政府投资数十万改善了操场和游泳馆的设施设备。

3. 新课程下的体育教师专业化成长

围绕"体育教研组管理制度的建立""体育教研组管理的内容与方法""教研组目标管理体系的构建"，我们提出了"对中学体育教研组建设的目标管理体系"。

（1）建立和实施体育组目标管理体系。

制定好"体育教研组目标管理体系"是做好各项工作、完成任务的保证。学校体育教研组的工作是贯彻执行各种教育法规制度，执行义务教育大纲或国家课程标准。体育教研组还要根据学校的统筹安排与规划完成学校的各项体育工作。

在建立"体育教研组目标管理体系"过程中体育教研组要根据学校的实际情况，如学校教育整体思路、学校场地器材条件、师生状况，合理科学地制定各项目标。教研组长要全面考虑、统筹安排，和教师共同研究交流各项工作内容，让全组教师心明眼亮，做到心中有数。组长要循循善诱，通过启发教师思考如何高效率地做好工作，集体讨论想出办法，共同确定方案，这样才能形成完善、合理的目标管理体系。

（2）体育教研组目标管理体系的内容。

为了提高教研组工作的管理水平，加强教师队伍建设，促进教研组的可持续性发展，教研组制定如下目标管理条例。

第一，有先进教育教学理念，在区、市学科教学中有一定的影响，能起到示范和引领作用，不断转变并完善教学方式，教学效果好，教研组整体在学校学年度评教中评价高。

第二，注重教研组制度建设和文化建设，有计划、成序列地开展教研组活动，实效性强。

第三，教研组工作氛围和谐，凝聚力强，有较强的合作意识和创新精神。

第四，教研组教科研水平高，有计划地开展教科研工作，能按照学校要求提交教育教学论文，能主动承担各级科研课题研究工作。

第五，对青年教师的培养工作有特点、有成效，并在各级教学评比活动中取得优异成绩。

第六，能有计划地开展教学研讨活动。主动承担市、区教研工作，举办学科教学研讨会。积极为教师创造条件举办个人教学思想研讨会。

第七，教研组注重积累资料，文件、档案、试题等资源管理有序，有良好的资源共享机制。

第八，教研组长工作认真负责，能很好地协助学校安排好本组的教学工作，关心教师的思想、工作、生活。积极组织教师参加各类教研活动，并注意检查、落实。

第九，能按时完成并提交工作计划、工作总结。

（3）开展好校本教研。

及时组织教师参加校、区的政策法规、业务理论的学习。同时，在校本教研中教师要有针对性地学习研讨专业理论知识。

目标：通过各种学习督促每位教师，既要"埋头拉车、还要抬头看路"，既要关心政治、又要关注教育的发展和改革，做有"头脑"的教育工作者。

（4）备课。

这包括集体备课、体能备课和技能备课。

第一，集体备课。

备课是上好课的关键。除了个人备课外，我们还提出集体备课制度，以保证备课的充分与完整。集体备课就是集思广益，丰富和完善个人备课，群策群力相互帮助，在讨论研究中共同提高。

通过集体备课，保证教学计划按部就班地进行。每周一次的集体备课，加深了教师对教材教法的研究和相互之间的沟通。

第二，体能备课。

体能是体育教师完成教学任务的基础，没有良好的体能就不可能有效地连续上好几节课。每周安排一次体能备课，备课的内容可安排球类比赛、专项素质训练等。

通过体能备课，提高教师的身体素质。

第三，技能备课。

每周安排一次技能备课，以一学期的教学内容和教师的技能弱项为主。技能备课中要强化教师间的相互观摩、相互帮助、相互评议、相互纠正，提高技术动作规范性。在技能备课的同时还要针对某一项目的技术进行教材分析，让每位教师谈自己的教学体会，谈自己感觉有效的教法，增强教师掌握教材的能力。全组教师互相交流，取长补短，共同提高。

通过技能备课，提高教师的技能水平和对教材的把握。

（5）教研组组会制度。

布置下周的工作，组长要有预见性和前瞻性。例如，下周要进行篮球班级联赛，组长应提醒全组教师做裁判时要公正公平，切不可偏袒某一个班。

组长会上既要有组长的总结与布置工作，还要发扬民主，让每位教师发表意见，提出建议。组长应认真听取，采纳合理的建议，改进工作。

体育教研组的工作关系到全校学生的体育生活。每周总结和布置体育教学、课外体育活动和课间操的情况尤为重要。通过每周一次组会，总结上周工作，安排下周工作，肯定成绩，提出问题，使次次工作有落实，周周工作有进步。

(6)教师晨练。

安排全组教师每天晨练半小时。对体育教师而言，每天运动半小时大有必要。因为体育教学要有直观性，而教师的动作示范就是最直观的。教师规范的示范动作，不仅仅靠体能和技能备课，还要靠每天半小时的晨练。

晨练内容：慢步跑、徒手操、柔韧性练习，一周课堂教学内容练习。

长期坚持晨练，可使教师的精力旺盛、体力充沛，以良好的精神和身体状况投入教学中。每天的晨练也为教师上课前自身的预热打下基础，预防课堂教学中受伤，更有益于确保示范动作的质量。

(7)课间操制度。

课间操是学校的窗口，学生的精神面貌在课间操中得以充分体现。集合整队的"快、静、齐"，反映出学生良好的组织纪律性；做操的优美、协调，反映出学生良好的身体素养。全校学生快速地集合到操场上，展现的是校风、校纪、校貌。体育教研组的每位教师都是课间操的管理者和指导者。只有全组的每位教师全身心地投入课间操中，全校的课间操质量才会有保证，课间操的水平才能不断提高。

体育教师每天要准时参加课间操，按教研组的安排与分工，检查、督促、帮助学生做好课间操。

(8)青年教师专业技能考核制度。

青年教师是学校的希望，是组内工作的重中之重。青年教师的成长，既要靠自己，又要借助外力。专业技能考核是对青年教师的鞭策和激励。考核内容以一学期教学内容为主，在田径、体操、球类中各选两项运动技术。教师之间相互评议。

通过考核提高教师的专业技能水平，培养教师的鉴定能力和水平，促进教学质量的提高。

(9)教案检查、交流和评议制度。

教案是课堂教学的依据，是上好一节课的基本保证。教研组检查每位教师的教案，能发现问题，并帮助解决问题。

每学期开学初，检查学期计划、单元计划、课时计划、教学进度；学期中检查课时计划；学期末检查课时计划、教学总结。每次检查后，组长在全组会上讲评，表扬优秀教案，同时指出教案中的不足，指出改进建议；全组讨论评议优秀教案，取长补短，共同提高。

(10)指导教师制度。

青年教师入职后，学校都要为青年教师安排指导教师，对他们的心理、教育、教学、研究课、公开课、评优课、科研、训练、工作能力等方面多方位地进行指导，使青年教师尽快地成长。

(11)教科研管理制度。

鼓励教师进行教育科研；教研组或参加上级下达的科研课题，或根据本校和本学科的实际情况自行确定研究课题；教研组长应组织教师大胆实践，认真总结，积极推广。科研工作要做到学期有计划、研究有目标、人人有任务、期末有总结，形成人人搞科研的局面。

更新教育教学观念，提高教师的施教能力和教育教学水平，使教师由教书匠向教育家、学者型教师转变。

(12)开展学术交流。

除组织校内教师开展教育教学研讨会、交流学术观点、推动教学改革外，还应向外地、外校学习并互相交流学术观点。还可利用报纸杂志发表教研教改文章，在更广泛的范围交流，使每位教师兼收并蓄，博采众长，形成教学特色。

(13)教研组长职责要求。

第一，教研组长应树立全心全意为本组教师服务的思想，要有超前的工作思维，扎实的工作作风。

第二，学期初制订好各种计划(教研计划、课题研究计划、教师培养计划、理论学习计划等)，本组人员的管理方案，卫生分工方案等。

第三，积极有效地组织教师开展各种活动(教研、科研、理论学习等)。

第四，依据本组管理方案，对教师劳动纪律、教师值日、教师课题研究等进行量化考核，不断提高管理质量和管理水平。

第五，做好上级、学校各种会议精神的传达、落实工作。

第六，学期结束时搞好教科研工作的总结，课题材料的整理与撰写，本组人员的考核等工作。

（14）教研组目标管理体系各层次的关系。

教研组目标管理体系的建立，保证了学校体育工作的完成，提高了学校体育工作水平。目标管理体系各层次各项内容是一个有机的整体，是相互联系、相互影响的。例如，晨练制度为集体备课打下了良好基础，没有每天的晨练就不可能有良好的体能和技能，良好的体能和技能提高了教师晨练的积极性；集体备课中暴露出的问题与不足，个人可在每天的晨练中进行练习。反复多次的练习，能弥补教师在集体备课中的缺陷。可见，这两项制度是相互影响、相互促进的。检查考核评比制度是一种激励机制，是对早操、集体备课制度的检验。组会制度是各项制度的综合，是全组工作顺利进行的保证。

教育科研是教师提升教学水平的有效方法，是教师学会发现问题、分析问题、解决问题的最佳途径。在教研组建设中要培养教师的科研意识，教师要在研究的过程中自觉地转变教育观念。如此，将有利于教师对教育问题的深入思考和自觉地改进教学方式。

（15）教研组目标管理体系的评价。

对要完成的各级目标，要事先规定期限，定期进行检查。检查的方法可灵活地采用自检、互检和责成专门的部门进行检查。检查的依据就是事先确定的目标。对于最终结果，应当根据目标进行评价，并根据评价结果进行奖罚。评价，使得目标管理形成良性循环的过程。

目标管理体系的研究和实施，使每一位教师工作的积极性得以提高，自觉用制度要求自己、约束自己，从被动勉强到主动自觉地执行制度。

实施目标管理体系后，教师的身体状况有明显的好转，运动能力得以恢复，运动技术得以巩固，课堂教学精力充沛，体能有佳。教师教学潜能得以开发，教学方法手段措施不断创新。学生更加喜欢体育课，更加喜欢体育教师。

教研组长在各项工作的管理方面，不可以制度"管人"，应宽以待人，严于律己，创设友好和谐的氛围，让每位教师在制度化管理下更多受益。

第六章

教师队伍建设与课程资源开发的结合

一、课程研究开发促进教师个人成长

近年来，在学校大力支持下，四中教师的科研能力、教育教学水平明显提高。尽管大多数课题才刚结题或还没有结题，但已经开始有与课题研究相关的多篇论文获得国家、市、区级奖项，并在媒体上发表。以常菁老师的项目"北京四中初中校本课程的开发与建设"为例，通过将项目与初中教学工作密切结合，新创办的四中初中部每学期为学生开设科技、人文艺术、体育三大类八十余门校本选修课，为全体学生的全面而富有个性的发展提供了丰富多元的选择。结合校本课程的实施，形成了教师申报、学生选报、学校审批、协调组织、检查巡视、课后反馈、期末汇报、期末总结等评价步骤、制度。结合校本课程进行了教师教学研讨交流、学生座谈会、听课、资料收集归档、校本课程作业展览汇编等。结合校本课程组织了问卷调查《北京四中选修课意向表》《北京四中初中校本课程反馈表》《北京四中选修课问卷调查表》等。特别是在北京市"国学与基础教育"专题项目研究推进中有较大进展，通过学生、教师、家长等不同侧面的学习和普及工作，以经典诵读、经典研读、国学讲堂等形式，提高师生及家长对优秀传统文化的认识与理解。在校内践行的同时，还为全市各区县教师、领导提供校本课程观摩课几十节，开展国学、人文、科技等论坛。面向全市各区县开设"北京四中国学示范课"二十余讲，开展教师人文经典研读活动二十余次，组织召开"国学教育与教师专业化发展交流会"，举办市级国学教育开放日活动，从国学教师的素质培养、国学教学内容的把握、教学方式的使用到学生学习方式的探索指导等方面，对其他学校教师理解认识国学起到引领示范作用。2010年11月，《北京四中初中校本课程的开发与建设》获得了西城区第二届教育教学成果奖一等奖。

李雪梅老师2011年成功申报的项目"在通用技术教学中培养学生问题解决能力的实践研究——基于工程项目教学的案例研究"促进了我校通用技术学科发展和教研组建设。自项目实施以来，项目组的成员都把该项目的研究作为自己的一项重要任务，按照项目的实施计划有序地推进。我们多次组织项目组成员进行理论学习，更进一步明确了该项目研究的意义和方向。我们以工程项目为载体对学生进行问题解决能力的研究，前期请专家进行项目的理论和实践指导，并组织教师们对悬臂梁项目和月球计划项目进行梳理，整理悬臂梁和月球计划课堂实施的校本教材。梳理了 MIT、DI 项目，根据学情、DI 课程的教学目标和国外 DI 教学经验制订出适合初中生的 DI 课程教学计划。2012 年 6 月，李雪梅老师代表四中通用技术组成功申报该领域"国培计划"——示范性集中培训项目。未来，我校将承担通用技术的国家培训任务。

陈月艳老师 2012 年成功申报立项的项目"新课程高中生物实验教学系统研究"，该研究带动了生物教研组全体教师的专业发展，更对陈老师进一步在教学上精益求精、总结自己的成果起到了巨大的促进作用。教育科学出版社于 2013 年 7 月出版陈月艳老师的专著《生物：育生命之真善美》。陈老师已经申报了全市首批正高级教师评审。

贺晓加老师自 2012 年成功申报"世界三大音乐教法在四中初中教学的初步探究"项目后，一直致力于将三大教法的精髓与现有音乐教材以及四中初中部学生的实际情况进行有效的结合。这些实际应用给学生以新鲜的动感体验，也给初中部音乐教学带来了新鲜的血液。通过一些多声部节奏的训练，学生们能从中体会到德国奥尔夫教学法精髓的内涵，即多声部节奏带来的多声部内心听觉；贯穿匈牙利柯达伊教学法的精髓，即多声部合唱及创作；瑞士达尔克罗兹教法的主导理念，即通过体态律动感受多声部内心听觉及形体美。在近年的实践中，贺老师作为一名高学历青年教师，从中积累了以下宝贵教学经验：

——组织节奏和体态律动课程的教学经验；

——尝试着将中国民族音乐的典型节奏运用到体态律动中，且进行一人多声部节奏训练；

——将节奏练习与曲式结合，给欣赏教学注入新的血液，使之不再沉闷，让每个学生动中欣赏、欣赏中动；

——努力将中国合唱歌曲与多声部节奏结合，真正做到唱中动、动中唱。

这些实践经验对于贺老师理论联系实际，更快成长，具有重要意义。

青年化学教师高杰来北京四中工作后，一直把日常工作与科研紧密结合。她撰写了数十篇论文并获得各级奖励，其中多篇获得国家级奖励，发表在国家级学术刊物上。高杰的市人才资助项目"科技创新实验班中优秀生的培养策略"有较大进展。她所带的科技创新实验班 2012 年班级高考成绩平均达到 642 分(不计加分)，半数升入清华大学和北京大学，还有一些学生升入境外名校。就在高三一学年中，她严格按项目的研究假设，把班级作为教育科研平台，为学生写下 100 篇班级日志，鼓励学生追求卓越，激发学生的责任意识和进取精神。毕业时，学生们用三年来的 5000 张班级活动照片为她拼接了一幅艺术照，作为对恩师的最诚挚的报答和永远的纪念，并用最后节省下来的班费捐建了"母亲水窖"。我校让她在新入职教师培训会上发言，在谈到自身的成长时，她真诚地对其他年轻教师说，"没有秘诀，只有真挚的爱＋一点智慧＋不懈的坚持，作为一名教师，我也才刚刚上路，大家共奋进！"

2013 年 5 月 29 日，我们在宁梅书记的主持下，邀请区教科所专家和校教科室成员及其他课题成员开会评估高杰的研究成果——20 万字的书稿《我们在一起》。我们尝试采取定量化打分评估和定性研讨评估相结合的方式，并把课题评估与成果总结推广相结合。专家们给她的书稿提出了许多建设性意见。

历史组徐雁老师的市人才资助项目"依托北京四中考古社培养学生科学精神、提升学生人文素养"，也是一个密切结合教师个人发展、学生发展、教研组发展和学校校本课程发展的案例。在该项目的推进过程中，徐雁老师建立了与北京大学文博学院的联系，提升了个人学术水平，组建了北京四中考古社这一学生社团，促进了学生科学素养和人文素养的提升。目前考古社已经成为四中校本人文课程的重要组成部分，近年来共培训学生百余人。自 2012 年起，考古社学生每周六在首都博物馆对参观者进行义务讲解，其影响开始向更大范围辐射。

二、校本课程研究开发与教师培养结合
——具有四中特色的校本科研

北京四中高度重视在新课程推进中提升教师素质，把推进人才培养、教师队伍建设与课程改革，特别是课程开发联系起来。我们把教科研室作为推进课程改革与教师队伍建设的指导机构，使校本科研成为校本课程特色研究开发组织方式。具有四中特色的校本科研主要有以下内容。

（一）对学校教育科学研究目的深入再认识

学校教育科研的根本目的就是通过教育科研提高每一位学校成员（包括教师、干部和职员）的业务素质，进而提高和改进学校教育教学的质量和管理水平。学校每一位成员构成了学校教育科研的主体，每一位成员都有可以研究的问题。学校教育科研工作不分大小，它主要看通过研究是否解决了学校成员工作中的问题，是否提高了学校成员的素质。发展性和阶段性是学校教育科研的特点，只要通过教育科研使研究者在已有基础上有所提高，教育科研的目的就能够达到。

自"十一五"以来，北京四中总体发展目标确定为努力把北京四中办成世界一流学校，即把北京四中办成在全国具有示范作用、在世界享有良好声誉的高质量、有特色、第一流的完全中学。在此基础上我校确立了学生培养目标，概括为"培养杰出的中国人"。我们力求通过综合系统科学的改革，最大限度地激发和培育学生的兴趣点，使每个学生形成在自己所感兴趣领域内的坚实基础，培养学生成为某个领域内的杰出创新后备人才。

我校把推进特色校本课程体系建设作为特色发展、创新发展的切入点，确立了"以人文教育为基础，以科技教育为特色"的学校课程建设发展的新方向，同时提出了北京四中的课程实施理念，即"以人育人、共同发展"。

为适应学校发展的新要求，我们以承担国家级课题"高级中学办学模式及教育评价系统创新研究"、市级校本研究课题"创建'人文基础，科技特色'的优质高中校本课程体系实践研究"、新课程市级样本校子项目专题研究课题"高中新课程改革与学校文化建设——人文教育与校园文化建设"为契机，把学校教育科研特色目标定位于探索杰出人才成长基础的校本课程实践，进行行动研究。

同时，校本研究也是提高教师专业素质的重要途径。而教师素质的提高，是实现"以人育人，共同发展"办学理念的基本前提。故学校自

"十一五"开始把教育科研列入每学年的教师考核硬指标，并为教师开展校本研究提供各种平台。

（二）建立规范高效的校本研究体系

1. 反思完善领导机构及其职责

学校校本教科研工作由主管教学的校长和教学处直接负责，而北京四中教育科学研究室是校本研究的执行领导机构，全面负责北京四中有关教育科研的各项工作。2008—2009 学年，由校长同时主管学校的教育科学研究工作，主持科研室的所有活动。我校由校长主管教科研室，充分体现了学校对教科研工作的重视。

教科研室成员由北京四中校长、教学处领导和在校教师构成，每学年聘任一次。被聘人员为北京四中教育科研带头人。教科研室成员是学校教育科研工作的领导者、组织者和研究队伍的骨干，涵盖学校各主要学科，均在学校教育科研工作中起到带头作用。

北京四中教科研室的主要职责是通过教育科学研究为学校各项工作的开展提供理论和实践意义上的依据，使学校各项工作进一步规范化和科学化，从而在总体上提高学校的办学水平。具体有以下主要职责。

第一，制订长期（每五年或三年）和短期（每年）学校科研规划。

第二，负责学校课题的立项审定、中期检查、终期评审等工作。

第三，根据需要制订或修订学校科研管理的制度或办法。

第四，承担和组织学校指定课题的研究工作。

第五，组织和指导所在教研组的教师开展教育科研工作。

第六，负责每年一度的科研论文和课题的评选工作。

"十一五"期间，我们在教科研室建设方面取得了重大进展，具体表现在如下四个方面。

（1）进一步反思教科研室在学校的功能定位，就工作方针、定位、目标和具体任务达成共识。

工作方针：坚持科研为教育教学和管理实践服务的方针，努力营造科研的氛围，使学校教科研工作真正融入教育、教学和管理的各项工作中。

具体定位：三个名词短语。

也就是说，教科研室是学校教科研事务的服务和管理部门，学校发展的"智力库"，学校、教师发展的学术指导机构。

基本工作目标：五个关键动词——推动、促进、减轻、突破、支撑。

也就是说，推动学校发展；要推动学校发展，必须促进教师专业发展；要促进教师专业发展，必须使教师通过科研减轻压力，获得解放，突破"高原期"；努力成为支撑教师专业发展的平台。

具体任务：七个动词——服务、咨询、建议、决定、评审、引领提高、培养。

具体来看，服务——为全体教职工专业发展服务；咨询、建议——为教师专业发展提供咨询，为学校发展提出建议；决定——只限于学校科研方面事务；评审——对校级课题、论文以及其他成果进行评审；引领提高——对四中教师的发展能力，特别是研究能力进行引领提高；培养——对教科研室成员的学术领导能力等进行培养。

(2)加强人员建设。

自2008—2009学年开始，我们进一步扩大了成员范围，加入了部分骨干教师，成员从13人增加到23人。

(3)坚持四中特色的"兼职""自助"式组织形式。

教科研室成员全部都是兼职，大多数成员同时担任教学处领导或教研组长。这种组织形式非常有利于把研究和学校工作融合在一起，使科研实效性大大增强。我们还坚持各学科都有教师是教科研室成员，保证了每组都有校本教研骨干，保证了教科研室工作在教研组日常工作中的落实。

(4)制度建设使教科研工作更规范。

近年来，我们增加完善了许多制度，设计了不少科研实用表格，如表6-1。

表6-1　2006—2011年学校制定的相关教育科研制度表格目录

制度名称	制定年份
北京四中教育科研管理文件——总则	2007
北京四中教科研室成员职责(修订)	2009

续表

制度名称	制定年份
北京四中教育科研成果评选标准	2006
北京四中教育科研课题管理办法	2007
北京四中教育科研课题指南	2006
北京四中校级课题立项申请表	2007
北京四中校级课题延长申请表	2007
北京四中校级课题评审意见表	2007
北京四中校级课题立项通知	2007
北京四中校级课题结题申请表	2008
北京四中校级课题结题评审意见表	2008
2010年度"北京四中学校发展研究基金"资助课题申报指南	2010
"北京四中学校发展研究基金"资助课题立项通知	2010
北京四中教育科研数据查阅办法	2006
北京四中教育科研经费管理办法	2009
北京四中管理的国家、市、区和校级各类课题经费使用要求	2011
北京四中教学论文评选的有关要求(修订)	2007
北京四中"刘影促进教师发展基金"使用管理办法	2009
北京四中教育科研成果奖励办法(讨论稿——修改版)	2010
北京四中校级课题进展情况调查打分表	2011

2. 尝试丰富有效的研究活动方式

教科研室设专人负责日常事务,全体成员每月召开一次集中研讨会,汇报交流研究进展和各项评比工作。

教科研室成员组织开展全校教科研培训、教研室活动、分组活动、各自承担的课题组活动(内容)、课题研讨、专题讲座等。

在教科研室的组织下,我们尝试了丰富有效的研究活动,多采取轻松、热烈的"沙龙"形式。教师们或深思或讨论甚至激烈辩论,往往下午开会,教师们若不想回家就晚上继续开会。这种轻松和谐的研讨形式是我校的特色之一。

3. 建设具体的校本教科研制度

(1)基本研究平台：各级研究课题的选题、申报、研究、管理、结题和推广。

学校鼓励教师积极承担或参与国家级、市级和区级教育科研课题的研究，并在科研课题的立项、实验、评审、推广等方面根据需要提供一定的经费支持及其他物质帮助。

学校特别重视并引导教师研究学校工作中急需解决的问题。2006年公布了"十一五"时期的《北京四中教育科研课题指南》，并于2007年启动了校级课题的申报和评审工作；教师可以填写《北京四中校级课题立项申请表》，直接向教科研室申报课题。

2009年3月，我校启动了第二轮校级课题的申报和评审工作，这批校级课题可获得经费资助。这极大地调动了一线教师和教育教学管理人员进行校本研究的热情。全校共22个课题申报立项，新项目涉及参加教师83人次。在评审中，首次采取评委依据标准打分的形式。评审相对比较客观公正，学校教科研定量规范管理开始迈出了一步。

2010年，学校又用"基础教育国际化背景下优质学校的基本特征、建设与发展的理论与实践研究项目"市专项经费，以符合学校和学生发展研究方向招标的方式，向每个课题拨出1万元经费，大力推动鼓励教师申报新的基金资助课题。申请由学校教科研室集中评议，我们继续采取标准化表格投票评议的方法，基本保证了课题审批的科学合理，也使学校教科研定量规范管理迈出了更深入的一步。实践证明，这些做法更大地激发了一线教师和教育教学管理人员进行校本研究的热情。

(2)形式保证：各种例会制度。

第一，教科研室工作例会。每月一次，研究讨论全校的各项校本研究工作。

第二，教研组理论学习。每学期至少三次。由于各学科都有教师是教科研室成员，这就保证了每组都有校本教研骨干，保证了教科研室工作在教研组日常工作中的落实。

第三，各课题例会。时间由课题组自定，学校提供地点和经费保证，有专人列席提供支持和监督。

（3）过程管理：优秀课评选和《课题管理手册》。

每学期学校都要求教师结合自己的课题研究，至少报送一节公开研究课。教科研室组织听课、评课和奖励，优秀课录像片断在全校大会上播放并点评，以推动课题研究进展，调动广大教师的积极性。

立项课题要进行定期检查，一年以内结项的课题在年中进行一次检查，两年或两年以上才能结项的课题每年进行一次中期检查。检查主要围绕课题的进展情况进行，要求课题组提交课题活动记录表、简要的中期报告（或课题中期小结）和相关附件，组合形成《课题管理手册》。

（4）培训制度：全校范围的校本教研培训。

基本形式有两种：一是每学期每周的全校大会。一般有三次以上专门进行校本研究，如专家报告、优秀课点评、优秀论文点评等。二是利用校园网这一平台。我们不仅有专门的教育科研主页，向全校发布各种研究信息和培训材料，还开通了网络点播和评课系统，为校本研究提供交流、研讨和推广的机会。

（5）总结和推广制度。

第一，每学年的论文征集和评选。学校要求教师每学年上交一篇教学研究论文；任正、副班主任的还要提交一篇德育论文；教科研室组织评审，公布奖项并在全校讲评，请优秀论文作者发言。

第二，教学研讨会和德育研讨会。每学年两个学期内，分别召开教学研讨会和德育研讨会，为教师提供研究经验、研究成果展示的平台，并交流问题，促进提高。研讨会期间的发言及各种学习交流材料都会印刷下发。

第三，及时总结和推广研究成果，为教师们专业发展搭建平台。除了每学年的论文征集和评选、每学年两个学期内分别召开的教学研讨会和德育研讨会外，我校为培养名师、提高教师素质还做了许多系列工作。我们连续召开李明赞、谷丹、李家声、陈月艳、李京燕、赵利剑等教师的教学思想研讨会，并向全校教师提出建议，欢迎他们申请关于自己的教学思想研讨会。

自 2011—2012 学年以来，学校通过促进教师论文成果的总结、出版和发表，进一步优化稳定了骨干教师队伍，造就了拔尖人才，培养了若干名在国内市内有重大影响的学科骨干教师和教育教学管理干部，建成了一支整体水平较高、充满活力的适应学校事业发展需要的师资队伍。具体工作有如下三点。

其一，推荐发表教师优秀论文。组织北京市第六届教育科研成果的申报工作。教科研室陆续向《教育研究》《北京教育》《北京教育学院学报》《历史教学》等推荐教师论文，并有论文在国家教育类最权威核心期刊《教育研究》发表。

其二，积极支持教师总结经验提升理论。与出版社商谈赵利剑、陈嘉两位老师著作的出版事宜，并与教育科学出版社商谈《北京四中人文教育书系》的组稿出版事宜，还向教育科学出版社推荐了四位老师的书稿，如《历史：一堂人文课》《生物：育生命之真善美》。

其三，开始探索校级课题的结题评审和成果展示推广工作。

对于我校众多的校级课题，重点开始探索如何帮助教师反思研究结果使其进一步提高以及优秀成果的推广问题。2012 年 6 月、12 月，2013 年 5 月、12 月，组织教科研室会议，召开了四次共七个课题（与青年教师专业发展有关的校发展基金研究课题三个，与骨干教师专业发展有关的校课题三个）结题汇报会，教科研室成员为课题打分并提出意见。这为青年教师和骨干教师进一步提高提供了一个展示平台。

2013 年 5 月，启动了已经结题的我校 2007 年度、2009 年度课题和 2010 年后的发展研究基金课题的评审工作，组织教科研室教师以通信和现场会议的形式，将定量评审打分与定性研讨相结合，对 18 个课题进行了评价。这体现了公平和高效，探索了一条新的科研管理路子。

4. 完善校本科研操作流程

目前，我校已经形成了较完备和规范的学校教育科学研究制度体系，拥有一整套校本研究管理措施，涵盖了学校教育科研的方方面面。（见图 6-1）

（三）校本教育教研的主要内容

北京四中一贯重视把"坚持和发扬北京四中的优良传统和改革创新相结合"作为办学的核心指导思想之一。在我国基础教育改革各历史阶段中，我校始终走在研究、探索的最前列。例如，从 1986 年起，我们承担了国家教委直接领导的课题——北京四中高中课程设置改革，率先

```
┌─────────────┐   ┌─────────────┐
│学校提供课题研究│   │教师结合新课程实施│
│指南         │   │工作中实际问题 │
└─────────────┘   └─────────────┘
        │                 │
        └────────┬────────┘
                 ↓
        ┌──────────────────┐
        │教科研室、教研组、年级组│
        │研究分解问题,选择落点│
        └──────────────────┘
                 │
                 ↓
        ┌──────────────┐
        │一线教师/教学管理者│
        │申报课题       │
        └──────────────┘
                 │
                 ↓
     ┌─────────┐   ┌─────────────┐
     │课题组活动 │───│教科研室、教研│
     │         │   │组提供支持   │
     └─────────┘   └─────────────┘
          │
          ↓
   ┌───────────┐   ┌─────────────┐
   │展示交流研讨 │───│教科研室提供过│
   │           │   │程评价       │
   └───────────┘   └─────────────┘
          │
          ↓
   ┌───────────┐
   │形成结论    │
   └───────────┘
          │
          ↓
   ┌─────────────────┐
   │进入教育教学常态实践│
   └─────────────────┘
```

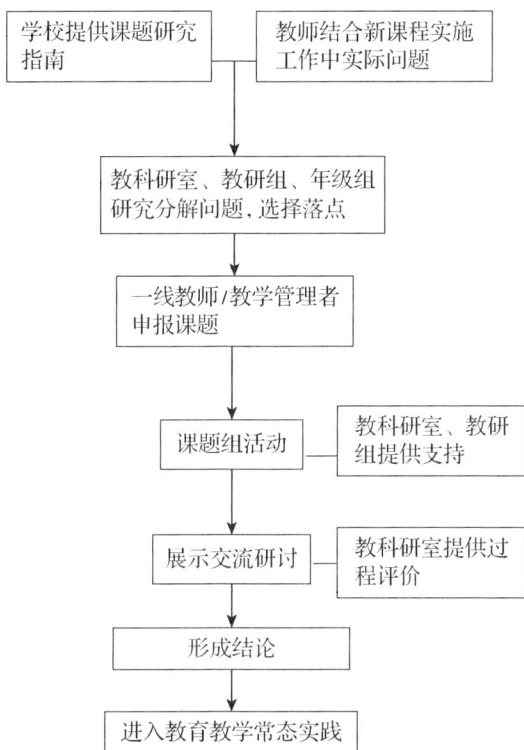

图 6-1　北京四中校本科研操作流程

在全国开设必修与选修课程相结合的学校创新课程体系。这项改革经过数年的研究、实践和探索，取得了明显成效，学生的素质得到了全面提高，也为我们参加当前的新课程实验打下了良好的基础。

在当前新课程实施背景下，我们认真研究新课程方案等教育部、北京市教委的有关重要文件，结合学校的实际，把开展新课程各项工作的校本研究作为重点，以科研引领实践，强化科研意识，提高科研能力，在研究的基础上制定各项工作的实施方案，使新课程的实验从一开始就走向科学化的轨道。在实施过程中，我们也在不断研究问题，总结经验，上升至理论再进行实践，以保证新课程稳妥实施。

1. 重点研究领域

总体来说，"十五""十一五"期间，学校的研究重点集中于新课程改革探索，研究经历了以下两个阶段。

第一阶段是对原有学校课程传统进行总结梳理，其代表成果为《北京四中优秀教学传统的形成和发展》(负责人：刘长铭、张云裳)。

第二阶段从 2007 年前后进入新课程开始，研究聚焦于校本特色课程新的发展建设。我们的课程观是包含了教育目标、教育内容、教材、教学活动及评价方式的广义的观念，把"课程"界定为涵括了"显性课程"与"潜在课程"的赋予学习者的"学习经验的总体"。我们认为，学校的"课程"从某种意义上说都是"校本课程"。这个"校本课程"包含两层含义：一是使国家课程和地方课程校本化、个性化；二是学校设计开发新的、发展学生个性特长的、多样的、可供学生选择的课程。我们近年来的研究一直从这两方面对构建有自身特色的校本课程体系做初步的研究和探索。

这其中既有从全校总体系统高度的综合研究，如"创建'人文基础，科技特色'的优质高中校本课程体系实践研究"(负责人：刘长铭等)、"北京四中初中校本课程的开发及实践研究"(负责人：常菁等)；也有关注某一方面、某一特色尝试、某一学科范围的具体实践研究，如"北京四中导师制实行情况的调查研究"(负责人：张云裳、孟海燕)，"在初中学生中进行科技教育的实践研究"(负责人：赵宏伟)，"中学全面数学教育观指导下的学习研究"(负责人：谷丹)等。

2. 参加研究范围扩大普及化

"北京四中学校发展研究基金"大力推动了全校范围内的教师教育科学研究；大力资助了一批切合四中实际，对学校发展、师生发展有较大意义的独立课题。为最大限度鼓励申报课题，采取教师随时申请，教科研室每月例会评审认定的程序。申请由学校教科研室集中评议，我们尝试采取标准化表格投票评议的方法，基本保证了课题审批的科学合理。截至 2014 年 4 月 30 日，已审批立项 62 个校发展基金课题，拨款 62 万元。立项课题既涉及教学，又涉及教育和管理。参加研究的教职工超过100 人次，主持人既有校长、主任、教研组长，也有青年教师；既有教师，又有办公室职员。我们把这项工作与市区课题申报和人才资助工作结合起来，许多课题都是先立项成为校级课题，获得了学校资金资助，又成功立项为市区项目的。

至 2013 年 5 月，我校共有各级课题 152 个，其中国家级课题 15个，市级课题 15 个，区级课题 27 个，校级课题 95 个。主持课题研究的教师共 154 人次，其中国家级 15 人次，市级 16 人次，区级 27 人次，校级 96 人次。参加各级课题研究的教师有 541 人次（其中国家、市、区课题 341 人次，校级课题 200 人次）。学校领导对教育科学研究极为重视，校行政干部基本都参加课题研究。校长、书记、副校长任其中 14 个课题的实际执行负责人。一些职能部门，如图书馆、办公室外事等也都开始申报课题。

（四）特色校本科研的成果及价值

多年来，我校科研工作广泛借鉴国内外先进的思想和理论，立足本校实际，坚持"不唯书、不唯上、不唯洋、不唯众"的"四不唯"精神，认真研究办学过程中的实际问题，不断推动学校的改革与发展。

具体来说，众多课题研究的开展，发挥了学校科研工作三个方面的重要作用。

一是通过开展科研工作，以科学的态度认真研究学校历史，总结优秀传统，统一教育思想，提升办学理念，增强全体师生对学校文化的认同感。我校在 2007、2008、2009 年冬季和暑期分别组织了六次大型研讨会，会议均围绕"建设'人文基础、科技特色'"课题研究这一核心展开。与会教师人数均达到百人以上。通过课题在四中的开展，产生了很大影响。科技与人文并举的四中课程文化深入人心，对四中的发展和文化建设有重大积极影响。

二是坚持校本科研思想，立足学校实际，准确把握教育改革和发展方向，解决学校发展中的实际问题，探索出了学校自主发展之路。例如，"创建'人文基础，科技特色'的优质高中校本课程体系实践研究"其研究特色在于探索杰出人才成长基础的课程实践，总结了近年来科技教育和人文教育课程实践，整理了创新型科技后备人才培养的途径和思路，并探索了人文基础校本课程建设的初步框架。同时，以四中教育价值体系的提出为核心，从课程目标上重点突破，着力进行校本课程目标体系的探索。我们还探索了课程学习者特色管理方式、课程开发研究组织方式、课程开发网络支持平台和课程评价特色方式等支撑系统。

三是学校科研工作发挥了学校自主创新的示范作用，体现了辐射效应，对同类型学校工作有重要的借鉴价值，并供更多兄弟学校借鉴参考。

2008年11月，我校举办了"'以人育人，共同发展'——北京四中教育教学观展示交流活动"。这是对北京四中"人文基础、科技特色"课程文化的全方位展示。活动期间还组织了关于语文、数学、英语、化学四个学科教学观的分论坛，并组织制作了四中各教研组骨干教师的教育教学观展板。活动得到了参加者的好评，在市区产生了较好的影响。网络平台建设子课题也在2009年12月召开市级展示会，有500人参加。

2008年5月，北京市课程中心与我校合办"走进四中——2008北京市校本课程建设研讨会"，来自各区县的领导、教师200余人参会并给予了很高评价。

以我校为核心，联系其他兄弟学校的课题，如"针对中学生课堂学习差异的学科教学策略研究"课题研究中，跨校联系了北京市西城外国语学校、北京一五六中学，跨区联系了北京市第二中学，跨省联系了湖南龙山高中；"基础教育阶段信息技术课程的价值及其实施方法研究"课题研究中，联系了西城区现代教育中心、北京市第五十六中学、北京市第四十四中学、北京一五六中学、北京市第三中学等。

近年来，四中在科研上取得了较为丰硕的成果。中国知网2010年9月提供的数据显示，2000—2010年全国中学（统计1004所）总发文和总被引排名，北京四中总发文数563篇，居全国第14位，北京第1位；总被引频次为367，居全国第2位。教育科研成果多次获得国家及市区奖励（见表6-2、表6-3）。

表6-2 "十一五"期间研究成果获得市级及以上奖项（政府奖）

成果名称	负责人	时间	奖项	颁奖单位
针对中学生课堂学习差异的教学对策研究	刘刚等	2008年5月	北京市第五届教育科学研究优秀成果三等奖	北京市教委
北京四中优秀教育传统的形成与发展（学科教学篇）	刘长铭、李建华等	2008年5月	北京市第五届教育科学研究优秀成果基础教育专项奖	北京市教委
信息技术学科双语教学实践研究报告	陈嘉等	2008年5月	北京市第五届教育科学研究优秀成果基础教育专项奖	北京市教委

续表

成果名称	负责人	时间	奖项	颁奖单位
研究性学习与历史学科教学	李明赞等	2008 年 5 月	北京市第五届教育科学研究优秀成果基础教育专项奖	北京市教委
探究 整合 多元——研究性学习在历史教学中的实施策略		2009 年 8 月	第三届北京市基础教育教学成果奖一等奖	北京市政府
北京四中优秀教育传统的形成与发展		2009 年 8 月	第三届北京市基础教育教学成果奖二等奖	北京市政府

表 6-3 2010—2013 年主要科研成果获得奖项(政府奖)

成果名称	负责人	时间	奖项	颁奖单位
北京四中初中校本课程开发的研究与实践	常菁、刘秀梅、赵宏伟、马越、贾东、陈瑞峰	2013 年 9 月	第四届北京市基础教育教学成果奖一等奖	北京市政府
		2013 年 2 月	北京市第六届教育科学研究优秀成果二等奖	北京市教委
		2011 年 11 月	市基础教育课程建设优秀成果一等奖	市基础教育课程教材改革领导小组
针对中学生课堂学习差异的地理学科教学情境创设研究	刘刚、曹彤、赵丽娟、杨克非	2013 年 9 月	第四届北京市基础教育教学成果奖一等奖	北京市政府
普通高中通用技术课程教学模式的创新与实践	李雪梅、高增、康帅、彭鹏、黄振	2013 年 9 月	第四届北京市基础教育教学成果奖二等奖	北京市政府
创建"人文基础,科技特色"的优质高中校本课程体系实践研究	刘长铭、谭小青、王晓丽、于鸿雁、刘刚	2013 年 9 月	第四届北京市基础教育教学成果奖二等奖	北京市政府
		2013 年 2 月	北京市第六届教育科学研究优秀成果一等奖	北京市教委

续表

成果名称	负责人	时间	奖项	颁奖单位
普通高中通用技术"悬臂梁结构模型"项目教学的开发与应用	李雪梅等	2013年2月	北京市第六届教育科学研究优秀成果三等奖	北京市教委
在初中学生中进行科技教育的实践与反思		2013年2月	北京市第六届教育科学研究优秀成果三等奖	北京市教委
我的历史教育思考	李明赞	2013年2月	北京市第六届教育科学研究优秀成果基础教育专项奖	北京市教委
高中美术鉴赏模块量化与质性综合教学评价研究	于明等	2013年2月	北京市第六届教育科学研究优秀成果基础教育专项奖	北京市教委
信息中学信息技术双语教学的理论与实践研究	陈嘉	2013年2月	北京市第六届教育科学研究优秀成果基础教育专项奖	北京市教委
网络环境下中学非结构化教育资源建设与应用研究	王晓丽等	2013年2月	北京市第六届教育科学研究优秀成果基础教育专项奖	北京市教委
针对中学生课堂学习差异的教学对策研究	刘刚等	2011年9月	第四届全国教育科学研究优秀成果三等奖	教育部
北京四中通用技术课程校本化的研发与实施——"悬臂梁结构模型"教学项目的开发与研究		2011年11月	市基础教育课程建设优秀成果一等奖	市基础教育课程教材改革领导小组

续表

成果名称	负责人	时间	奖项	颁奖单位
以地域文化背景为载体开发地理校本课程的操作思路及案例剖析	刘跃轩	2011年11月	市基础教育课程建设优秀成果一等奖	市基础教育课程教材改革领导小组
北京四中新课程建设与自主排课、自主会考工作总结	安迎	2011年11月	市基础教育课程建设优秀成果二等奖	市基础教育课程教材改革领导小组

注：不包含获奖论文。只列出获得市级及以上奖励的成果。

2015年11月，我校又有21项课程改革科研成果获得西城区教育教学成果奖，其中一等奖11项，领先全区，见表6-4。

表6-4　2015年11月获得的西城区教育教学成果奖项

成果名称	负责人	奖项
北京四中实施走班分层教学模式的基本经验	赵宏伟	一等奖
历史：一堂人文课	赵利剑	一等奖
生物：育生命之真善美	陈月艳	一等奖
英语：文化之旅，心灵之约	方芳	一等奖
立德树人，优化学生语文学习过程的研究	韩露	一等奖
同伴教学法在高中物理概念课堂教学中的应用	龙涛	一等奖
北京四中杰出创新后备人才"道元培养计划"特色课程体系实践研究	刘长铭	一等奖
建设人文游学课程，传承优秀传统文化	于鸿雁	一等奖
在通用技术教学中培养学生问题解决能力的实践研究——基于工程项目教学的案例研究	李雪梅	一等奖
技术探究："悬臂梁"项目的理论分析	高增	一等奖
依托北京四中考古社培养学生科学精神、提升学生人文素养	徐雁	一等奖
北京四中科技创新实验班中优秀生的特点和培养策略初探	高杰	二等奖

续表

成果名称	负责人	奖项
充分整合校内外资源，探寻高素质生命科学研究人才早期培养的有效途径	周湘	二等奖
初中生物"模拟实验法"的教学研究	雷明	二等奖
关于"语文选修专题"的走班实践	刘葵	二等奖
初三数学教学中渗透初高中衔接的实践与思考	唐绍友	二等奖
初中地理研究性学习的操作与策略研究	刘跃轩	二等奖
基于整合理念的初中阶段国家、地方、校本三级课程建设的实践研究	常菁	二等奖
中学全面数学教育观指导下的新课程数学教学目标研究	杨凤文	三等奖
通用技术课程中正方体项目教学价值反思	康帅	三等奖
激发示范校高中学生美术鉴赏模块学习动机的教学策略研究	于明	三等奖

总之，学校教育科研成果有效地提高了教育教学质量，促进了学校教学改革，并形成了"人文基础、科技特色"的课程特色。2010 年 7 月，我校荣获教育部中国教师发展基金会颁发的全国"十一五"教育科研先进集体称号。教育科研对于促进学校发展、学生发展、教师专业发展，成效显著。

三、校本课程特色开发方式
——网络环境下非结构化课程资源建设平台探索

电教处结合目前四中的实际情况，探索并实施学校资源建设方式，提出学校各项工作合理运用技术手段，以课堂教学为立足点，将课程资源建设与师生的常规工作融为一体，并通过师生互动逐步实现动态的、新颖的、可持续发展的校本特色课程资源，就能够提高教师的整体信息化素养，全方位提高学生的学习能力和综合素质，同时推动学校信息化建设的整体发展，建立基础教育领域资源建设的新途径。

我们坚持"以网络为基础，以资源为核心，以应用为目标，以服务为特征"的指导思想，面向校本课程的实际需求设计、组织、开发应用系统和信息资源。师生都能参与到课程资源建设中，不仅限于搜集资料、查找信息，而且能够使学生有更强的自主学习能力和自我表现管理能力。我们初步建设并完善了北京四中校本课程网络支持平台。

(一)研究源起

随着信息技术在中小学教育中的广泛应用，以计算机为核心的信息网络技术已经成为中小学教育教学的重要手段。与此同时，中小学教育信息化中的网络资源建设也得到了很大发展。有些地区、学校已经建立了自己的网络教学资源库并积极服务于教学，取得了一定的成绩。2000年10月，教育部召开的"全国中小学信息技术教育工作会议"研究并部署了中小学加快普及信息技术教育、启动"校校通"工程、努力实现我国基础教育信息化的跨越式发展工作。从此，基础教育信息化进程明显加快。

据不完全统计，目前建设校园网的中小学已经达到26000所，总投资在600亿元以上。但其中仅有10%～15%的学校实际应用较多，效果较好。教育部2000年10月提出从2001年起，用5年至10年的时间在全国中学基本普及信息技术教育，实施"校校通"工程，使90%左右的中小学能够上网进行教学，实现资源共享。近年来，校园网的建设与发展速度非常快，各地中小学尤其是重点学校，校园网的建设已经具备了一定的规模，在学校的管理和教学中发挥了重要的作用。但是，总体来说，校园网还没有发挥出推进教育信息化的实质性作用。新课标的实施，从学校教学与管理方面，为校园网的发展提供了契机。总结过去的经验，对学校的信息化与教育资源建设进行思考，有利于学校进一步把握好校园网建设的方向，使校园网真正融入教学过程中。这对于推动基础教育资源建设、教育教学发展也是有益的。

(二)探索课程资源建设平台的目的

1. 实现全员信息化的发展目标

研究中学信息化工作特点，重视网站的建设、应用工作，发动和依靠各职能部门和全校教职工，改变了只依靠少数技术人员进行网站建设和应用工作的局面。

2. 建立以学校网站建设为核心的网络应用机制

进一步挖掘网络应用潜力，学生和教师统一进行用户注册。教师可以根据教学需要上传不同类型的资源，并且对资源进行不同级别的独立管理，使得学校网站普遍使用起来，每个学科都有与教学基本同步的资源。

3. 以教学工作为基础，通过平台深化互动

利用平台进行交互教学与平台新功能的开发和应用，建立学科讨论区和教育博客，从教育信息化的资源建设和网络应用并重转变为更加重视应用。

通过本课题的研究与实践，探索了学校信息化建设的新途径和新方法，总结并形成了学校资源建设的新模式，探索了基于网络的学校各项工作与资源建设相结合的基本理论和实践。

(三)概念界定

信息化的发展带来的最明显的现象就是学校出现了比以往更多的文档、数据和信息，而这些信息大多是非结构化的。就学生而言，这些信息无法利用，其价值就没有发挥出来，从某种意义上来讲，就是没有价值的信息。如何利用和管理这些"沉默的大多数"的信息资源，是学校致力解决的实际问题。

1. 非结构化资源

非结构化资源是指文字、网页、图表、音视频多媒体信息等各种看似相关性比较弱、无法用关系型数据库等结构化的方式来获取和处理的信息，如学校内外部的新闻，教师用于教学工作的文件，学生学习过程中的智力资源，教学论坛中的交互信息，邮件，互联网上的消息、文件等。教师最常用的文档、课件等都属于非结构化资源。

2. 非结构化资源的特征分析

按结构来划分，信息一般有两种类型，一种是结构化数据，指有定规则的数据；另一种是非结构化数据。非结构化数据属于智力资源，如果它们不能被有效利用，人们头脑中积累的精神资产就没有途径被利用，人们的专业价值就无法充分释放。非结构化的数据和信息主要是学校各个部门及个人创造和收集的，是学校文化的体现，有潜在的价值。但它们没有放在公用系统中，通常是以零散的文件形式存在和展现的。

(四)实践意义

本课题适应时代发展和学校信息化工作的需求，体现了较高的规范性、科学性和创新性，结合中学教育资源建设方面的实际情况，形成了关于中学教育信息资源建设的具体实施方案。教育信息化的发展方向应该"以网络为基础，以资源为核心，以应用为目标，以服务为特征"。作为教育信息化核心的教育教学资源必须建立在先进的技术基础上，面向课程改革和素质教育目标下教育教学的实际需求设计组织，全面支持教育教学服务，开发一批应用系统和信息资源。本课题的实践意义体现为如下三点。

第一，使中学深入开展信息化建设工作，以及明确信息化建设的主要途径。学校信息化工作人员可以按照本研究中提供的工作思路，明确目前信息化建设工作发展的出路，以突破本校信息化建设中的瓶颈。尤其是对那些硬件环境建设相对完善，在应用方面还没有深入开展的学校提供策略和方法。

第二，使学校资源建设走向科学、合理、共享、持续发展，符合教学规律性。对于以教育教学为重点的中学教师来说，在教学的各个环节渗透教育资源建设的理念，无疑能够真正实现教育现代化的目标，同时使得进行课堂教学的过程成为丰富学校资源建设的过程。这对教师的综合素质提出了更高的要求，同时使教师不用再投入另外的精力去准备网络课程。

第三，促进学习者充分利用信息化环境和手段进行学习。对于中学生来说，本方案可以使学习者参与到教育网络资源建设中来，使原来利用网络的目的有了新的意义，不仅限于搜集资料、查找信息，而是在学习过程中渗透网络资源的建设。因此，学习者要有更强的自主学习能力和自我表现管理能力，积极主动地参与和教师以及其他同学的交流，完成知识、技能和情感等领域学习目标，以及信息能力、创新能力等各方面能力的培养。

(五)课程资源建设平台探索的方法及步骤

1. 研究的预期目标

第一，通过本课题的研究与实践，探索学校信息化建设的新途径、新方法。

第二，通过本课题的研究与实践，总结并形成学校资源建设的新模式。

第三，通过本课题的研究与实践，探索基于网络的学校各项工作与资源建设相结合的基本理论和经验。

2. 研究的主要内容和重点

第一，以学校网站建设为核心，探索学校资源建设的策略和方法。

第二，探索非结构化教育资源平台系统构成与功能特点。

第三，运用学校教育论坛，通过师生互动建设可持续发展的校本特色资源。

第四，探讨教育博客在教育与管理中的作用，全面推动学校信息化建设的整体发展。

第五，探讨视频资源优势发挥的方法，使视频资源建设与学校教学研究工作同步发展并相互促进。

3. 研究的主要方法

第一，文献法。通过专题辅导、培训学习、参观访问等途径，学习现代教育技术、资源建设方面的研究成果、经验总结等，借鉴前人研究成果以指导课题研究，夯实课题研究成员的理论基础。

第二，调查法。通过调查部分课堂教学的现状，找出课堂教学中师生互动和交流的限制因素，找准研究的有效途径。

第三，经验总结法。将课题研究内容、过程加以归纳，进行综述，撰写相关的阶段性小结，及时肯定研究成果，修正研究方案，撰写有关论文。

4. 研究的实施

(1)本课题实验研究共分四个阶段进行。

第一，准备阶段(起始阶段，2006 年 8 月—2007 年 5 月)。

主要采用文献法、调查法对课题提出的背景、课题研究的必要性和可行性、课题研究的主要内容等进行全面、深入的论证。在该阶段，课题组学习了现代教育技术理论、非结构化教育资源理论，收集了相关资料，初步提出了核心概念和基本观点，完成了课题申报报告、课题立项论证报告以及前期现状调查报告，根据研究需要增加了硬件设备。

第二，分析阶段（2007年5月—2007年12月）。

本课题正式立项后，根据专家提出的建议进一步明确研究方向、理清研究内容、调整研究方案；进一步探讨非结构化教育资源的概念和理论问题，完成相关论文。初步设计行动研究方案，提出本课题开展研究所需的硬件、软件、教师技能、学生技能等基本条件。

第三，实践阶段（2007年12月—2009年2月）。

依据初步提出的行动研究方案，开展课题研究。课题组成员既是研究者，又是行动者；在不断的实践中反思、调整，探究相对优化的策略，总结每一点行动研究的经验。对教师进行了校园网站系统、教育论坛、教育博客的应用培训。在常规教学实践中，依据学科特点，建立有实际应用效果的学科论坛、学科和教育管理博客群组。在实践过程中，收集数据和资料，不断完善预先提出的理论模型和构想，并予以操作化、系统化，最终提出较完整的资源建设体系，完成了相关的研究报告。完成课题中期管理报告，根据课题研究实际需要，调整了下一阶段的研究目标和研究重点。

第四，总结及继续深入阶段（2009年2月—2013年12月）。

将研究成果进行再次汇总、整理，最终完成整个的研究目标。在这个阶段，撰写《网络环境下中学非结构化教育资源建设与应用研究的研究报告》，收集整理课题组和学校教师在课题研究过程中所取得的相关科研成果，展示教师在应用学校网站系统中建立的有代表意义的资源建设案例，展示学生在与教师互动过程中积累的资源系列成果，完成课题结题的准备工作，申请结题，进行成果推广和运用。

5. 实践和产生的效果

第一阶段：开展40小时的网页制作培训，学校各个学科30多人参加学习，每个人均完成了个人主页的创作。由网络中心进行网页管理，个人不定期进行更新。

第二阶段：针对学校网站资源频道建设与应用开展培训，参加者有180人。通过30天的调查，发现个人网页数量180个，学生班级主页30个，每天都有更新，师生对资源建设和应用的兴趣极大提高。

第三阶段：开展"非结构化资源"培训，集中培训30分钟，人数达230人。通过对学校网站中"四中教育博客"进行为期30天的调查，发现个人网页 320 个，每天都更新，师生个人进行网页管理；对"四中教育论坛"进行调查，发现每天有更新；通过周期为 45 分钟的调查发现，周期内发帖子数达 50 个。

（六）主要成果与形成的理性认识

1. 主要成果

阶段性研究成果见表 6-5。

表 6-5　阶段性研究成果

研究阶段 （起止时间）	成果名称	成果形式
2006 年 8 月至 2006 年 9 月	网络环境下非结构化教育资源建设与应用研究	填写申报表
2006 年 9 月至 2007 年 2 月	网站系统的功能设计、测试	网站
2007 年 2 月至 2007 年 9 月	网络环境下非结构化教育资源建设与应用研究论文集	论文集
2007 年 9 月至 2008 年 9 月	教育论坛应用	学科专题论坛
2008 年 9 月至 2009 年 2 月	教育博客应用	师生博客群
2009 年 2 月至 2010 年 12 月	网络环境下非结构化教育资源建设与应用研究报告	研究报告

在期刊上发表的论文见表 6-6。

表 6-6　论文发表情况

成果名称	作者姓名	完成时间	发表平台	获奖情况
不将学生挡在网络之外——北京四中信息化建设侧记	王晓丽	2006 年 11 月	中国信息化	

续表

成果名称	作者姓名	完成时间	发表平台	获奖情况
基于网络的中学非结构化教育资源建设探悉	王晓丽	2007 年 4 月	中国教育信息化	
积极落实规划 深入开展信息化工作	王晓丽	2009 年 4 月	中国教育信息化	
网络 BBS 技术与高中地理差异教学试验课堂整合探索	刘刚	2007 年 4 月	中国多媒体教学学报	
有机合成的设计和评价	叶长军	2007 年 12 月	第二届北京市创新教学案例、优秀课件、素材和试题评比活动	二等奖
化学计量在实验中的应用	高杰	2008 年 12 月	第三届北京市创新教学案例、优秀课件、素材和试题评比活动	一等奖
信息化背景下的教学引导与学习效果的多元呈现——以"庄子赏读"课"结题设计"为例	杨志刚	2008 年 11 月	全国教育技术学术征文评比	三等奖
对中学生篮球项目运动损伤的调查研究	李小斌	2008 年 11 月	全国教育技术学术征文评比	三等奖
数字化实验室在自感教学中的应用	张晓羽	2008 年 11 月	全国教育技术学术征文评比	三等奖
在应用中思考，在实践中创新——北京四中信息化建设实践探索	王晓丽	2008 年 11 月	全国教育技术学术征文评比	优秀奖

续表

成果名称	作者姓名	完成时间	发表平台	获奖情况
高中政治第4册第4单元第12课价值和价值观	谷红梅	2008年11月	全国教育技术学术征文评比	优秀奖
解读图表图	任斌	2008年	北京市西城区教育技术征文活动	一等奖
运用博客拓展初中生物课堂初探	段玉佩	2009年4月	生物学通报	
中学化学课程资源的开发与利用研究	王耀	2007年4月	中国多媒体教学学报	

此外，课题组成员建设了北京四中网站（www.bhsf.cn），于2007年9月完成。该网站建设情况被三种期刊报道，两所学校参照。中央电视台《新闻联播》报道了学校网站建设以及应用情况。核心期刊《中国信息化》《中国教育信息化》以及《影像时代》等对研究实践中的一些内容进行了专题采访报道。

2. 研究结论

第一，对师生提供的平台和资源提交方式直接影响资源数量。其中，开放性好的平台，使用效率会更高；干预少、互动性强的平台容易得到使用者的认可。

第二，只要学校各项工作能够合理运用技术手段，以课堂教学为立足点，将资源建设与师生的常规工作融为一体，并通过师生互动，就能逐步实现动态的、新颖的、可持续发展的校本特色资源。

3. 研究创新点

第一，重视网站的建设、应用工作，发动和依靠各职能部门和全校教职工，改变了只依靠少数技术人员进行网站建设和应用工作的局面。

第二，在校学生和教师统一进行用户注册，教师可以根据教学需要上传不同类型的资源，并且对资源进行不同级别的独立管理，使得学校网站普遍用起来了，每个学科都有了与教学基本同步的资源。

第三，重视利用平台进行交互教学，重视平台新功能的开发和应用。建立了学科讨论和答疑区，从教育信息化的资源建设和网络应用并重转变为更加重视应用。

第四，利用非结构化资源建设平台，结合课堂教学，将学校的各项工作通过学生、教师和家长，从不同的角度应用，从而建立有学校优势和文化特色的资源，实现资源的可持续发展。

第五，发挥学校资源建设优势，促进学校对网络环境的应用，网络使用率高，使用效果好，反过来又会推进学校信息化发展，形成良性循环。

(七)问题与讨论

1. 如何保证资源的质量

在资源提交过程中，保证严格的审核，才能实现资源的优化。而形成完善的审核机制，在不同的学科以及同一学科的不同内容方面都会有差异。这方面的工作有待于建立教育资源评价团队，并建立有效的工作机制。

2. 如何建立有效的激励机制

在资源的提交上，目前是根据教师和学生在学习过程中的需要，随即提交。对于提交资源数量多、资源质量好的教师和学生，应该建立有效的激励机制，及时反馈对这些师生的肯定。这样可以带动其他师生参与到这项工作中来。

3. 如何实现资源(尤其是视频资源)共建共享

如果具备信息化环境条件的每个学校都有自己的特色资源，所有师生都参与资源建设，就不会跟别人重复，而且可以共享到其他学校的特色资源。首先是资源共建。基础教育数字化资源总体匮乏的问题，如果只靠少数商业机构则难以解决，需要教育工作者全员参与，特别是信息化建设与应用走在前面的中小学校教师的参与。然后是资源共享。放在各地各学校的资源终究是零散的，只有连在一起，才能形成一个巨大的资源体系。如果有一个巨大的基础教育平台并搭建一个良好的共建共享环境，通过"非结构化资源"的建设和开发，就能实现校际之间、区域之间基础教育资源的全面连接和共享。

第七章

学校课程特色管理和评价方式

为推进自主课程改革实验，我校召开核心参与成员会议，商讨分解研究课题，建立子课题，布置具体研究任务，确定各子课题任务的负责人，并邀请专家对课题组成员进行培训。

参加项目课题研究的教师为校教学干部、主要科学学科教研组长和教师、电教骨干教师，他们是校本课程的主要制定、开发和实施者。有力地保证了研究的实效性。而且，教师们通过定期的科技/人文教育沙龙早已组织在一起，已初步形成了多方面配合的研究团队。

在行政上，原有科技教育领导小组，在此基础上设立了"北京四中道元班管理办公室""北京四中人文教育工作室"，分别由教学处副主任专门负责，落实培养计划实施、教学行政管理和学生思想教育、生活管理等工作。校长、教学副校长直接指导试验班工作。

为集中力量，以点带面，在实践中，我们的研究聚集于几个特殊试验平台："某领域有特长的杰出创新后备人才培养模式——道元班""具有四中特色的科技创新实验班""具有四中特色的人文实验班"和"北京四中寰球学者项目"。经过几年的试验，我校初步建设了以道元班、科技创新试验班、人文实验班等为核心的杰出创新后备人才培训基地，初步完善了杰出创新型人才培养方案。

在常规课程管理和评价基础上，我校又有自己的特色。

一、课程实施的特色管理方式

——导师制

为了充分做到以人为本，使任何一个层次的学生都能受到教师的关注和帮助，从而使其全面和谐发展，北京四中从 2004 年开始，在部分学生中试行导师制。2006—2008 年，结合新课程实施，我们在全校推行导师制，开始进行有益的尝试。

导师制，就是采取师生双向选择的方式，最后给学生确定一位指导教师。这位教师在完成正常的教育教学任务的同时，要对他所指导的学生给予重点关注指导，完成对学生"思想引导、学业辅导、生活指导、心理疏导"的全面或部分职责。

我校的导师制，要求在师生自愿、双向选择的基础上，每位教师都做几个学生的"导师"。导师制与班主任制度平行，把每个学生学业和思想上的教育任务分解给导师，让更多的教师关心、指导学生的学习、思想、生活和心理健康，形成了"每一个教育工作者首先是德育工作者"的理念，形成了全员育人、全科育人、全程育人的良好育人模式。我们把该项工作作为"人文基础、科技特色"校本课程体系建设推进实施的一种特色支持方式（从更好地帮助学生进入校本课程的角度）。

自 2004 年试行导师制以来，经历了四个发展阶段：第一阶段在全年级 500 名学生中选 20 名学生自愿参加，完全采取师生双向选择，最终确定导师对学生一对一的指导方式。第二阶段由年级组选取学习成绩位于年级中游的易被班主任老师忽略的 150 名学生参与导师制，每位本年级任课教师指导的学生不超过 5 人，导师的确定以学生选择为主。第三阶段实现全年级所有学生都有导师，由学生单方向选择确定导师，每位教师指导的学生多的可达 16 人。第四阶段依然是学生全员导师制，但大部分导师同时担任了研究性学习的指导教师。

近年的研究中，我们建立并完善了北京四中导师制的常规管理制度，探索了班级管理模式下的四中高中导师制的具体操作方式，以及新课程改革形势下对教师的素质要求、职责定位和工作评价等，最终总结整理出四中导师制的实施经验。

回顾导师制的实践，其最大的优点在于极大程度上拉近了任课教师和学生们的距离，使学生们有了亲密的可指导他们成长的伙伴。一部分学生的导师在他们的人生中起到了扭转乾坤的作用。导师对被指导学生最大限度地进行了个性化指导，为学生们进入新课程减轻了阻力。事实充分证明，该项举措是一项非常符合新课程精神的有效新方法。

(一)导师的职责与导师制实施细则

1. 导师的职责

导师的职责主要是对学生进行思想引导、学业辅导、生活指导和心理疏导。

第一，引导学生树立正确的人生观、世界观、价值观和审美观，培养和提高学生的政治思想素养。

第二，帮助学生形成良好的道德品质，经常检查和督促学生的行为习惯。

第三，负责学生的学业指导，指导学生掌握良好的学习方法、培养良好的学习习惯，帮助学生解决学业上的困难。

第四，帮助学生解决生活、生理和心理上的困惑，做学生生理上的长辈、心理上的医生、生活中的益友。

第五，经常与家长沟通，全面了解学生的家庭情况，积极争取多方的协作。

2. 导师制实施细则

(1)常规制度。

第一，档案制度。为每位学生建立档案，内容包括学生家庭详细情况、学生道德品质、心理健康和学业跟踪，对学生每一个星期的表现及每次考试后的成绩逐一登记，分析对照，绘制学生成绩变化曲线。

第二，家访联络制度。建立定期家长接待日和不定期的家访或电话联络制度。导师必须对学生本人及其家庭有清晰的了解，对其家庭情况进行简要分析。密切与家长的联系，指导家庭教育，与家庭进行共同教育。

第三，谈心与汇报制度。每月至少一次与学生进行个别谈心，并要求学生每周一次向导师汇报生活学习情况。

第四,"会诊"制度。定期(每月)由班主任组织召开班级会议,针对存在的情况,研究对策,发挥"整体、合作、优化"的功能。定期(每半个学期)由课题小组负责人召开班主任(兼导师)的会议,商讨交流进程等内容。

(2)注意事项。

结合每个年级的德育目标进行具体辅导。以高二年级为例,在具体辅导中需注意如下几点。

第一,了解并帮助学生树立明确的职业理想,探讨实现该理想的途径。

第二,了解学生与同学之间的人际交往现状,并进行适当引导调整。

第三,了解学生的学习状态(含学习目的、态度、投入状态等方面),并进行适当引导。

第四,了解学生的生活行为习惯,分析利弊,并帮助其适当改变。

第五,了解学生与其父母的关系现状,并予以适当引导。

(二)被指导学生与导师的确定

1. 被指导学生的确定

实施导师制的学生,其范围确定有一个逐渐扩大再聚焦的过程。

2004—2005 学年,2004 级 496 名学生中,选择 20 名学习成绩急需帮助的学生。2005—2006 学年,选择 150 名学习成绩在年级处于中段、平时不易被老师关注的学生,其中一半学生有导师,为实验组;另外一半没有导师,做对比组。

2006—2007 学年,全年级学生都有了导师。2007—2008 学年,在全校范围内推行导师制。

自 2009 年开始,根据总结反思,重点在高三年级实施导师制,并推广到九年级。

2. 导师的确定

通过教师意愿、学生意向、年级指定等多种方式的结合,确定导师和学生结对。

学生问卷调查是重要的依据。再根据调查使导师和学生结对。从以下的调查表可以看出,我们的探索逐渐深入和完善。

(1)2004—2005 学年。

学生调查表

班级：_____ 姓名：_____

1. 你感到现在的学习节奏怎么样？（   ）

A. 紧张   B. 适中   C. 轻松

2. 你现在遇到过不知道该怎样办的事情吗？（   ）

A. 有   B. 没有

3. 你是否需要一个在思想上、学习上帮助你的老师做大朋友？（   ）

A. 是   B. 否

4. 如果需要，你班的现有任课老师中，你愿意选择哪位老师？

_____

(2)2005—2006 学年。

导师调查表

同学：

你好。以下诸位老师是导师的候选人，你愿意选择哪些老师作为你的导师，请写出你的前三志愿。

导师候选人：汤玉林、牛威、阎婕、侯彬、李海燕、谷丹、田军、连中国、王俊宏、俞平、李岩、赵晓刚、刘银、于明、徐雁、张恩、贾凤羽、张云裳、孙晓峰、李京燕。

谢谢你的配合。

高二年级组

_____年____月____日

回执

我愿意选择以下老师：(1)_____ (2)_____ (3)_____ 作为我的导师。

高二_____班学生_____

_____年____月____日

(3)2006—2007 学年。

学校指定导师。

(4)2007—2008 学年。

学生调查表

1. 你是否需要导师？（选 A 的同学继续答题，选 B 即可停止答题）

A. 是   B. 否

2. 你希望选什么类的老师作为你的导师？（可多选，最喜欢的放在前面，选 A 请注明科目）

A. 辅导学科课内学习类　　B. 辅导学科竞赛类　　C. 社团类

D. 音乐体育美术类　　　　E. 心理类　　　　　　F. 其他类

3. 写出三个你愿意选择的导师（排名不分先后）_____、_____、

_____。

4. 你是否愿意选学校行政干部作为导师？

A. 是　　　　　　　　　　B. 否

(三)导师活动管理追求实效

以下为导师活动记录的主要过程。

1."师生共同成长"活动一

_____老师：

您好。您的小朋友是高一_____班_____同学。她(他)感到现在的学习节奏(紧张、适中、轻松)，(已经、没有)碰到不知道该怎么办的事情。现在，我已通知他(她)即日起至期中考试后一周内约您见面聊聊。

第一次见面，必聊的主题包括：她(他)的过去，现在的心情，学习情况(包括学习的各个环节、困难学科、听讲质量、完成软硬性作业情况、时间分配等)，将来的打算。其他主题如兴趣爱好等，可自由闲聊。

了解之后，请您将简单情况记录如下，以便于咱们进一步选择主题。

谢谢。

姓名:	班级:
过去的情况	
现在的心情	
学习情况	
将来的打算	
老师的感受	

2."师生共同成长"活动二

_____ 老师：

您好。"师生共同成长"活动一已结束。对反馈回来的信息进行归纳可以看出，这些小朋友的共同点为：积极向上，但没有明确奋斗目标；想学习好，但学习习惯不好，毅力不足。也有些个性情况，如特长生、单亲家庭学生等。根据以上情况，咱们确立下一步的共同主题为：长期地循序渐进地帮助小朋友养成一种良好的学习习惯。每人针对孩子的具体情况，再选一个个案主题，并思考一下具体落实措施。请将思考与实施情况记录下来。

小朋友姓名：	导师：
要养成的一种好的学习习惯	
养成该种习惯的具体措施	
个案主题	
具体实施方案	

3. 与学生第一次谈话记录(见表 7-1)

表 7-1 参与导师制试点的学生基本情况

姓名	性别	生日	籍贯	民族	
政治面貌	班级	班中职务	爱好	导师	时间
家庭住址					
简历	何年何月至何年何月			在何校学习	

续表

		姓名	年龄	政治面貌	工作单位及职务	联系电话
家长情况	父					
	母					
		家庭电话				

	高一上学期中	高一上学期末	高一下学期中	高一下学期末
学业成绩				
	高二上学期中	高二上学期末	高二下学期中	高二下学期末

学生基本情况（学习、生活、心情等）	学生自述	
	家长叙述	
	班主任叙述	
对学生未来的展望	学生本人	
	家长	
	班主任	
导师的感受		

4. 教师交流

以全年级任课教师会的形式，以班主任为核心分组交流。

（四）导师制实施后的反馈

导师制实施以来，受到学生和家长的好评。

1. 家长来信摘录

今天听孩子说起学校开始实施"导师制"试点计划，这真是一个天才的、伟大的设想，肯定会收到非常好的效果的！

我敢这么肯定地赞赏，是缘于我对我孩子状况的了解，同时缘于对高考体制的了解。我认为，只要一个孩子智力正常不呆不傻，只要认真刻苦，功夫下到家了，就有可能考上清华北大。对于这些比较一般的孩子，或者说"典型的孩子"（这样说是因为成长过程中孩子们可能出现的典型问题他们一般都会出现），我们做家长的不是和人家比优点，而是努力减少自己孩子的缺点和不足，给他们更多的督促和关心，采用导师制度，最适合这些孩子的成绩进步。

另外，他们能通过考试制度进入四中，也必有其可取之处。经过一年多的适应，他们认识并接受了不出类拔萃的现实。相比那些尖子学生，他们少一点压力，多一点自由，有更多空间发展自己的志趣。采用导师制度，针对具体情况予以关心引导，最适合这些孩子的成长。

我很高兴看到我的孩子在四中的进步，这是在任何其他学校都得不到的收获。我们为拥有这样一个学习成长环境而备感荣幸，即使孩子考最后一名也无遗憾。进步不光体现在孩子身上，还体现在家长身上。上次家长会上学校要求家长要"常常反思"、要"与时俱进"，我确实意识到孩子成为今天的孩子，家长的影响非常大，特别是孩子的缺点和不足之处，与家长自身表现、习惯及教育方法联系非常紧密。采取了导师制度，家长和导师可以进行更多、更深入的沟通，家长可以在导师指导下打破以往的教育模式（或者说思维及行为模式），学习如何做得更好。这就真正将学校、家庭、孩子联结在一起，为孩子创造最有利的成长环境。只有四中，才能有如此的气魄和胸怀！

因为是试行，我建议在导师制度方面也采用"集体备课"的方式，导师们充分交流沟通，充分发挥集体的智慧和力量，针对具体问题会诊研究开出特效药方，孩子们会更容易接受。

施行导师制，老师们要付出更多的心血和时间，学校管理负担也会更加繁重，我向老师们表示真挚的敬意和祝福！

2. 学生反馈

"导师制"学生体会（2006 年 1 月 19 日）

一、感想摘录

本学期实行了导师制，我从中得到了很多。我的导师是牛威老师，他给予了我许多帮助。每次讨论都没有太多的关于学习内容的东西，而是更多的关于方法、态度和生活。在一种轻松的氛围中进行。一学期下

来，觉得导师制真的很实际。——高二(1)班，李跃

这学期，导师制给我的感觉就是和老师交流得更多了。因此，虽然这次期末考试考得不好，但是我觉得不像以前特别容易灰心，而是很容易面对现实，冷静地思考原因。我感到和我为同一导师的四个人也受益颇多，我们在一起讨论各自的问题，比较实用。——高二(1)班，孙晓萌

虽然活动时间不长，但我的的确确有收获。主要是在学习生活上得到了许多启示。通过谈话，我对高中生活有了更深刻的理解，对自己的求学路也更有信心。——高二(1)班，蒋率

导师制的初衷是很好的，但由于同学和老师对导师制都不很熟悉，在具体做的时候带有很大的盲目性和随意性，导致其效果打了一定折扣。——高二(1)班，张居正

我首先觉得导师制这样一种新的模式是非常好的。但从现在我们学校实行的情况来看，导师制现在还只是一个轮廓，而且在实际中也并没有发挥太大的作用。我觉得这主要是由于一些硬性的制度还没有建立起来，而且有的老师并没有承担什么责任。如果想要这种制度实行并推广下去，就需要改进规则，交给导师更多的责任，给学生更多的义务。同时，要建立一整套的考勤、考核制度，纳入学校的日常管理，并且还要参考国内大学及国外学校导师制成功经验。——高二(1)班，范昊龙

几个月前得知导师制的事情，心中很受鼓舞，也感觉到学校对于学生能力分布开始有更新的思考。总之，进行尝试是好的，但问题在于怎么实施。首先学生和老师是否都明确这样做的目的，以及该怎么做。我到现在还不是很肯定导师是提供心理帮助，还是给予学习上的指引。以前认为是心理帮助，所以就选了心理老师，实际上很多问题还是不愿意说或说不出来，因为实在是不熟悉。每星期只聊一次，其他时间老师应该是很忙的，而且有些问题可能是持续长久存在的，也不是一两次交谈就能解决的。所以我们谈论的只是身边的一些现象，发表一下自己的看法，仅此。其实我感觉到老师很想让我多说一些自己的事情，我也知道这是一个很好的值得利用的机会，可就是没有找到那种感觉。我认为这是我自己的问题，我没有好好利用这个资源，以后我会改善一下。谢谢老师真诚的帮助。——高二(1)班，孙凌云

经过近半个学期以来的导师制的开展，我总体上感到有很大的收

获。首先，我认为这个制度的好处在于它为我们提供了一个多与老师交流、沟通的平台。而这种交流并不局限在学习中的某个具体的问题，可以就自己在学习、生活中产生的困惑与老师讨论。例如，我前一段时间，就曾与导师探讨过怎样才能提高做事的效率的问题，侯老师联系他的感受给了我很大的启发，使我受益很多。其次，由于我们的导师大多是教了自己很长时间的老师，所以导师对我很了解，能清楚地帮我找到自身的问题和改进的方向，使这种辅导很有针对性。最后，我认为侯老师采用的活动方式很好，即一般固定在每周一中午，我们4名同学和导师共同讨论。此外，若哪个同学有个别问题也可以单独找导师探讨。这样，不仅有了单独辅导的机会，也为我们提供了一个与身边同学交流的机会，听听同龄人的想法，分享一些共同的感受，对于我们无疑是很有意义的。在效果上，我觉得自己在期末阶段的学习状态明显比期中时好，期末成绩较期中也有进步。最后，感谢老师们的关怀和帮助使我成长得更快。——高二(1)班，赵晨希

对于导师制度，我并不能说什么，毕竟只试行了半个学期，即使成绩有所进步，也并不说明任何。我的导师并不是学科的老师，所以并不能辅导我什么，但我们聊了很多。——高二(2)班，冯慎行

我非常 enjoy(喜欢)导师制。——高二(2)班，李京芳

导师制非常好，我的导师贾老师帮了我许多许多。如果没有导师制，我真的不敢想象自己现在会是什么样子。导师制的最大优势在于：它架起了一座未成年人和成年人沟通交流的桥梁，未成年人从中获得的指点是非常有价值的。——高二(2)班，郭硕

经历了几周的导师制，觉得学到的东西中，知识少数，方法多数。能有一个比自己年长的人，介绍些经验，防止自己犯相同的错误，还是不错的。就是时间太短了，每周就一中午，哪够用啊，而且似乎应该能在课下也有交流，能用些 QQ 之类的工具。

使我在遇到各种问题时多了一个倾诉对象，同时，导师相比大多数老师，还是非常了解我的。所以，这有助于我们之间的沟通。同时，我们充分利用了现代科技力量，使我们的沟通更加便利，也使我们对网络的应用上升了一个层次。我感觉实行导师制的目的就是让每一个学生都受到自己导师的关怀和帮助，但是由于每个老师的精力都是有限的，所

以应让更多的老师参加。这样就会让老师在导师制和教学上找到一个平衡点，让同学们的选择多元化，避免现在这种导师与同学根本不认识的情况。——高二(2)班，方志杰

经过半个学期的磨合，我对导师制的新鲜感逐渐消失，取而代之的是深深感到导师制的重要性和必要性。——高二(2)班，齐晟

田老师是一位非常理解学生的老师，他对我比较了解，跟我以及我的父母都有很好的沟通，他对我学习上的建议我认为都非常有价值。他也是一个非常亲切的老师，极具亲和力，与我之间的关系十分融洽，给我一种很温暖的感觉。——高二(2)班，向伊达

其实无论导师制效果如何，有一点必须肯定：老师为我们付出了自己的时间、精力。在谈优缺点之前应该先感谢老师，想到自己能有导师真的很幸运。麻烦孟老师帮我们向导师们表达一下谢意。我的导师是超脱、教学好、淡泊名利、有高追求的谷丹老师，她在人格上对我们有很大影响。每次看到谷老师，心中的不快就消失不见。谷老师非常注重我们的心理状态，她很真诚，与她在一起很轻松，她喜欢与大家分享她的故事，总之大家很快乐，很像朋友……导师制对于我们来说是一个新生事物，应该得到更广泛的关注。我想如果大家都更关注一些(学生和导师)，效果会不错的。——高二(2)班，韩意

在第一次与导师谈话时，俞老师曾说："我希望你们能从老师身上学到点儿什么，我多少能对你们产生点儿影响。"我觉得这句话所说明的就是导师制最关键的地方。在一定程度上，它能拉近我与老师的距离，更能让我注意到老师的特点，从中学到自己所欠缺的东西。但是，由于对这项活动不熟悉，在与老师谈话时我更多地围绕考试，对心理方面没怎么提到过。有时有些问题想和老师说，但确实说不出口；有的事情和同学唠叨完了，再去和老师说就觉得没必要，这两个问题我觉得把握不好分寸。对于这个制度，我很希望能继续参加，同时希望以后不要用成绩来衡量老师同学配合得是好是坏。另外，对于建立一个相应的监督制是否必要我并不确定：建，会让人觉得很被动；不建，有时又觉得没效果。不过，下学期我需要和导师有更多的交流，特别是关于心理上的问题，希望让自己的参与更有效。——高二(2)班，李妍

我的感觉很好，在学习过程中悟出了一些东西，在生活中学会用新

的思维、角度看问题。虽然有感觉，但成绩仍不理想，单科有进步趋势，老师认为我的状态很好，只是情绪有时有波动影响到结果，有很大进步空间。——高二(2)班，马媛

给我的感觉是这个东西仿佛不曾存在一样。我的成绩与期中相比有进有退，总体持平。与导师谈过几次，但总感觉空空的。就是听导师讲他高中这段经历的一些感想以及一些被强调过很多次的东西，却没有一个督促和落实的过程。想想可能是与导师接触少的原因，再加上导师不太了解我的情况，所以效果不明显。希望能统一建立一个运作机制，让这个制度充分发挥出应有的效果。——高二(2)班，曲直

和老师交流的次数不是很多，主要是大家遇到问题和想法时，不能及时地想到立刻去找导师，没有习惯和经验。在交流的具体时间、内容方式上，还有待进一步的了解和熟悉。相信大家以后会更加适应这种导师制。——高二(3)班，李宁远

导师制让我拥有了一个"大朋友"，可以和她谈心，谈自己，谈一切自己喜欢的。但是和导师交流的机会太少。不是说老师不好找，而是自己往往没时间，或是没有什么恰当的话题。谁会为一些鸡毛蒜皮的小事跑去和导师聊呢？如果导师不教自己课，那交流的机会就更少了。——高二(3)班，陈冀然

我觉得导师制很好，心里有困惑不解可以去找导师谈心，就会觉得其实不开心的事也不是很不开心，不明白的问题其实很简单。知道了自己面对一件困惑的事时该怎么做；明白了也许有些事不能如愿，但只要自己尽力就好。在学习方面，也可以得到很多建议，很有用，可以少走弯路，而且我觉得对该科课程的学习有很大的有益作用。我很喜欢导师制，还不错。——高二(6)班，宋姣姣

总体感觉良好，希望能继续开展下去，体会到老师特别辛苦，有时连上一天的课还要辅导我们，非常过意不去。如果继续开展的话，希望进一步调整辅导时间。——高二(6)班，李晓萌

1/4学期说长也长，说短也短，再继续实验一段时日，效果与反馈将更有依据和说服力。——高二(6)班，唐梦爽

导师比起其他老师来，更像是一位战略指导员，指引我们走向前方。——高二(9)班，刘宜君

本学期开始的导师制，应该说有许多益处。首先，它为学生老师之间开辟了沟通的渠道。与老师进行面对面的或是通过随笔的交流，都给人一种被重视的感觉。个人认为这种感觉对一个学生来说是非常有帮助的。其次，因为我的导师是非常有个性的张恩老师，这就产生了另一个好处：接触和尝试另一种思维方式。和自己观点看法不同的人接触，有助于自己开阔思路，更全面地看世界。——高二(12)班，刘洋

在与导师交流中，能体会到被重视、被尊重的感觉，应是导师制最成功的地方吧。——高二(12)班，王子凤

跟自己比较熟的成年人只有家人吧，但是与老师的交流让我体会到一种新的生活方式。其实，这种交流的感觉，才是我们得到进步、增加兴趣的原动力吧。——高二(12)班，马天依

在百般的珍惜与慨叹中，一半的高二生活悄悄收场。然后，有更多的感叹。起初本想默默地继续生活，低着头，踩着风，在偌大的校园中辨不清自己究竟是哪一个。毕竟，优秀与优秀重叠，便是平常。那些骄傲的过往，不过是路过的风景，退守在记忆的远方。想想，行走在六方的区域，吮读安平的文字，已是满足。

正是选择沉寂那刻，我，我们，被选择给予关注。开始并不明晰原委，只是讷讷地参与、应和，不知这选择对自己有无意义，不知生活指针会转向何方。几次交流，让我们与擦肩而过的老师变为无话不谈的好朋友，让我们从抑郁于衷的含蓄变为有感而发的倾吐，流光中，我们在变。

期末，又是一场盛战。纷沓而来的冲击，有得意，有失意，林林总总，竟有意料之外的收获。当考试的激情冲荡而去，平淡的忙碌接踵而至，在原地空转。这一次，我懂得如何把握！——高二(12)班，段棣淳

二、学生认为导师制的优点

1. 缓解紧张学习的压力。

心里有什么话能及时无顾忌地对他说，心情很轻松。

王老师网上开辟了博客，为我们提供了一个可以倾诉的空间，这对我们及时调整心态，寻求帮助起到了很大的引导和指导作用。

及时解决心理问题。

气氛好。

受到鼓励和信任。

给了我一个享受关注的机会。

2. 了解老师。

多认识了一位老师，可与老师充分沟通交流。

能与自己喜欢的老师有更多的交流，充分领略其魅力，使自己对相应科目产生更大的兴趣。

拉近了师生感情。

了解老师的经历，从他的经历中汲取到许多经验、实用方法、良好心态、办事态度……

帮我克服了对老师的畏惧感。

给了我与老师交流的很好机会。

导师在英语学习、计算机应用、个人修养方面给我们做了表率。有他时刻关心我们、监督我们，我们不自觉地变得成熟了。

老师年轻，交流方便。

3. 改变了对待生活的态度，明确了努力方向，使生活更有序。

明确了学习目标。尽管有些科目考试不尽如人意，不过我更能细致分析自身存在的问题，有利于未来人生目标的选择。

导师是一位英语老师，对我(理科学生)文科思想的形成帮助很大。

让自己认识自己。导师像一面镜子，帮我看清自己的优势和劣势。

指导看问题的方法与角度，帮我慢慢完善。

4. 改善了学习方法。提出可操作性建议，少而精。

5. 了解其他方面的知识。新鲜，未尝试过。

6. 多了与同学交流的机会。（小组）

导师相同的同学可以相互交流各自的想法，交换各自的学习经验，扩展了各自的思路，对学习有一定的帮助。

能与某些同学形成一个团队，共同努力，相互帮助，相互促进成绩的进步与提高。

7. 对教师的帮助。

其实不光老师帮助我们。在他被事业压力压得喘不过气时，当他工作家庭一肩挑而疲惫不堪时，当他心情低落时，和我们在一起能使他恢复激情和活力。

三、学生认为导师制的缺点

开展范围较窄。没什么经验。目的的体现效果不明显。花时间。有时辅导时间有点长。

希望能有一些学习材料，便于深入讨论。

对于学习上的帮助只能局限在少数的科目上。

没有固定的活动时间，没有统一的制度，不便于管理。

组与组之间没有什么交流，只了解本组导师的情况，希望可以更开放一些。

不知道和老师说什么。

双方还都比较羞涩，需要更多的交流来化解。

新鲜感逐渐减弱，热情也在减弱，表现为与导师的沟通不够频繁和及时。

可有可无，主要表现为同学们不知导师制到底是什么，不知如何利用导师这个资源。导师制似乎解决不了什么大问题。

时间紧，老师忙，有的问题会拖延。

学生太多，导师太少。

四、学生提出的改进建议

应全年级开展，多组织讨论活动。应坚持实行下去。

能有一个相对规范的章程，如多长时间去找老师一次。定期交流，有一定强制。

再多一些交流。

导师的工作更有计划性。

导师应对同学更了解些，增进亲密感。

每位导师辅导 4～5 名学生，有点多。

再加入一些老师，重新申报，会比第一次成熟一些。

交流内容过于单一。

选择试行学生时，应向全年级宣布，应找那些主观上真正需要导师的学生。

对导师制应更重视些。

与班主任制更好地结合。

应量化。

应向导师和同学明确导师制的内容、规则。

3. 导师反馈

导师普遍认为这是一个真正以人为本、全面关注学生、全员德育的好形式。导师制是非常符合新课程精神的一项制度。

理想状态的导师制对导师要求很高，要求其全面熟悉学校各项事务和课程设置，并通晓一门任教课程，具备相当的生活阅历、思想深度和心理学知识。如果具备如此高质量的导师队伍，理论上应该所有的学生都需要导师，并从导师那儿有所得，促进自身的提升，而不仅仅是找到一个可以聊天的伙伴。理想的"导师制"应该是每位导师指导尽可能少的学生。

理想与现实总是有差距的。就像北京市的化学新课改将选修模式改为了必选模式。而导师制现在面临的最大问题是教师数量和质量都有待提高，且学生课余可以自由支配与导师交流的时间太少。所以，"导师制"应有的正面影响还没有完全发挥出来。

新课程的实施在继续摸索，而导师制的实行仍然处于进一步探索中。相信随着时间的推移，新课程的理念切实落到实处，与新课程相称的新的学生管理模式导师制也必将焕发出更大的活力！

二、课程特色评价方式

2007年，根据新课程改革的要求和精神，我们对原学分制方案进行了修订。之后，我们确立了四中学分管理的基本原则，成立了相应的组织机构并明确了主要职责，制定了学分认定的基本程序，确定了模块课时与学分设置，开始采取学分汇总的管理方式。

我们认为，最终形成的北京四中学生质量评价应当由以下几个方面构成。

学业测评：主要以现行的考试形式为主。

学分认定：主要体现为对学生学科课程的管理。

成长记录：此项评价又分为几个部分，即学生评语记录、学习成果展示、个体特征描述。这部分的评价可以由四中研发的软件，即"数字化教育评价"系统作为支持。

我们在研究制定"北京四中学生质量综合评价方案"的过程中建立了"数字化教育评价"(简称 SJP)的理论,其与以往传统的评价理论不同,具有全新的评价理念和操作方法。其中"数字化评语"、评价中的"测不准原理""最小不确定度""安全优势"等都是 SJP 理论中的一些重要概念。这些理论与操作方法经过多年实践证明是可行的,具有深入探讨和不断完善的价值。我校目前在学校学生中实践这一特色课程评价方式。

学生评价(简称 SXP)是 SJP 的一个重要方面。这一子课题重点研究并整理了 SXP 系统的原理、指标建立、信息采取、评价结果呈现和理论反思。

SXP 系统获取评价信息的方式是基于观察法之上的等第评价,这种数据采集方式的低利害性有效降低了对评价对象的心理干扰,使得评价信息来源可靠,评价结果真实可信;由于 SXP 将无效评价(无效指标和无效数据)降到了最低程度,使得 SXP 在操作上极为便捷;SXP 结果的呈现方式也与众不同,它用一组具有多维层析结构的直方图形(称为"数字化评语")来表达评价结果,不仅可以展现评价对象的个性特征、发展倾向,还能展现评价对象某项能力的发展变化过程,使评价结果清晰直观且信息丰富。试验结果表明,SXP 的评价结果与评价对象之间有较强的对应性。

(一)评价指标体系的建立

SXP 是对传统的纸笔方式的测试的补充,它有效地弥补了纸笔测试方式的不足,特别适用于能力、情感、心理等方面的评价测量,实际中可进一步减少为 6～8 个。表 7-2 为我校初定的学科课程评价指标。

表 7-2 学科课程评价指标

评价指标	定位	操作性指导语(表现为……)
求知欲	学习态度、价值取向	对该学科有比较浓厚的兴趣;或投入较多的精力学习该学科;或在学习中具有较明显的主动性。
自学能力	学习能力、价值取向	对与本学科有关的"超前问题"或"课外问题"有较多的思考;或比较有效地获取教师讲课内容范围以外的学科知识。
学科方法	理解能力、分析能力	对学科思想有一定的领悟,能结合学科思想和学科研究方法,较为全面、清晰地分析有关问题。

续表

评价指标	定位	操作性指导语（表现为……）
知识运用	解决问题能力、实践能力	善于联系实际，有运用知识解决问题的意识；或善于将不同学科的知识进行综合运用；或善于运用已学的知识分析和解决实际问题。
严谨	学习能力、思维能力	在作业、考试或课堂上表现出思维的完整性、缜密性、逻辑性、规范性。
表达能力	情感、思维能力	敢于表达个人观点；表达的语言较精炼，层次较清楚；表达时适当借助表情或肢体语言；文字表达清楚。
交流	情感、心理	善于与同学或教师交流有关学习或其他问题；交流思想、看法和体会，个人想法（不仅仅限于学习的）；善于尊重、倾听、学习和借鉴他人的优点，融合不同观点和看法等。
合作	情感、实践能力	与他人友好相处，能够共同完成某项任务，在群体中能够恰当定位。
质疑	创新意识、思维能力	对暂时不懂的或了解的不全面的东西不盲目相信（或仅有一定程度的相信）；不盲目崇拜权威；能够提出不同看法，或从不同的角度提出见解；善于发现别人不注意的问题。
想象	创新意识	善于联想、想象，善于将抽象事物具体化、形象化，善于形象思维和抽象思维。
自省	学习能力、学习品质	错误的重现率较低；自觉地反思学习中的问题，及时调整学习方法。
信息处理	学习能力、思维能力	能正确使用各种信息资源，获取、提取、筛选各种有用信息。

显然，对这些能力指标的评价，使用传统的纸笔方式的测试是难以实现的。

SXP本质上是一种多元化的评价。SXP揭示的一个重要思想，就是对学生评价的标准应当是多元的。换句话说，在SXP中没有绝对的"好"的概念，"好"的标准不是唯一的。因此，SXP拒绝将评价结果进行一维排序（传统的评价通常是通过设定权重来实现），评价的目的不是为了选拔。这与传统的评价理念截然不同。在传统的理念中，评价的目的是区分出"好"与"不好"，即程度上的差异，然后据此进行排序。因此，在传统的观念中，好学生的标准是各个方面都达到优秀，或者是在尽可能多的方面达到优秀；对于 SXP 或多元化的评价来讲，适合就是好，具有合理的知识与能力结构就是好，也可以说，好的标准是具有鲜明的特色。

（二）评价信息的采集

SXP 的评价信息记录形式是记录等第标记（或符号）。教师根据学生的表现，用等第标记表示学生某项评价指标的发展水平（实际是将某一学生的某一项指标与群体进行比较）；在将个体与群体进行比照的基础上，用"＋"表示此项能力高于群体的平均水平；用"－"表示此项能力低于群体的平均水平；不做记录表示此项能力为群体的平均水平。因此，SXP 实际上相当于是三个等级的等第评价，即"＋""－""空"。这在一定程度上降低了教师对学生进行甄别判断的难度，相当于记录下教师对学生某项能力指标的印象和感觉。教师的工作界面与传统记分册相同。几年来的操作实践经验证明，教师在正确理解评价思想、比较了解学生和熟练掌握操作方法后，只需十几分钟即可完成一个班学生（按 50 人计算）的评价。几年来的操作实践表明，在通常情况下，教师仅仅用"＋"和"空"（实际上是一个标记）两个等级的评价，就完全能获得较好的评价结果，最终的评价结果完全可以显示出令人满意的对应性、多样性和差异性（见图 7-1）。

SXP 规定每个学期获取三次评价信息。教师可以随时记录等第标记，并可随时进行修改，修改方式极为简单，仅用鼠标操作，数据标记随点击鼠标的次数循环出现。系统每隔 6～8 周的时间自动封存数据，然后将教师评价界面复位清零（相当于发给每位教师一张空白记分册），开始一个新的评价周期。特别需要指明的是，在一个新的评价周期开始后，教师应当将所有学生重新放在同一起点上进行观察和评价，要尽量消除上一个周期留下的印象，特别要防止考试分数对观察和评价判断的干扰。如此进行评价，如果按 10 个学科进行评价计算，三年的评价全部完成后（共有 18 次评价数据），学生的每项指标的评价结果等级为 540，这相当于用 540 分的试卷测量学生的一种能力。显然，这样的检测精度是任何一种传统的评价方式都无法达到的，而且重要的是每个评价信息来源的可靠性都不容置疑，这是评价终极结果可靠性的保证。

<高中一年级05班><地理><2009-2010学年度第一学期第二次评价> [完成评价后直接关闭此窗口即可]

学号	姓名	交流	表达能力	合作	严谨	质疑	想象	自省
10501	王建鑫	+						
10502	王昱洲							
10503	乐天	+	+			+		
10504	任凯鹏	+		+				
10505	伊仲杰							
10506	吕子奇							
10507	孙墨函	+	+					
10508	毕佳成							
10509	闫引桥							
10510	张思博							
10511	张润杰	+						
10512	李思然							
10513	杨梓梁							
10514	贡万鹏							
10515	周少臻							
10516	洪力							
10517	赵天晓	+	+			+	+	
10518	凌阳							
10519	高丰禾	+						
10520	廉子奇							
10521	蔡伯昊							
10522	王冕钊							
10523	王紫娴	+	+					

学号	姓名	交流	表达能力	合作	严谨	质疑	想象	自省
10526	齐天怡							
10527	何佳莹							
10528	张梦璇							
10529	李思簪	+						
10530	李菊源							
10531	杨运琦							
10532	范一富							
10533	黄文蕾							
10534	董沃铭							
10535	谢泠涛	+						
10536	踣肇	+						
10537	雷爽							
10538	翟洁雅							
10539	穆珂	+						
10540	戴漂							
10541	李昊祎							
10542	段迪杭							
G10551	金贤娴							
G10552	徐云泽							
G10553	彭婷							
G10554	韩旸							

图 7-1 信息采取界面视图

(三)评价结果的查询

SXP 系统根据评价等第标记（由系统转化成数据进行处理）拟合生成评价结果——"数字化评语"。随着评价数据的不断获取和丰富，数字化评语的图形会不断发生变化。即使是某个学生在某段时间内没有获得任何评价标记，他的图形也会发生变化，因为任何一个标记都会改变整个群体的情况。这很像我们通常看到的计算机读取图像文件时的情景：开始时屏幕上会出现不很清晰的图像的轮廓，随着数据的不断读入，图像的细节会越来越清晰。学生、教师和家长随时随地可以通过互联网查询评价结果，通过解读数字化评语来了解和分析学生的发展状况。

学生在查询自己的数字化评语时，会先从系统界面阅读一段导语（《写给同学们的话》），内容如下。

亲爱的同学：

中学是人成长的关键时期，我们应当注重培养自己多方面的能力，如自学能力、团结协作的能力、解决问题的能力、自控能力、计划和规划个人资源的能力、观察能力、实验动手能力、承受挫折能力、交往能力、反思评价能力、创新精神、勇敢精神、想象力，等等。这些能力并非都能通过考试分数反映出来，也会在平时的各种活动中表现出来。只有不断地表现，人的能力才能不断发展。你的能力发展状况如何，你在哪些方面具有优势，在哪些方面应当加强努力，评价方案将为你提供一个客观的参考。

你的各项能力发展水平与群体水平的比较，是通过一组几何图形来显示的。这些图形我们称为"数字化评语"。这是一种相对性的评价。当你的某项能力指标高于群体水平时，说明你的这项能力较好地表现出来了；某项能力指标低于群体水平时，老师并不认为你这方面差，只是你还没有将这项能力表现出来(而别人的表现提高了群体的平均水平)，你应当在这方面努力表现。评价方案将促使你不断对自己进行反思。因此，评价的目的不是要对同学们进行区分和排序，而是为同学们的发展"导航"。

希望同学们积极参与各项活动，在活动中积极表现，在表现中不断提高。只要你经常对自己进行反思和调整，你就会不断进步，完善自我，走向成功。这是老师最大的愿望。

需要特别说明的是：

第一，SXP获取数据的方式是实证观察，也就是说，一个人的某项能力只有表现出来并且被观察到，才能够被确认。如果某学生从来没有表现出来某项能力，就等同于他不具备这项能力。从这点上讲，SXP鼓励学生之间、师生之间进行交流，特别提倡在一种轻松、自然、平等、无被评价防范意识的状态下进行交流，即不要为了进行评价而交流，这样会造成评价者外在状态的"失真"。这就需要教师为学生构建生动活泼的课堂教学场景，在平时加强师生之间的思想沟通。当然，对于特别不善交流的学生(实际上也确有这样的学生，教师要通过各种方式帮助学生转变这种情况)可以采取其他的方式进行评价，如评阅答卷、评估论文、进行实际操作或专访等。

第二，教师在评价时，某项能力指标只需要有$10\%\sim20\%$的学生获得标记即可。也就是说，对于一个50人的班级来讲，每项指标只需评价$5\sim10$人即可。如果教师就某一项评价指标给全班每一位学生都记录了标记，就等同于没有评价，因为这样做并不能改变个体和群体的数据结构；就相当于无效评价，因为这样做违背了人的群体特征分布规律。SXP认为，在一个群体中，就某项能力的表现来讲，特别突出的和特别不突出的均属少数，多数人处于中等水平，也就是说，在一个正常的群体当中，能力是呈正态分布的。特别突出的和特别不突出的常常被教师首先观察到。实践证明，教师首先注意到的是那些善于表达、善于交流、表现积极、能力得到充分展现的学生。能力在表现的过程中会不断得到锻炼和提高。教师能够甄别出比较突出的和比较不突出的学生，实际上就是进行了比较的结果。比较就是评价。教师在这样观察和比较的基础上进行相应的判断和记录，处于中等水平的不必进行记录（记为"空"）。因此，在 SXP 操作的过程中，不记录等第标记也是一种评价，表示能力指标的发展处于中等水平。在一个正常的群体中，处于中等发展水平的情况应当占多数，也就是在评价操作中，大量的学生的指标是不做记录的，这样就大大减少了教师的工作量。

第三，在操作过程中，我们经常会遇到这样的情况：有两个学生，如 A 和 B，他们的某项能力在群体中均表现突出，但感觉到 A 比 B 更加突出，并且 SXP 只有三个或两个等级，这种情况应当怎样处理呢？对于这种情况，SXP 也只需记录一个标记，在 A、B 两人中不必再进行区分，只要他们的表现突出，就可以进行记录，只要确保记录真实可靠即可。我们不必担心 A、B 两个学生的评价结果趋同。SXP 认为，如果某学生的某项能力更加突出，他一定会多次或在多种情况下或在多种场合（如不同科目的课程）中表现出来，被教师多次观察到或者被多个教师观察到，而在不同情况下和不同场合中得到的可靠的观察记录会将不同的学生区分开来，自然形成等级差异，而不必增加某一个教师的评价等级。这也会大大降低教师评价时操作的复杂程度。

(四)评价理论的反思

SXP 的理论基础是现代教育理论、教育测评理论和科学测量理论。根据现代教育理论和人的发展需求制定评价的指导思想，根据教育测量和评价理论的基本原理制定有效的评价指标体系，减少了评价的无效指标和无效数据。根据科学测量理论建立评价的操作方法和数据处理方法，提高了评价数据和结果的可靠性，减少了评价误差，同时加大了操作的便捷性。

SXP 的指导思想是，通过评价指标导向和评价信息反馈，引导学生实现自我认知、自我教育，促进学生自主、和谐发展。评价过程遵循导向性、公平性、发展性和简捷性的原则，力求内容全面、客观，科学、规范。通过对学生评价的研究，促进教职工深入思考和研究人的发展规律，树立正确的人才观和发展观，构建学生主动发展的生动教学环境和学校文化环境。

1. SXP 的基本原理

SXP 的评价形式不依赖于学生的背景知识，因此适用于对学生的能力发展水平、能力结构、心理品质等方面的评价。SXP 的结果不仅要反映出学生的学业成就和能力发展水平，还要反映出学生能力的结构、发展过程及倾向，要能够实现学生的自我认知和自我教育，激励学生主动、健康、全面、和谐地发展。

以下是 SXP 的基本概念和理论前提。

（1）教育评价存在误差。

教育评价本质上是对人的能力水平进行测量，因此也存在着测量误差。教育评价需要建立误差概念，需要运用误差理论来处理测量结果。因此，SXP 是科学测量思想和方法（亦即科学测量误差理论）在教育测评过程中的运用。

（2）评价是认识过程。

科学测量是对事物客观属性的量化认识，常常可以通过一次性的行为完成。但是，对人的认识不同。SXP 认为，对人的认识是一个较长期的过程，是一个由模糊到清晰、由片面到全面、由肤浅到深刻的相对长期的过程，因此教育评价不是一次性行为，不可能通过一次评价就全面了解学生，准确刻画学生的特征。从这一点上讲，教育评价由于科学测量而不完全相同。

（3）评价即教育。

人会对外界的刺激产生反应，会根据反馈信息不断做出调整。学生评价结果会改变学生的行为，甚至可能改变学生的发展方向，这正是教育者应当充分利用的手段和功能。因此，学生评价不仅是认识、甄别和评判学生的过程，而且是不断改变学生状况的过程，也就是教育的过程。有效的评价应当贯穿于教育过程的始终，它是教育过程的组成部分，是教育的手段，是持续的和持久的教育行为。

（4）人的综合能力具有结构。

一般来讲，学校学习、社会生活和职业活动所需要的各种能力人都具备，但各有强弱，或者说不同的人的强项表现在不同的方面。这就是知识与能力的结构。知识与能力结构上的差异是人的特征的重要体现，社会未来的工作和发展对人的需要也不同，教育要培养具有不同特点的人。因此，教育评价的结果应当能够充分反映人的各种能力的发展状况，同时反映出人的能力结构。评价结果应当是一个多维数据构成的整体。"数字化评语"能够直观地反映出人的知识与能力结构特征。

（5）比较即评价（或评价即比较）。

被评价个体均与其所处的群体相互联系。教师在讨论学生问题时，常常可以列举出一些学生的姓名。被列出姓名的就是表现突出而给教师留下较深刻印象的学生。教师能够列出学生的姓名，或者说感觉到某学生的表现突出，实际上就已经完成了将该学生与其所处的群体进行比较的过程，这就是评价。因此，比较就是评价。差异只有通过比较才能反映。通过比较而体现出差异的评价是有效的评价。教师随后需要做的工作，就是将学生表现突出的方面进行分类，即属于评价指标体系的进行标记记录，不符合指标体系的采取个性化描述（用语言文字、图像影像等手段），假如教师认为有必要的话。

（6）评价需要实证。

只有观察到的行为才能被确认，或者说能够表现出的能力才是有效的和可评价的，这是确保评价信息可靠性的基本前提。某人的某种能力如果不能表现出来就不能被认识，因而也不能被评价；某人从未表现出某种能力就等同于（迄今为止）不具备这种能力。只有被观察到并被记录的评价信息才是可靠的。

（7）真实（的结果）来自可靠（的数据）。

评价结果的客观准确来自于评价信息的可靠性。因此，每位评价者在实际观察到的前提下获得的单次可靠的（可能并非是精细的）记录，是确保评价结果真实的前提。

（8）数据（评价信息）量决定真实（可信度）。

可信（公认的或能与评价对象相对应）的评价结果是"可靠数据"的累计，而并非取决于一次评价数据的"精确性"。可信的评价结果是由多位评价者在较长时间内各自独立地进行可靠观察的基础上经过多次评价（记录信息标记）形成的。同时，数据量也直接影响了评价层次以及差异性的丰富程度。

（9）真实评价数据（信息）的采集。

低风险（或低利害）环境有利于获得更加真实的评价信息。被评价者在应试（纸笔形式的测试或面对面的访谈）状态下的反应或表现往往会"失真"。我们在非应试状态（或低利害）的环境中采集被评价者的信息将更加真实可靠。

（10）培养目标决定评价指标要素。

学校要面向未来根据自己的发展定位来制定学生质量标准，并在此基础上产生评价指标体系。评价指标体系是一所学校教育理念与价值追求的最直接的体现。因此，评价目标体系应当是校本的（尽管一些目标是"普适"的），是学校办学目标和培养目标的体现。

2. 确保评价结果客观真实性的措施

根据上述理论前提，为确保评价结果的客观真实性，SXP 在操作上采取了以下一些措施。

（1）尽可能减少评价等级。

多位评价者提供的单次评价信息产生的单次评价结果，其真实性决定于每个数据信息的可靠性（即每个评价者在可靠观察基础上做出的标记记录）；阶段性和终结性评价结果的可信度来自于可靠的评价信息量（在较长时间或全过程内由多位教师在观察基础上提供的标记记录）。SXP 采取了尽可能减少评价等级的方式来确保评价原始信息的可靠性以及操作的简捷性。

（2）SXP 变一次性评价为多次（多个周期）评价。

这样可确保有足够多的评价信息（相当于测量的数据量）。随着评价信息的积累，评价结果不断发生变化，评价结果与评价对象的实际情况逐渐逼近，即对评价对象的刻画逐渐逼真。评价过程结束后，全部信息采集完毕，生成最终的评价结果。对于每位教师来讲，记录等第标记本质上是一种基于观察法之上的定性评价。SXP 系统将多位教师的定性评价转化为定量评价，最终以数字化评语的方式呈现评价结果。

综上所述，减少评价等级（根据评价对象的特征并为了降低操作难度），增加评价次数（多次评价和尽可能多的教师参与评价），降低单次数据信息对评价结果的影响，根据全过程中多次评价的数据信息寻求最可信值。也就是说，任何教师的任何一个记录标记都会影响到评价结果，但任何一个教师的任何一个标记都不会对评价结果起到决定性的作用。这就大大降低了偶然的"不良数据"所引起的偏差。SXP最终在大量数据的基础上生成客观、直观的评价结果——数字化评语，这是SXP简化操作复杂程度同时提高评价结果客观可信程度的基本思想。

3. 数字化评语——对评价结果的解读

数字化评语是由若干组柱形图构成的直方图，它兼有定量和定性表达的特点。分析整个图形的形状，我们可以直观地了解被评价学生的整体特点（能力和心理品质结构）。每一组柱形图对应一项评价指标，它提供了被评价学生的能力发展状况及其与群体发展水平的对比。教师、学生和家长在查询和解读数字化评语时，可以清晰直观地了解学生的能力发展状况（见图7-2）。

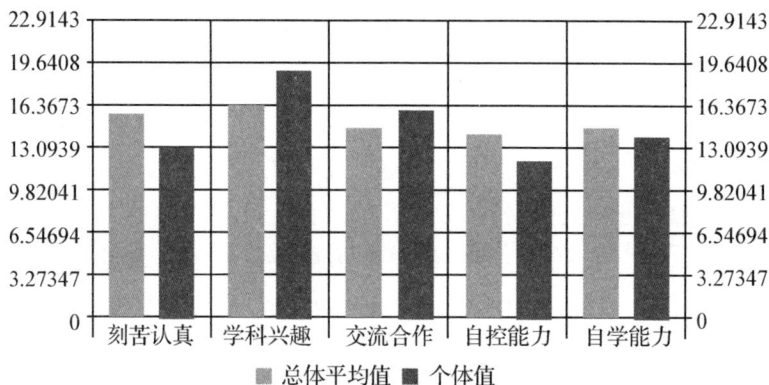

图7-2　某学生数字化评语示意图

需要说明的是，学生并不必追求每项评价指标都超过群体数值，关键是要设计好自己的发展计划，要知道根据自己未来的理想哪些能力是最重要的、是必需的，设计好自己的能力结构。中学阶段不可能完成所有的知识储备和能力锻炼，人需要终生学习、终身提高。

数字化评语具有复杂的结构，SXP系统赋予了教师查询和研究这些结构的权限（学生本人和家长不具有这种权限）。

我们可以将数字化评语在时间坐标上展开，这样将得到学生的某一项能力发展变化的过程；我们也可以将某几项指标同时在时间坐标上展开，来对比几项能力的发展情况，从而研究学生能力的发展与课程、教师教学方法、学校各种活动的关系等。当然，这需要我们事先将这些信息完整地记录到系统当中(SXP 实际上是全面的学生成长信息记录系统)。

我们还可以打开数字化评语的层系结构,教师(尤其是班主任或者导师、心理教师、辅导员等)可以了解到学生所获得的评价标记来自哪些学科,从而发现学生的兴趣倾向以及在其他学科课堂上的表现情况。教师可以通过这样的方式非常简便地全面了解到学生的发展状况。

4. 个性化描述

评价指标的有限性带来了操作的简捷,却使评价体系所涵盖的内容受到限制。实际上,任何评价指标体系都是不完备的,都不可能涵盖人的能力特征的各个方面。而且不同的人常常具有其特殊性,这决定了一个人的特点,决定了一个人与他人之间的差异。如果我们将这些都体现在评价指标体系当中,评价指标体系将变得无限复杂,这在实际操作中总是不现实的。教师在观察到学生的某些突出表现之后,需要做的工作就是将这些表现所对应的能力进行分类:如果在指标体系中有对应项目,则采用记录等第标记的方法进行评价;如果不属于指标体系中的项目,而且教师认为这些现象所表征的能力非常重要,就可以采用个性化描述的方法进行评价。当然,即使是指标体系中已有的项目,如果某学生的表现非常突出或典型,教师也可以采用个性化描述的方法来进行记录。教师还可以记录一些关于学生的典型具体的事例,为教育科学研究积累材料。因此,SXP 中教师对学生的个性化描述部分,不仅是对有限的评价指标的补充,而且具有更加丰富的功能。

5. 自我描述

SXP 系统允许学生自己记录一些内容,以反映学生成长过程,描述个人特点,便于学生之间进行交流,也便于教师全面了解学生。这些信息包括文字、图形甚至视频文件。

以图 7-2 所示的数字化评语为例,评语显示,某学生的 5 项评价指标与群体数据相比:

刻苦认真:低;

学科兴趣:高;

交流合作:高;

自控能力:低;

自学能力:平或略低。

我们对该生的数字化评语进行了解读，可以直接判断其特点是：待人热情，好奇心强，兴趣广泛，活泼好动，自我约束能力和踏实认真方面稍差。

根据平时的教育经验，我们进一步判断该生可能具有的特点：成绩良好（可能处于中等，不是优异），可能是班级活动或其他社会活动的较积极参与者，可能人缘好，乐于帮助朋友，好玩好动，等等。

在这里我们可以看到，数字化评语为我们描述了一个活生生的学生。这样一个学生是否真实存在，我们就这个问题向班主任询问。我们的期望目标是在班主任列出的 5 个学生中，只要这个学生能够包括在其中，我们就认为评价结果与实际学生具有令我们满意的对应性。结果令人十分欣慰，因为班主任老师在分析了评语的信息后，提出的第一个学生就是该生。当然，这种对应性能否得到证实，还取决于教师对学生的了解程度，这也相当于对教师的测试。

（五）实施过程中应当注意的问题

1. 指标开放，发挥好评价的导向作用

如前所述，评价的目的不仅是了解和认识学生，更主要的是促进学生的发展，利用评价的导向功能，为学生的发展提供依据。因此，在实施SXP的过程中，首先要向全体学生开放评价指标体系；因为评价的指标体系就是学校向学生提出的发展方向。引导学生积极参与、积极表现，在表现的过程中使自己的能力得到锻炼和提高。

2. 认真做好培训教师的工作，树立正确的人才观、教育观

实施SXP，培训教师是关键。培训的主要目的有以下几点。

第一，使教师树立全面和谐的人才观。教师要关注学生的全面发展，不仅要关注学生的学业水平和考试分数，还要关注学生的身体、心理、性格等多方面的发展。要在课堂教学以及各项教育活动中为学生营造展现其能力的生动活泼的情境。特别是要针对学生查询评价结果，对学生实施有效的指导。

第二，引导教师积极投身于课程改革，学校的课程设置要为学生的多样化发展提供环境和条件。学校要变单一的考试评价为多种形式的评价，特别是要推广低利害的评价方式，使学生在一种宽松和谐的氛围中发展。

第三，改善师生关系和学生之间的关系。鼓励师生之间、学生之间的相互交流和相互学习。教师在与学生接触的过程中，要给予学生全方位的指导。

第四，积极利用积累的评价信息，开展各项教育理论与实践研究。努力探索人的发展规律，推广和发展现有的教育理论。相信学生经过了一定时间的操作实践和信息积累后，一定能从中得到一些关于人的发展与成长的规律。从这个意义上讲，SXP可以成为一个开展教育学研究的平台。

3. 指导学生查询和冷静分析自身状况，实现自我设计、自主发展

引导学生在查询的过程中，不断认识自我，提高自我反思能力，并在此基础上明确发展目标，实现主动构建、自主发展。

任何一个人都有其所长，生活中我们所遇到的所谓全才或完人属于少数，况且全才应当是在一个人一生发展的过程中不断完善而形成的。我们所知道的一些所谓的全才或完人，常常是人们在传说中不断美化和神化的结果。中学教育应当鼓励学生和谐发展。所谓和谐发展就是在奠定必要的知识能力基础的同时，形成自己的特点，并非要追求各个方面样样突出。追求每个方面都突出的培养目标，往往是一个幻想。因此，学生要根据自己的发展方向和理想追求，主动设计自身的发展模式和能力结构，要清楚哪些能力、兴趣和知识基础对自己未来发展是最重要的，并对其进行重点发展。

过分追求知识上的全面，往往会无限增加学生的学业负担和精神负担。要使学生知道，成为一个完人是人一生要不断追求的目标。

4. 指导家长正确对待有关自己孩子的评价结果

家长一般对孩子都有较高的期望值。而自己的孩子与别人的孩子相比，各有所长是正常情况。但是，如果评价结果显示出自己孩子的某项指标低于群体的水平，家长能否正确对待，则是一个需要认真引导和解决的问题。

首先，这种情况的出现是正常的，家长要正确面对。家长要在冷静面对和分析的基础上，容忍自己的孩子存在短项，不能求全责备。要教育孩子学会与人合作，同伙伴一起实现优势互补。当然，这也是学校和教师应当教育学生的一个重要方面。

其次，要努力挖掘和精心培育自己孩子的优势。在承认孩子短项的同时，要根据对孩子未来发展的设想，结合孩子自身的特点，合理设计知识与能力结构。家长要帮助和引导孩子主动思考和设计未来。

最后，对结果的查询，增加了许多家长与孩子之间沟通谈话的题目。因此，家长要利用查询的结果与孩子进行有效沟通。

总之，如何利用好 SXP 的结果，不论对学校、教师和家长，还是对教育的方法和艺术都提出了更高的要求。

其实，生活中"好"的标准从来都是多元的，没有唯一的标准。我们挑选一样商品，如手机，不同的品牌具有不同的功能组合，因而具有不同的特点，追求功能上越多越好、越全越好，这未必是明智之举。其实很多人都有这样的感觉，盲目选择多花了不少钱，买了一部功能繁多的手机，但直到手机被淘汰，有些功能从来没有被用过，而购买者却已经为这些功能付了钱。这实际上是一种浪费。在实际中，不论是用人还是培养人，都有类似这样的浪费现象。

多元评价的思想具有重要的推广价值。评价学生的标准应当是多元的，评价教师的标准和评价课堂教学的标准也应当是多元的。例如，好的课堂教学过程是怎样的，不会有唯一的标准。两个教师讲授同一个内容，采用了不同的方法和过程，可能都是精彩的成功的教学，因为成功的教学应当是教师特点、气质、教学内容、教学用具、学生状态（包括背景知识的利用）、教学环境、教学手段、语言运用等各个方面因素实现最佳的配合。因此，一节"好课"不是一个标准问题，而是如何将诸多的教学因素进行组合运用的问题——这是一个课堂教学结构的问题。对课堂教学最佳结构的研究，将是一个很有意义的课题。

从这个意义上讲，SJP 的思想在很多方面都具有推广的价值。

我们在原创并长期实践的"数字化教育评价"理论和"数字化教育评价"系统基础上，结合学校信息化建设，多渠道随时收集学生学习生活过程中的各种数据，汇总成为"北京四中学生发展基础数据库"，记录学生发展情况，供教师研究改进教学，供学生自我认识、自我反思，并在数据库的基础上动态生成"学生综合素质报告书"。综合尝试使用"数字化教育评价"、导师评语、推荐信等创新方式，改革教学评价方式。

许多教师也创造了各种各样各具特色的评价创新方式。

试题创新尝试一则

谷丹

高一第一学期后半学期，数学课主要学习内容为统计与概率。统计中关键的问题是如何获得切实有效的统计数据，进而进行统计分析。但作为教材，常常很难呈现具体的统计过程，所以课本上多根据已知的统计结果，进行指定性的分析处理。

在期末考试的时候，希望学生能更为体会获得可信可靠的统计数据的意义与途径，所以，从《统计数据的真相》[（德）瓦尔特·克莱默，机械工业出版社，2008 年版]一书中与网上找到一些素材，编为测试题目：

2011 年 1 月道元班数学期末考试第 17 题（本小题 10 分）。

材料一：美国某新闻记者曾做过一项调查，这位记者在自己的文章中向读者问道："您以前丢过钱包吗？请写信告诉我，您是否又重新找到了自己的钱包。"该记者收到了约 600 封回信，其中 80% 以上的人找到了自己的钱包。由此可知，美国人普遍具有拾金不昧的美德。（《统计数据的真相》，第 114 页）

材料二：百度贴吧进行"娱乐明星全球人气榜"的投票，到 2010 年12 月底，其中几位明星的投票统计结果如下：

名次	姓名	人气	备注
1	李宇春	252，967，046	
3	韩庚	128，743，044	曾是韩国演唱组合"Super Junior"的队长
46	吴秀波	14，068，784	热播剧《黎明之前》男主角
405	王珞丹	1，105，660	热播剧《杜拉拉升职记》女主角
1887	巩俐	83，285	
2855	葛优	30，676	

由此可判断，若电影男女主角搭配为"韩庚＋李宇春""吴秀波＋王珞丹""葛优＋巩俐"，则电影票房的号召力依次减弱。

请利用你学到的概率统计知识，依次分析材料一、材料二。

这是一道开放度很大、没有"标准答案"的题目。评分标准包含三个角度的分析：获取数据（信息）的途径是否恰当；获取的数据是否可信；依据数据得出的统计结论是否合理。测试结果，平均分5.8分，且离散度很大，最高分为9分，最低分为1分。比较好地反映了学生对"统计数据获得与处理"这一问题的理解程度。

例如，有不少学生对材料一获取数据的方法强烈质疑，认为钱包丢失与钱包失而复得的人回信的意愿是不相同的，所以，这样的"抽样方法"不是"等可能"的。也有不少学生对材料二获取信息的方法提出质疑，认为这只能说明网上人群的关注方向，与电影观众群不一定一致，而且，关注点也不一致，不一定能将"得票高"与"票房高"相关联。有些对"网上投票"更为了解的学生，更是对"计票方式"提出质疑。

也有一些学生暴露了学习过程只会算"数"，不问算"理"的弱点。例如，有一位得分很低的学生，完全不知应该如何回答这道题目，只是盲目地将题目中的数据套入他知道的统计公式中胡乱算了一下。还有位学生，不是从题目内容出发思考问题，而是从所谓的考试"惯例"或考试"技巧"出发，认为既然是两份材料，必然应该一份肯定、一份否定云云，做出了错误的答案。

在之后的试卷讲评课上，教师更为强调了数学的基本原理与基本方法在鲜活的生活实践中处处可见的生命力，也鼓励学生在研究性学习等课内外的学习过程中多用、用好数学知识与思想方法。

三、自主排课、自主会考提供了深入推进学校新课程的制度基础

自主排课、自主会考在北京四中已有近二十年的历史，可以说这是北京四中特色发展的一个保障。新课程实施以来，我们更加感觉到这一政策对于学校发展的重要性，它使我们的试验想法有了实施的空间和余地，并使试验能切实深入学科具体实施中。我们根据实际情况不断探索调整原有方案，使自主排课、自主会考成为深入推进学校新课程的制度基础。

(一)课程内容的调整

1. "三课一体"的特色体育课程设置

早在 20 世纪 90 年代，北京四中就明确提出，学生要做到"四个人人"，即人人参加课间操、人人体育争优、人人学会游泳、人人选择1~2 项体育项目进行学习；要达到"四个具有"，即具有良好的体质、体能，具有良好的卫生习惯和自觉锻炼习惯，具有持久力、耐受力，具有坚毅的品质和团队精神。

如今，北京四中一周安排 5 节体育课，严格执行教育部关于"保证学生每天在校锻炼一小时"的规定。应该说，良好的体育锻炼习惯是四中的优良传统，但如果没有自主排课政策，我们就无法保证一周 5 节体育课。没有课时的保证，这一优良传统也就难以继续发扬光大。四中的这 5 节体育课安排也很有特色，实行"三课（教学课、选修课、活动课）一体"，各年级实施 1 节教学小课、3 节选修课、1 节活动课的教学模式。小课落实教学大纲规定的内容；选修课在全面锻炼身体的基础上，培养学生的专项爱好，发展学生的个性特长，让学生养成坚持锻炼的习惯；活动课采取锻炼小组形式，培养学生做课堂的主人。学生按小组上课，轮流做组长，在课堂上逐步学会自己设计、自己组织、自己评价，培养组织能力和科学设计锻炼内容的能力。

事实证明，在不断参加各项活动的过程中，会"大大提高学生的自主能力与组织能力，能活跃学生的创新思维与精神，同时还能缓解学生的学习压力。而课上老师所讲的内容少，恰是给了学生更多的思考空间"。"三课一体"正是四中教学重点，即培养学生的学习能力，使学生掌握科学的学习方法，使学生全面、主动、和谐地发展的突出体现。

2. 体现新课程理念的理、化、生实验会考制度

在新课程物理、化学、生物的课程标准中，对学生实验设计能力和实验动手能力的培养都有明确的要求。在全市统一会考中虽然也有实验技能考试，但难度较低，并且只有通过和不通过两档评分。学校领导同物理、化学、生物教研组进行了共同的研究，认为北京四中的学生将来可能更多的从事高端的科学研究，实验能力对他们来讲非常重要。而且我们培养的不是普通的实验员，而是通过科学实验创新和证明理论的高端人才。所以，从某种角度上讲，实验设计技能比实验操作技能更为重要。

　　根据我们的研究成果，向区、市教育领导部门报请了我校的物理、化学、生物会考方案，加大了实验考核特别是实验设计考核的比重（占50%），并采取了提前考核办法，减轻了学生期末的负担。在得到批准后我们实行的新的物理、化学、生物会考制度，实验能力考试和知识能力笔试各占50%。经过两年的实际操作取得了非常好的效果，一方面学生更加重视自己实验设计能力的提高，另一方面也解决了会考与模块考试及期末考试冲突的问题。

　　这一改革创新举措的成功给了我们很大启发，作为四中这样的学校，完全可以根据学生和学科的特点创造出更为合理的会考形式。当前，英语组已经开始筹划将口语考试列为会考的一部分，弥补目前高考的不足。可以说，自主排课、自主会考使学校主动的特色发展成为可能。

3. 高二年级语文的专题选修课改革

　　在学校的大力支持下，在高二年级全体教师的努力实践下，我们在选修模块教学中继续改进了学生"选"的方式，应该说使"选"更趋于合理，且有了较大力度的改变。

　　从选修模块（4 册教科书）中选择 5 个专题（报告文学选读、毛泽东诗文、文学与乡土、西方现代小说、京味小说，其中徐稚和肖勇老师承担了四个专题的讲授），由学生从中任选 3 个专题学习。

　　在满足学生个人志愿的前提下，将全年级学生按照志愿重新组合成选修班上课，每位教师分别承担 3 个专题的教学任务。

　　教师采用精讲精读、组织学生研究性学习小组讨论研读、网络完成作业等教学形式，每个组合班级在六周内完成了各自 3 个专题的学习任务。

　　选修课检测形式则是在期中考试中增加选修内容，仍然由学生从 5 个专题的试题中任选 3 个作答。

　　选修课形式实现了"学生有选择地学习"，促进了"学生有个性地发展"；重组班级，也使学生具有相互学习促进的机会；"易生而教"的过程同时锻炼了教师，促进教师取长补短，不断改进自身的教学。

　　以上三点体现出我校在课程安排、会考内容等不同方面的调整，可以从中充分体会到自主排课、自主会考对四中发展，特别是对四中实施新课程的重要性。

(二)课程实施方面的特色探索

1. 调整地理、历史的课时和会考时间

目前全市统一的地理、历史会考安排在高二第一学期期末，也就是说，学生要学习三个学期的地理、历史课程。这样的安排有它的好处，可以延长学生特别是理科学生学习地理、历史的时间，使理科生具有一定的人文素养。但在实际安排中我们也发现了一些问题，首先是地理、历史的师资在高二第二学期(会考结束后)会出现课时不满、人员富余的问题；再就是高二完成文理分班后，理科班的历史、地理教学对教师来讲确实很有挑战性。为了解决以上问题，我们将地理、历史会考安排在了高一第二学期期末，在不减少总课时的情况下(高一历史、地理各安排每周3课时)，解决了人员分配和上课难度的问题。同时，我们规定在高二的两个学期中所有理科生必须选择一门人文科学领域的选修课，以此加强理科生的人文修养。

这一会考方案在报请区、市领导批准后实施以来，取得了比较好的效果。学生和老师都感觉调整比较合理，满意度有较大幅度提升。

2. 严格执行课程标准的总课时数，保证学生的课余活动时间

每节课40分钟，每天8节课，每周共40课时。从周课时来看，我们采取了"32＋5＋2＋1"的模式，"32"为必修和必选课时；"5"为5节体育课，每天1节，再加上课间操，严格落实教育部每天锻炼一小时的要求；"2"为两节校本选修课，学生可以根据自己的兴趣爱好，在将近50门的选修课中进行选择；最后的"1"是学生的班级、年级活动课。

这样的课程安排和许多兄弟学校相比没有什么出奇之处，也没有安排研究性学习和学生社团活动的专门时间，但我们的课程安排保证了全体学生下午四点准时下课。虽然下课了，但学校的生活并没有结束，四中的课程体系没有完结，真正能够体现四中特色的校园生活才刚刚开始。学校的操场全面向学生开放；篮球队、足球队、田径队、游泳队、武术队这些运动队里大部分活跃的并不是体育特长生；读书俱乐部、辩论社、话剧社、摇滚社等二十几个学生社团在向学生们招手；各种学科竞赛辅导小组向学有特长的学生们敞开了大门；学校四个计算机房全部开放；每月一次的四中大讲堂，请来了国内各个领域顶尖的学者；北京四中金帆艺术合唱团，成功地在维也纳金色大厅举行了演出，等等。所有这些，对于四中学生来说都是自愿参加、自主选择的。但这些活动是纳入四中课程体系的，学校应用新课程的学分管理体系和综合评价体系鼓励学生参加这些活动。从学分角度说，学生在这些活动中取得成绩后都可以获得相应的奖励学分。为了体现教育的差异性，我们对人文实验班和科技实验班的学生每学期所取得的奖励学分分别有不同的最低要求。从综合素质评价来讲，学生参加这些活动的情况都将记录在北京四中学生成长手册中，同时学生参加的活动越多获得的教师和同学的评价也就越多，而这些记录都将提供给高校，作为保送生和自主招生录取的依据。我们也在尝试将部分学生的活动记录以双语形式制作成册，作为其申请国外大学的资料。

我们这样做，有两个原因，首先"从不补课、加课"是四中的优良传统，甚至可以说是四中的一个品牌。周一至周五下午 3：20 准时放学（由于上课时间错后到 8：00，现在是 4：00 放学），周六日从不补课，这是多少四中毕业生所津津乐道的，表面上看是一种形式，但实际上是四中教育理念的一种体现，即我们尊重学生的个性发展，给学生自我发展的天地。其次也是根据四中学生特点的安排。四中学生具有较强的独立性和自觉性，学生能够安排好自己的课余生活，或者说我们应该锻炼学生使其学会安排自己的课余生活。当然，学校也给予学生充分的指导，入学教育中重要的一课就是如何安排自己的课余时间。这体现了新课程的基本理念，新课程要求给学生更大的活动空间，而不是把学生束缚在各种类型的课堂上。

3. 开设项目制管理的研究性学习课程

在四中的课程安排中每周没有固定的研究性学习课时，这也是我们课程安排的一个特色。

四中开设研究性学习类的课程已有十年左右的历史，总结指导学生进行研究性学习的经验，我们认为固定课时并不利于学生开展研究。首先不同的研究课题需要的研究时间不同，如调查交通流量的学生要在交通高峰期守在路口；某一种昆虫可能只在黄昏才出来活动；学校安排的课时可能正好赶上市、区图书馆的闭馆日等。所以，我们经常看到在研究性学习的课时内学生在上自习，固定课时反不利于研究性学习的管理。其次从研究性工作的特点来看，应该是全天候的一种投入，很难想象某个学者的研究灵感总是来自每周的同一个时间。更不用说四中还有相当一部分学生参加北京科技俱乐部的活动，要加入"翱翔计划"之中，他们的研究地点是国家各个重点实验室，固定课时就更没有意义了。

我们虽然没有安排研究性学习的固定课时，但加强了对研究性学习的指导和管理。

从指导的力度上看，在每学期初我们会安排全年级的研究性学习方法讲座，讲述各种研究的基本方法。经过我们的调查，大部分学生在初中甚至小学就接触过研究性学习，了解一定的研究方法，同时应该说四中学生拥有较强的学习能力，通过几次大讲座就能够掌握一般的研究方法。在学生个人自主选题成立研究小组后，各小组根据课题研究的主要内容，自行选聘校内相关学科的教师作为指导老师，也可选聘校外专业人士作为指导老师，这些老师将对研究性课题进行全程跟踪指导。在研究成果汇报之前，我们也会开设关于如何形成研究成果的讲座，指导学生呈现研究成果。

在研究性课题的管理上我们采取了项目制的管理方法。学生的所有研究过程记录在北京四中研究性学习手册上。学校设有学生研究性学习评价小组，小组成员评议所有研究项目的开题报告，对部分项目进行中期检查，评议所有项目的研究成果，选择优秀的开题报告和成果在全年级范围进行交流。四中每年还进行"创新奖"的评比，优秀的研究成果将获得奖励，还定期出版《北京四中学生研究性学习成果汇编》。在新课程中设立研究性学习的目的就在于让学生体验科学研究的基本过程，而项目制管理正是目前科研管理的基本形式，也就是说学生不但体会了研究的过程，也体会了管理的过程。

4. 结合教学实际进行国家课程的校本化调整

虽然我校拥有自主会考权，但我们对必修和必选模块教学安排没有进行大幅度的调整。到目前为止，模块层面的调整有：将地理、历史的会考时间由高二的第二学段末调整到了高一第四学段末，相应增加了每周的课时量。这一安排主要是考虑到了校内师资的配备状况，以有利于学生的全面发展。学科内部教学内容的调整比较多，如物理学科在第四学段末增加了选修 3—4 中有关动量的知识，在第五学段初增加了有关机械波的知识；化学学科调整了必修模块《化学反应基本原理》和《生活中的化学》的教学顺序等。这些都是根据学科教学规律和四中学生特点，在与市、区教研部门进行充分沟通后实施的。我们认为，教师们初次接触新课程体系，对本学科的新课程体系还没有形成整体概念，在没有完成一个轮次教学内容的情况下，谈不到自主调整的问题。

展望未来，自主排课、自主会考制度将越来越有利于北京四中办有特色、不断发展的学校，它将给四中带来更大的活力。我们将充分利用好手中的自主权，同时严格按照各项规章制度来执行，保证新课程的顺利推进，加快四中前进的步伐。

回顾与展望

一、师生发展成果斐然

改革教与学的模式，促进了师生行为方式的转变，进一步推进了教师的专业发展。2011—2012 学年，我校有 8 名教师参加了北京市高中教师基本功培训与展示活动，取得了突出成绩：获得 7 个一等奖，1 个二等奖。近年来，我校教师在全国性教学比赛中成绩突出。

2012—2013 学年，我校自主课程试验初步总结，教师教学科研成果获得众多奖项，成果丰硕：

北京市第六届教育科研成果评选为教委奖，与高校一起评选。我校一等奖 1 项（全市 18 项，中小幼仅三项），二等奖 1 项（全市 44 项，中小幼 15 项），三等奖 2 项，基础教育专项奖 4 项。

第四届北京市基础教育教学成果奖为市政府奖，我校获得一等奖 2 项，二等奖 2 项。四项成果共获得市政府奖金 6 万元。我校被评为 2013 年度北京市中小学教育科研先进学校。

多位教师在研究课和各级比赛中取得好成绩。教师落实校“十二五”科研规划，积极参与国家、市、区和校级课题研究（参加教师超过 500 人次）。数十名教师的论文被评为北京市年度教育科研优秀论文，市课改论文，“京研杯”论文，区十六届一、二、三等奖论文，教师个人成果开始以《北京四中人文教育书系》出版、论文发表、现场研讨等多种形式推广交流。

至 2014 年，更有多位教师在研究课和各级比赛中取得好成绩。参加市第二届教学基本功比赛的 6 位老师取得了理想的成绩。数学、生物、地理、政治、综合实践等学科教师承担了北京数字学校名师同步课程（BDS）录制，授课视频已经在有关平台播出。

我校荣获“全国十佳科技教育创新学校”评选第一名。学生科技成果斐然：

2013 年 4 月，第 41 届日内瓦国际发明展在瑞士召开，教师彭鹏、学生赵嘉珩参加展会，并摘得银奖。

2013 年，全国中学生天文奥林匹克竞赛决赛中，我校参赛学生张尚嘉、曾维预获得决赛二等奖，张可名获得决赛三等奖。两名学生入选国家队。

FLL 机器人参赛队取得北京市一等奖、全国优胜奖、OEC 国际程序设计金奖；FTC 参赛队比赛在北京市近 50 支队伍中取得了亚军。

我校学生获得北京市青少年科技创新大赛一等奖 5 项、二等奖 5 项、三等奖 4 项。其中，有 5 名学生拿到了共 6 项由各大学及公司提供的专项奖励。

我校学生参加数学、物理、化学、生物、信息学等学科竞赛，取得优异成绩，共获得国际金牌、银牌、铜牌各 1 枚，共 102 人次获得市级及以上一等奖。

2014 年 4 月，第 42 届日内瓦国际发明展，我校 6 名学生摘得 5 个金奖、1 个银奖及 4 个特别奖。

2014 年，在全国中学生天文奥林匹克竞赛决赛中，我校参赛学生张可名获得金牌，后入选国家队，在国际比赛中获得银牌。

2014 年 3 月，赵嘉珩同学荣获"北京青少年科技创新市长奖"。

事实证明，学生们在教师设计的宽松自由的环境中激发了创造性，实现了多样化发展。以道元班为例："道元班"培养目标针对学生在某个领域的强烈兴趣，如以认知神经科学领域的最新研究成果脑觉醒理论等作为教育教学的理论指导，重点在人生观价值观的形成、如何形成或保持学生的兴趣领域、"创造型大脑"的训练和培养等方面进行探索。为此，学科课堂中大大减少应试教学中大量反复训练习题的时间，而注重师生对学科本质内容精神的深刻理解和应用，提倡从自己感兴趣的任务、自选的研究项目中学习。

道元班的学制为 2～5 年。刘与操、胡致远 2 位同学利用两年时间学完了高中学业，分别被美国波士顿音乐学院、佛罗里达理工大学等国外知名院校录取。欧阳盟淞同学在结合自己的埋想以及研究的基础上，利用 4 年的时间完成高中学业，被保送至北京大学。齐麟致同学的计算机项目"Perspect"在获得专业人士认可后，他毅然决定休学，利用 1 年的时间让自己的项目落地，他成立了自己的公司，进而用充分的时间和集中的精力来准备自己有兴趣的事情。

几年来，在各位教师的辛勤指导下，道元班学生在自己的兴趣领域都有比较突出的发展。其中，赵元钊同学的"新型无轨电车分线器"获第40届日内瓦国际发明展金奖等国际奖9项、发明专利4项；张帅同学在2012年获得全国青少年信息学奥林匹克竞赛（NOI）银牌等全国奖16项；郭凯宁同学在2012年获北京市学生机器人智能大赛一等奖等北京市各类奖项17项；孙天慧等多名同学出版了《若鱼若雁》《与谁同坐》等9本书；王诗毓等同学拍摄纪录片《不能呼吸的痛》，获"半夏的纪念"国际大学生电影节提名奖；左刘季一拍摄电影《绝境重生》。

已经毕业的道元班学生中，出国学生中，有被哈佛大学、普林斯顿大学、哥伦比亚大学、加利福尼亚大学洛杉矶分校、威尔斯利学院、史密斯学院、波士顿伯克利音乐学院、纽约大学电影学院等国外名校录取。参加高考的学生中，有被北京大学、中国科技大学、北京邮电大学、东南大学、北京电影学院、厦门大学、南京大学等名校录取。

道元班学生案例一　孙天慧

2011年9月3日上午10时，在西单图书大厦，文艺出版社为我校道元班学生孙天慧等四位"90后"作者特别举行了"90time新书发布会"（见附图1）。孙天慧的小说（见附图2）涉及生命、亲情、友情、爱情、理想、磨难、坚韧的奋斗与追求、生活的意义与价值选择等人生与人性的深刻命题，体现出其对生活与生命意义的深刻思考。敢于涉及这样一些严肃的人生哲学命题，这对一个年仅15岁的少女来说是一个巨大的挑战。天慧的小说中涉及生理学、动物学、艺术、登山运动、不同的地域与民族文化等多个领域的知识，说明她平时注重学习，有比较广泛的知识积累，这就增加了她作品的可读性。

附图1　学校领导及老师参加孙天慧的新书发布仪式

附图2　孙天慧《若鱼若雁》

孙天慧的成长很有意思，2010年进入道元班后，学校批准她可以进行一个学期的"自主游学"，就是一个学期内她可以不来学校上课，在保证安全的前提下，自主安排时间学习和写作，由学校进行监控管理。她把这段时间主要花在了旅行上，边旅行边写作。

道元班学生案例二　赵元钊

赵元钊同学自小痴迷于汽车，尤其是公共汽车。他几乎把所有的业余时间都用来研究公共汽车。进入道元班后，学校为他联系了北京交通大学的导师，他利用自修课程的时间深入他的"公车世界"。

2012年4月，第40届日内瓦国际发明展在瑞士日内瓦市的Palexpo展览馆举行，来自全世界的近800位发明者携带上千项发明项目参加现场展示。赵元钊同学的作品是新型无轨电车分线器（见附图3）。这种新型分线器可以通过旋转多集电槽滑块实现对两条平行电缆的擒纵，可以大大减少无轨电车在通过分线器时脱线事故的发生。这一作品赢得了评委及观众的一致称赞，获金奖。2013年，赵元钊同学得到了来自美国多所高校的录取通知书。

附图3　赵元钊向外国专家展示他设计的新型无轨电车分线器

科技实验班学生成绩斐然，近年来，每年每届科技班都有近百名学生获得国家和市级学科竞赛、科技创新大赛的奖项，全体学生的科学素质和创新能力有切实提高。

至2013年，北京四中已有四届人文班学生毕业。前两届人文毕业班各有三分之一以上的学生考入北京大学、清华大学。首届人文班高考班平均分为 619 分，位列北京市前茅，另有 2 名学生进入哈佛大学和加州大学伯克利分校；第二届人文班梁倩同学为北京市 2011 年高考文科状元，有 9 名同学进入美国排名前三十的名校；第三届人文班有 7 名学生的高考成绩位居年级前十名；第四届人文班高考平均分为 653 分，位列北京市前茅，张韵凝同学为北京市 2013 年文科状元。最重要的是，当人文班的学生走出校园，他们不仅感念母校的培育，还将人文的烙印镌刻在自己成长的历程中。

"北京四中寰球学者项目"也有显著成就，以 2013 届毕业生为例，国际课程班全部学生都升入了美国排名前五十的名校。至 2014 年，54 名学生进入美国排名前三十的大学和文理学院，占总人数的 71%；69 名学生进入美国排名前五十的大学和文理学院，占总人数的 91%。以上这些学校包括普林斯顿大学、耶鲁大学、芝加哥大学、哥伦比亚大学、宾夕法尼亚大学沃顿商学院、杜克大学、西北大学、康奈尔大学等。

北京四中 2014 年高考成绩喜人，完成了高考夺标的任务。理科平均成绩居全市之首，600 分以上人数占 96.3%，最高分为 711 分，区前十名中占 6 名，区前一百名中所占比例高达 42%，优秀生比例有较大提升。文科平均成绩居全区第二，600 分以上人数为 94%，最高分为 688 分，区前三名学生均在我校。顶尖优秀生比例上升。四中包揽区文科前三，两个文科班加起来共有 18 名学生被北京大学、清华大学录取，占这两所名校在北京招生总数的五分之一。

2013 年 5 月，在我校召开市自主课程研讨会，我校共有 5 位干部、教师、学生发言，介绍学校课程建设专业发展经验。我们还制作展示了上百块展板。同时，全市各中学的领导和教师 600 余人观摩了我校展示的 16 节国家课程、29 节校本课程。我校发挥了示范作用，引起了广泛关注，获得了一致好评。

二、问题与展望

(一)问题

要把课程改革落在实处，应该以特色课程为核心，特别是要进行学科特色课程体系建设，以及相应地让越来越多学科的教师参与课程开发。这样，才能使广大学生的自主性、创新能力得到激发，实现多元化特色发展。如何使课程改革真正进入学科教学，使广大教师主动制订学科和个人的特色课程探索发展计划，是我们的试验深入进行中一定要解决的问题。

还有，自主特色课程如何与现有教材课程和学生管理体制结合？这需要我校在已有的学科成功经验基础上，深入更多班级和更多具体学科课程、深入学生进行研究。

其他问题还有：如何积极与相关专家合作，联合进行自主课程改革建设探索研究？如何制定及时总结、积累成功经验和典型案例的办法和程序？如何与大学等科研机构建立实质联系，使我们对杰出人才的培养连续和高水平地进行下去。

我们将继续坚持北京四中"人文为基础，科技为特色，促进学生多元发展"的课程建设目标，将有计划、有组织的显性课程与注重体验的隐性课程有机结合，在校本课程的整体设计、课程内容、教学策略与教学方法上积极稳妥地继续进行研究探索，不断优化课程体系，转变教师行为模式，使北京四中教育价值体系渗透在学校教育的每一个环节，为不同潜质的学生搭建平台，为拔尖创新后备人才的成长奠定宽厚的人文与科学基础。六年两轮试验已经结束，我们的工作仅仅是刚刚开始。我们要继续建设开放的自主的课程体系，把课程改革的探索落实在每一个学科每一节课堂。

（二）展望

2016 年 3 月 25 日，中国教育学会高中教育专业委员会开展"走进名校 聚焦课堂"系列活动——北京四中全国教学开放日活动。当时，道元班教师对听课的兄弟学校的教师谈道："因为班里有两个学生选择文科，一个未来要去美国留学，另一个未来要去德国留学，我和学生商量，在课程中加入美国和德国文化地理内容，还和学生一起查阅资料，讨论学习，并邀请相关有美国德国留学背景的人士与学生交流。"

美国心理学家加德纳曾设想未来"以个人为中心的学校"，他认为这种学校第一个重要的角色应该是"评估专家"，对儿童在学校所表现出来的特别才能、倾向和弱点提供评估，发现学生之"长"。第二个角色是

"学生课程代理人"，根据学生的智能结构，向学生提出选修什么课程或怎样才能学好有关内容的建议，在这样的学校教学中，有关内容的学习可由多种方式展现。也许经过我们不懈地努力，北京四中能够为学生提供一个更能促进他们个性发展的成长平台。

参考文献

[1] [美]阿姆斯特朗. 陈晓端，主译.《当代课程论》. 北京：中国轻工业出版社，2007.

[2] [美]霍华德·加德纳. 沈致隆，译.《多元智能》. 北京：新华出版社，1999.

[3] 刘长铭，李建华.《北京四中优秀教育传统的形成与发展（学科教育篇）》. 北京：中央民族大学出版社，2004.

[4] 历年《北京四中教师教育科研论文选》. 内部资料.